丛书主编 刘纯龙

高等学校教师岗前培训教材

高等教育学

Higher Pedagogy

主编 王志彦 李朝辉 王 帅

教师是教育事业发展的基础,是提高教育质量、办好人民满意教育的关键

老师要过健康多元的生活,才能培养健康活泼的国民

高等教育出版社·北京

内容简介

本书是《高等学校教师岗前培训教材》之一。全书共12章，主要包括高等教育与高等教育学、高等教育与社会和人的发展、高等教育目的、高等学校的教育制度、高等学校的学生与教师、高等学校的专业与课程、高等学校的教学活动、高等学校德育、研究生教育、高等学校科研与科技开发、高等学校管理与高等教育结构、高等学校的校园文化建设等内容。作者面对大学入职新教师，特别是没有接受过教育学、心理学课程训练的新手教师，采用言简意赅、深入浅出的方式，从大学教师的工作情境出发组织内容，对新入职的教师有很大的帮助。

该书适合大学新入职教师作为岗前培训教材，也适合关心高等教育教学的高校工作者和高等教育管理者阅读参考。

图书在版编目（CIP）数据

高等教育学 / 王志彦，李朝辉，王帅主编 . -- 北京：高等教育出版社，2019.7（2024.11重印）

高校教师岗前培训教材 / 刘纯龙主编

ISBN 978-7-04-052252-5

Ⅰ.①高… Ⅱ.①王… ②李… ③王… Ⅲ.①高等教育学-教师培训-教材 Ⅳ.①G640

中国版本图书馆 CIP 数据核字（2019）第 147076 号

Gaodeng Jiaoyuxue

策划编辑	杨利平	责任编辑	杨利平	封面设计	赵 阳	版式设计	张 杰
插图绘制	于 博	责任校对	刁丽丽	责任印制	存 怡		

出版发行	高等教育出版社	网　　址	http://www.hep.edu.cn
社　　址	北京市西城区德外大街4号		http://www.hep.com.cn
邮政编码	100120	网上订购	http://www.hepmall.com.cn
印　　刷	北京市密东印刷有限公司		http://www.hepmall.com
开　　本	787mm×960mm　1/16		http://www.hepmall.cn
印　　张	17.5		
字　　数	320千字	版　　次	2019年7月第1版
购书热线	010-58581118	印　　次	2024年11月第9次印刷
咨询电话	400-810-0598	定　　价	42.00元

本书如有缺页、倒页、脱页等质量问题，请到所购图书销售部门联系调换
版权所有　侵权必究
物　料　号　52252-00

前　言

2019年是中华人民共和国成立70周年，也是中华人民共和国高等教育事业不断发展的70周年。70年来，中国高等教育事业快速发展，尤其是改革开放以后，中国高等教育事业迎来了从精英教育到大众化教育跨越式发展的新局面。随着中国特色社会主义建设事业取得辉煌成就和飞速发展，中国高等教育事业发展成就卓著，体制改革、教学改革不断深入，为高等教育更好地培养人才、服务社会、科研创新创造了条件。

在新的历史时期，面对改革开放持续深入、高等教育大众化发展的社会环境，怎样办好高等教育，怎样培养社会主义所需要的高级专门人才等一系列问题，均需要在理论层面进行深入研究。我们编写的《高等教育学》是在前辈研究的基础上，立足于新时期、新任务、新特点，以习近平新时代中国特色社会主义思想为指导，阐述了高等教育基本理论（如高等教育促进社会及人的发展、高等教育目的、高等教育制度、人才培养等）、高等教育教学理论、高等教育德育理论、高等教育管理理论。本书各部分的关系大体上遵循了"从古至今，从国外到国内、从宏观到微观、从基础理论到应用实践"的逻辑顺序。

本书在撰写过程中，参考了大量的高等教育相关文献，限于篇幅，未能一一列出，在此谨向所有引用了其作品的作者表示衷心感谢！此次《高等教育学》的撰写是在前一版基础上进行的，编者在章节结构、内容方面做了较大调整，增补了新的章节内容，在此感谢前一版作者的付出与努力。同时，感谢高等教育出版社编辑对本书出版给予的支持和帮助。

本书由吉林师范大学王志彦、李朝辉拟定写作提纲及写作计划。各章节具体分工如下。

吉林师范大学李朝辉：第一章高等教育与高等教育学、第二章高等教育与社会发展、人的发展、第六章高等学校的专业与课程、第七章高等学校的教学活动、第十一章高等学校管理与结构。

吉林师范大学王志彦：第三章高等教育目的、第四章高等学校的教育制度、第五章高等学校的学生与教师、第八章高等学校德育、第十章高等学校科研与科技开发。

吉林师范大学王帅：第九章研究生教育、第十二章高等学校的校园文化建设。

全书最后由王志彦、李朝辉进行了统稿。

目　　录

第一章　高等教育与高等教育学 ··· 1
　　第一节　高等教育界说 ··· 1
　　第二节　高等教育学的发展 ··· 8

第二章　高等教育与社会发展、人的发展 ·· 20
　　第一节　高等教育与社会发展 ·· 20
　　第二节　高等教育与人的发展 ·· 30

第三章　高等教育目的 ·· 37
　　第一节　高等教育目的概述 ·· 37
　　第二节　高等教育培养目标 ·· 46

第四章　高等学校的教育制度 ·· 52
　　第一节　高等学校学制 ·· 53
　　第二节　高等学校的学位制度 ·· 56
　　第三节　高等学校的招生就业制度 ·· 60

第五章　高等学校的学生与教师 ·· 71
　　第一节　高等学校的学生 ·· 71
　　第二节　高等学校的教师 ·· 76
　　第三节　高等学校的师生关系 ·· 86

第六章　高等学校的专业与课程 ·· 93
　　第一节　高等学校专业设置 ·· 93
　　第二节　高等学校的课程体系与建设 ·· 96

第七章　高等学校的教学活动 109
- 第一节　高等学校教学过程 109
- 第二节　高校教学原则 113
- 第三节　教学组织形式 118
- 第四节　高等学校教学方法 139

第八章　高等学校德育 152
- 第一节　德育概述 152
- 第二节　高校德育目标及德育内容 167
- 第三节　高校德育的原则 171
- 第四节　高校德育的方法 174
- 第五节　高校德育的途径 178

第九章　研究生教育 184
- 第一节　研究生教育概述 184
- 第二节　我国研究生教育的特色 191
- 第三节　我国研究生教育的展望 201

第十章　高等学校科研与科技开发 209
- 第一节　高等学校的科研工作 209
- 第二节　高等学校的科技开发 220

第十一章　高等学校管理与高等教育结构 227
- 第一节　高等学校的组织特征 227
- 第二节　高等学校的管理体制 230
- 第三节　高等学校教学管理 237
- 第四节　高等教育的结构 243

第十二章　高等学校的校园文化建设 249
- 第一节　高等学校校园文化的内涵 249
- 第二节　高等学校校园文化的特征与功能 255
- 第三节　高等学校校园文化的培育与建设 259

参考文献 269

第一章 高等教育与高等教育学

内容摘要

高等教育是教育层次中的三级结构,是教学系统中的分支系统。由于人们所站的视角不同对高等教育的理解也不同,在梳理国内外学者定义的基础上,本章从高等教育概念入手,探讨国内外高等教育和高等教育学历史演进,阐明了高等教育学的研究对象和发展趋势。

学习目标

1. 了解教育的本质特性。
2. 掌握教育的概念。
3. 掌握高等教育的概念。
4. 了解国内外高等教育发展的阶段以及主要内容。
5. 掌握高等教育学的含义。
6. 了解高等教育学的发展历史。
7. 了解高等教育的基本范畴。
8. 掌握高等教育理论研究的趋势。

第一节 高等教育界说

高等教育是教育层次结构中的第三级教育,是教育系统中的分支系统。所以,高等教育既有教育所共有的特征,又有本级层次的特殊性。为此,应首先说明什么是教育和教育本质特性。

一、教育及其本质特性

（一）教育的概念

关于教育的定义和定义的方法，教育学界见仁见智。其原因，除了文化背景、哲学基础、阶级立场的差别外，还有个人观点、思维习惯的差别。所以，目前仍没有一个普遍认同的教育的定义。就以往中外学者对教育所下的定义分析，基本集中在两个不同的角度上。一个是社会的角度，另一个是个体的角度。前者强调社会因素对个体发展的影响，把教育看成是社会大系统中的一个子系统，分配或承担着一定政治的、经济的、文化的等方面的社会功能；后者侧重于教育过程中个体各种心理需要的满足、心理品质的发展和完整人格的形成。这两种定义从不同的方面揭示了教育活动的某些本质属性，对于理解教育活动都是有价值的。但是，这两种定义也存在着各自的缺陷。给教育下定义，应当兼顾社会和个体两个方面。本书综合各家的论述，赞同如下的表述。

广义的教育：泛指影响人们知识、技能、身心健康、思想品德的形成和发展的各种活动。

狭义的教育（主要指学校教育）：指教育者根据一定的社会或阶级的要求，遵循受教育者身心发展的规律，有目的、有计划、有组织地对受教育者身心施加影响，把他们培养成为一定社会或阶级所需要的人的活动。

（二）教育的本质特性

教育的本质特性是指贯穿于一切教育活动之中、永远起作用的特性。无论社会如何发展、时代如何变迁，教育自身如何完善，教育的特性不会改变。这个特性就是教育的社会性，或者说，教育的社会性是教育的根本属性。

教育的社会性有以下六种主要表现：

1. 教育的社会制约性

教育的社会制约性是教育社会性的最主要表现形式。教育的社会制约性，指教育受一定社会的生产力发展水平和生产关系的制约，同时也受社会文化传统和人口等其他因素的制约。如教育目的、培养目标、教育体制、教育结构、教育内容、教育发展的速度和规模等，都要受一定社会或一定社会的某一历史阶段的生产力发展水平、社会的政治经济制度、科学文化状况等因素的影响和制约。即便教育具有能动性，其发展程度也不能超越它所处的特定社会。只有认识到教育的社会制约性，才能把握教育发展和改革的规律，促进教育自身更好地发展；才能适应政治经济对教育的需要，促进社会的进步。

2. 教育的历史性

教育的历史性是指教育随人类社会的产生而产生，随人类社会的发展而发展。教育的目的、制度、内容、方法、手段等,都随人类社会历史的发展变化而发生相应的变化。教育总是鲜明地烙着它所处的时代的印记。人类教育依次有原始社会教育、奴隶社会教育、封建社会教育、资本主义社会教育、社会主义社会教育,不同社会形态的教育各有特点,同一社会形态下不同历史时期的教育也有所不同。明确教育具有历史性,学会用历史分析的方法,科学看待不同历史时期的教育现象和教育问题、总结经验、探求规律。

3. 教育的阶级性

教育的阶级性是指在阶级社会里,教育总是一定阶级的教育。政治上占统治地位的阶级利用教育巩固其统治地位,被统治阶级也要利用教育争取本阶级的利益。阶级社会的主导教育,是指占统治地位的阶级的教育。统治阶级利用组织控制、财力控制和思想控制,牢牢掌握教育的领导权,推行符合该阶级利益的教育。充分认识教育的阶级性,可以摒弃"教育清高说""教育独立说"等错误观点,摆正教育与政治的关系。

4. 教育的生产性

教育的生产性是指教育在一定投入的基础上,具有一定的产出,能产生一定的经济效益。其表现有三方面。

(1) 教育是劳动力再生产的手段。人是社会生产力中最重要的因素,但人要成为生产力,必须首先具有一定的生产知识和掌握一定的劳动技能,这要通过教育来实现。

(2) 教育是提高劳动生产率的重要手段。劳动生产率的提高需要改进生产工具和提高劳动者的质量,劳动者的受教育程度是衡量劳动者质量高低的标准。

(3) 教育促进科学技术的发展,从而推动生产力的发展。据苏联、美国和日本经济学家的测算,教育投资给本国经济发展带来的收益率分别为30%、33%和25%。充分认识教育的生产性,可以正确认识和处理教育与生产力的关系,落实"科教兴国"战略,转变把教育投资作为消费性投资的观念,切实把发展教育作为基础设施建设,作为基础性投资,千方百计地增加教育投入,确保教育优先发展。

5. 教育的民族性

教育的民族性一般是指民族文化传统与特点在教育上的反映。表现有四:① 从教育语言文字的使用上看,任何教育都是通过一定的民族语言文字进行的;同时,教育又通过民族语言文字的学习巩固民族性,培养民族意识。② 从教育的人才培养规格上看,人才规格的主体部分即思想道德品质的培养,深受民族意识、民族自尊心等民族共性的影响。③ 从教育内容上看,任何教育内容的构成都离不开民族传统文化的精华,并不同程度地体现着民族的文化传统。④ 从教育思想上看,不论是较为零星的、不太系统的教育想法、教育主张、教育建议,还是较为系统和严密的教育理论和教育学说,都受一定社会政治、经济和民族文化传统的制约。教育的思维模式,也受民族文化的影响。认清教育的民族性,有助于保存民族的优秀文化,彰显民族的优秀文化传统。同时,还应看到教育的民族性并不等同于教育的封闭性,各民族之间要相互学习、取长补短,摒弃陈腐落后的民族教育思想、丰富和发展民族的教育事业。

6. 教育的相对独立性

教育的相对独立性是指教育具有自身独特的发展规律和能动性,在一定范围内、一定程度上具有独立于政治、经济等其他社会现象的性质。表现有二:① 教育与社会生产力、社会政治经济制度的发展变化并不同步进行,常常出现不平衡性。教育或者落后于生产力的发展,落后于政治经济制度的变化,阻碍社会发展进步;或者超前于生产力的发展,超前于政治经济制度的变化,为新的生产力、新的政治经济制度的变化作思想准备和人力准备,有助于社会发展进步。② 教育具有历史继承性。这是教育相对独立性的另一表现。每一时代的教育都和以往教育有传承接续关系。教育要批判地继承历史上的教育成果,吸收那些有利于人的发展的具有真理性、永恒性的教育要素,丰富到新的教育体系之中。这种教育的继承性表现在一部分教育内容的继承上,表现在某些教育组织形式上,表现在符合人的认识规律的教育、教学的原则和方法上,表现在某些反映教育客观规律的先进教育思想和教育理论上。

认识教育的相对独立性,对理解教育的作用和发展规律有重要意义。它告诉人们,分析研究教育问题时,不仅要从社会的政治、经济等方面考察,还要从教育内在的、特有的规律上去考察,不能简单地套用解决政治、经济等问题的方法去解决教育问题。许多教育问题是由自身的矛盾运动造成的,解决这些教育问题要考虑教育的特殊性。但是,教育的独立性只是相对的,不是绝对的。所以,既要反对抹杀教育相对独立性的形而上学的机械论,又要反对把教育的独立性绝对夸大的历史唯心主义。

既然社会性是教育的根本属性,而且,高等教育是教育的一部分,那么,社会性也就是高等教育的根本属性。教育社会性的六种主要表现,也是高等教育社会性的六种主要表现。

二、高等教育的概念

对高等教育概念的认识和表述,古今中外,仁者见仁,智者见智。

(一) 高等教育概念的历史沿革

在高等教育产生和发展的历史进程中,它的形式在不断变化,职能在不断丰富,高等教育概念的内涵和外延也在不断地演变着。所以说,高等教育概念是一个动态的概念。

高等教育最早出现的时间,其说不一。一些学者认为,古代高等教育的历史起源于古埃及尼罗河河谷、古巴比伦王国美索不达米亚平原、古希腊克里特岛、古印度恒河河谷和中国古代城市文明。比如,古埃及从古王国后期到公元前6世纪由大型寺庙持续稳定进行的高深学识教育;古印度公元前7世纪前后或更早出现的婆罗门学校、森林学校对《吠陀经》的高级研习,以及有关哲学、逻辑、文法、法律等的教学;古代中国公元前11世纪前的殷朝和公元前7世纪前的西周开办的学校"右学"①"辟雍"和"泮宫",均属于高等教育性质。也有学者认为,高等教育的历史只能追溯到公元前6世纪至公元前4世纪古希腊的青年军训团、修辞学校、哲学学校等实施的教育。

大学的概念在中国出现得很早,古代《四书五经》中的一个篇名即为《大学》,相传是孔子的学生曾子(公元前505—公元前439年)所作。《大学》开篇就指明大学的教育目的是"大学之道,在明明德,在亲民,在止于至善。"虽然这里的"大学"是相对于识字、断句的"小学"而言的内容分类,但一般十五岁后始学"大学"(儒家学说),而相当于分层的高等教育了。

近代高等教育源于12至13世纪相继建立的欧洲中世纪大学。它是仿照行会组织发展起来的由教师和学生组成的一种专门的、独立的学术与教育机构,并初步建立起比较完善的教育活动体系。其组织形式、管理制度、教学方式等对近现代高等教育活动有重要影响。欧洲中世纪,高等教育即是大学教育。大学是少数学者传授高深学问的场所,设有文、法、神、医四科。其中文科是基础科,学习拉丁文和文法、修辞、逻辑、算术、几何、天文、音乐七艺。具备文科基础后才能上法、神、医高级学科。因此,中世纪大学是围绕学科、专业来组织教育活动的。资产阶级革命后,一些中等学校成为大学教育预备机构,大学教育开始建基于中等教育的基础上,并且不断地制度化和正规化。

19世纪后半期,高等教育的活动形式有了新的变化。一方面,高等教育层次出现了多样化,在大学、学院之下,开办了专科学校、社区学院,在大学本科之上出现了研究生教育。另一方面,高等教育形式日趋复杂化,在正规大学教育之外,出现了"开放大学""业余大学""函授大学""成人大学""广播电视大学""空中大学"等非正规大学教育。这些变化在第二次世界大战之后,显得尤

---

① 《礼记·王制》:"殷人养国老于右学,养庶老于左学。"郑玄注:"右学为大学,在王城西郊。"

其突出。"中等后教育""第三级教育"等概念相继成为高等教育的新称谓。高等教育也由"英才教育""尖子教育"向"高等教育大众化""高等教育普及化"发展。

（二）不同国家和国际机构对高等教育概念的理解

高等教育是一个历史概念范畴,对它的界定也经历了一个历史发展的过程。由于各个国家对高等教育内涵理解的差异,所以高等教育概念也是多种多样的,存在着明显的差异。特别是进入 20 世纪下半叶以来,随着终身教育思想的出现和由高等教育大众化带来的高等教育多样化,高等教育"出现的变化如此繁多,连给高等教育下定义都成了一项挑战性的工作"。[①] 尽管高等教育概念繁多,但是我们发现人们从不同的视角来审视高等教育,赋予高等教育不同的内涵。

1. 层次视角

人们从学制以及高等教育发展的历史为切入点,把高等教育看作是建立在中等教育基础上的更高层次的教育。主要代表性的定义有：

（1）《实用教育大词典》和《中国大百科全书》将高等教育定义为：高等教育是建立在中等教育基础上的各种专业教育。程度上分为专修科、本科和研究生班,教学组织形式有全日制的和业余的、面授的和非面授的、学校形式的和非学校形式的等。高等教育一般担负着培养各种专门人才和科学研究的双重任务。按各国传统习惯,实施高等教育的机构通常是大学、学院和专科学校。

（2）薛天祥和郑启明在《高等教育学》一书中指出：我国的高等教育是学制体系中的第三个阶段,亦即最高阶段,是在完全中等教育基础上进行的各种层次、各种形式的专业教育的总称。

（3）美国学者认为,中等后教育统称为高等教育。

（4）《苏联百科词典》认为"高等教育是继中学教育后在高等学校里所获得的专门教育,是国民经济、科学和文化各部门中具有高等技能的专家所必备的教育。"

（5）1999 年 1 月 1 日起施行的《中华人民共和国高等教育法》称"高等教育是指在完成高级中等教育基础上实施的教育。"包括学历教育和非学历教育。高等学历教育分为专科教育、本科教育和研究生教育。"高等教育的任务是培养具有创新精神和实践能力的高级专门人才,发展科学技术文化,促进社会主义现代化建设。"

（6）谢安邦在《高等教育学》中的界定是：高等教育是在完全的中等教育

---

① 卢晓中.高等教育：概念的发展与认识[J].高教探索,2001(3):60-63.

基础上进行的专业教育,是培养各类高级专门人才的社会活动。

（7）在 1995 年出版的《高等教育学新论》中,胡建华等认为,"高等教育是在完成中等教育基础上进行的各种学术性、专业性教育。"

上述定义的共同之处在于都认为高等教育的基础是中等教育。其主要分歧在于:一是高等教育性质描述不同,有人认为是专业教育、专门教育,也有人认为高等教育具有专业性和学术性。二是对高等教育实施机构、培养目标、入学条件和教育形式阐述上存在差异。

2. 要素视角

这种定义没有明确高等教育是什么,而是指出高等教育所包含的基本要素。代表性的定义有:

（1）1962 年在非洲召开的由 44 个国家参加的高等教育会议,对高等教育作了如下的诠释:高等教育是指大学、文学院、理工学院和师范学院等机构提供的各种类型的教育,其基本入学条件为完成中等教育,一般年龄为 18 岁,学完课程后授予学位、文凭或证书,作为完成高等教学专业的证明。

（2）刘继南在其《高等教育概论》中提出:高等教育是指一切在普通教育基础上的专业教育。它包括专修科、本科和研究院、全日制的和业余的、面授的和非面授的,学校形式的和非学校形式的,等等。

（3）在新中国出版的首部《高等教育学》中,潘懋元认为:高等教育是建立在普通教育基础上的专业教育,以培养专门人才为目标,一般全日制大学本科生的年龄是 20 岁左右的青年,他们的身心发展已趋成熟。

（4）文辅相从教育本质的讨论出发,认为:高等教育作为教育的一个组成部分,与其他教育的根本区别在于:一是"博",二是"高"。所谓"博",即广博的学科基础、宽阔的思维视角;所谓"高",即高水平的素质,高深的学术。

这种高等教育定义以列举形式,更多关注高等教育的外延,对人们认识和理解高等教育具有重要意义和价值。

3. 功能视角

这种定义着重从高等教育的社会功能上对其界定[①]。例如:

（1）《辞海》将高等教育界定为:高等教育是培养具备专门知识技能的人才教育,实施高等教育的学校有大学、专门学院,简称"高教"。[②]

（2）《香港大辞典》将高等教育界定为:专上教育,是培养高级行政管理人才、学术研究人才和特殊技术的专业人才的学校教育。[③]

---

① 韩延明. 高等教育新论[M]. 济南:山东人民出版社,2012:7-8.
② 辞海[M]. 北京:北京教育出版社,1999:672.
③ 香港大辞典[M]. 广州:广州出版社,1994:76.

（3）张楚庭在《高等教育学导论》中认为：高等教育，即培养高级专门人才的教育。[①]

（4）熊明安认为，高等教育是学校教育体制中的高级阶段的教育，是受过中等教育或具有中等文化的人进入高一级学校所接受的一种专门教育，是一种传授和学习高深的知识与技能，进行高级职业能力和高级道德规范、行为训练的教育。它把高深知识、技能的传授与职业训练同对该职业的研究、运用结合起来，把伦理道德的理论教育同形成一定的世界观和行为训练结合起来，以为居于统治地位的阶级培养统治人才、技术人才、管理人才。[②]

上述定义虽然表述上有差异，但是都强调高等教育培养人才的功能。这与我国的《高等教育法》中规定的高等教育的根本任务是"培养具有创新精神和实践能力的高级专门人才"相吻合。

4. 高等教育概念的界定

统观上述高等教育概念界定视角的分析，本书认为，界定高等教育概念要考虑三个要素：

① 教育层次要素，即高等教育是国家学制中的最高层次，是建立在完成高级中等教育基础上的教育；② 教育性质要素，即高等教育是一种专业教育，既可以是学术性的专业教育，也可以是职业性的专业教育；③ 人才培养规格要素，即高等教育培养的是各类高级专门人才，从而区别中等专业教育人才培养的规格。

据此，高等教育的概念应当表述为：高等教育是在完成高级中等教育基础上实施的培养社会各类高级专门人才的专业教育。

第二节　高等教育学的发展

一、高等教育学的产生与发展

一门学科的产生与发展要经历一系列过程，高等教育学也不例外。无论是国外还是国内，高等教育学都是伴随高等教育迅猛发展和高等教育研究的蓬勃开展而出现的。

（一）国外高等教育学的发展

国外高等教育研究可以追溯到17世纪。17世纪到第二次世界大战前这个

---

① 张楚庭. 高等教育学导论[M]. 北京：人民教育出版社，2010：6.
② 韩延明. 高等教育新论[M]. 济南：山东人民出版社，2012：8.

时期,高等教育研究还没有专门的研究队伍,虽然出版了一些专门的研究文献,但是仍处在个别研究阶段。具有代表性的著作有捷克扬·阿姆斯·夸美纽斯（Comenius, Johann Amos, 1592—1670）的《大教学论》(1632)、英国约翰·亨利·纽曼（John Henry Newman, 1801—1890）的《大学的理想》(1852)等,更多的高等教育研究成果渗透在哲学等其他研究中。

第二次世界大战到20世纪70年代中期,不少国家建立起一系列高等教育研究机构、重视研究队伍的建设。高等教育研究课程进入大学,形成高等教育人才培养体系,研究成果增多,高等教育研究逐渐成为专门的研究领域。联合国教科文组织下设高等教育局和欧洲高等教育中心,欧洲、非洲和拉丁美洲的许多大学建立的大学联合会、大学协会等许多有影响的高等教育行业组织相继成立。1964年,美国有87所院校共开设了560门左右的高等教育课程,1969年有53所院校可以授予高等教育专业博士学位。[1]

20世纪70年代中期以后,由于各国政府对高等教育的关注,高等教育出现了大变革和大发展阶段。国际高等教育开始打破学校、地区、国家和文化的界限,开始进入跨学校、跨地区、跨文化研究的新阶段,高等教育进入"全球化"时代。与此同时,高等教育学学科体系趋于完善,出现了许多分支学科。高等教育科学系统化、理论化有了显著发展。

（二）我国高等教育学的发展

在高等教育发展的历史上,虽然我国早期教育著作中有对高等教育的论述,但是中国近现代意义上的高等教育始于1898年建立的京师大学堂,因此中国近现代意义上的高等教育开始于清末。梁启超、张之洞、盛宣怀、蔡元培等人从不同的角度提到一些对高等教育的看法和主张。民国时期的张伯苓、竺可桢、吴玉章和蒋梦麟等在不同历史时期皆阐发了深刻的办学见解。1911年以后,一些专家学者开始在报刊上发表有关高等教育研究的文章,翻译和出版高等教育相关的著作。虽然如此,高等教育研究仍处在分散状态,还不能称为真正意义上的高等教育学研究。新中国成立后,1953年出版中国第一种高等教育期刊《高等教育通讯》。1957年,厦门大学教育学教研室编写了全国交流材料《高等学校教育学讲义》。此后一直到20世纪70年代末,我国高等教育学研究一直处于停滞状态。20世纪70年代末以来,我国高等教育学发展经历初步发展时期（20世纪70年代末—80年代中期）、学科群形成时期（80年代中期—90年代中期）,深入发展阶段（90年代中期—现在）。

20世纪70年代末到20世纪80年代中期,是中国高等教育学分支学科的

---

[1] 方展画.高等教育学[M].杭州:浙江大学出版社,2000:63.

初步发展时期。1978年,第一个全国高等教育研究所在厦门大学成立。1983年,国务院学位委员会公布的学科(专业)目录将高等教育学正式列为教育学的二级学科。同年,中国高等教育学会成立,高等教育学作为一门学科在中国获得了政府的承认。1984年,潘懋元主编的第一部《高等教育学》出版,成为新中国高等教育学科的奠基之作,标志着新中国高等教育学科的正式成立。此后,一些著作相继问世,如《高等教育简史》(蔡克勇,1982)、《中国高等教育史》(熊安明,1983)、《高等学校管理》(朱九思等,1983)、《高等教育管理》(王亚朴,1983)、《高等教育管理概论》(邓晓春,1985)、《大学德育概论》(朱江,1986)、《大学德育学概论》(李景先等,1986)、《比较高等教育》(符明娟,1987)等,高等教育管理、高等教育史、大学德育和比较高等教育等分支学科初步形成。在众多高等教育研究学者的重视和推动下,这一时期高等教育学分支学科得到初步发展,出版了多本分支学科的专著。但是,由于高等教育学科刚刚建立,人们对高等教育的内在规律的认识尚不充分,高等教育学的基本范畴和概念体系难以确立,加上研究力量还比较薄弱,只有高等教育管理、高等教育史、大学德育和比较高等教育等各分支学科得以建立和初步形成,其他的分支学科尚未建立。

20世纪80年代中期到20世纪90年代中期是中国高等教育学分支学科迅速发展的时期。1984年中国高等教育学科正式建立,1985年中共中央发布《关于教育体制改革的决定》,高等教育体制改革全面展开。根据中国高等教育学会秘书处的统计,1984—1987年四年间,全国新增高等教育研究机构近500个,总数达到700多个。与此同时,在中国高等教育学会的统一组织下,各级各类高等教育研究学会、研究会等社团组织发展迅速。从1984年到1991年,先后成立了高等教育管理研究会、高校思想政治教育研究会、高等师范教育研究会、高等职业技术教育研究会、高等工程教育研究会等20多个专业研究会。这些机构和组织成为中国高等教育研究事业赖以生存和发展的载体,为中国高等教育学科群的形成和发展打下了扎实的基础。截止1995年,高等教育学分支学科有50多部系统性专著出版,范围涵盖了高等教育学的各类分支学科。这一时期,还有大量针对专门研究领域和分支学科的研究专著及论文出版和发表。据统计,1984—1995年出版的高等教育著作超过1 000部,平均每年有约100部的著作出版[①]。对中国期刊网收录的论文进行统计发现,1985年全国高等教育方面的论文为1 816篇;1990年增加到3 224篇;1995年达到9 772篇,基本上是每五年翻一番。分支学科的系统性专著、专题研究著作的出版和大量论文的发表,标志

---

① 陈学飞. 中国高等教育研究50年(1949—1999):第8卷[M]. 北京:教育科学出版社,1999.

着高等教育学分支学科群的形成。高等教育学科群的形成,为高等教育理论和实际问题的研究提供了依托和指导,对中国高等教育研究的繁荣发展起到了很大的促进作用。

20世纪90年代中期至今,是高等教育学分支学科深入发展的时期。20世纪80年代中期开始,中国高等教育研究进入一个规模稳定、调整提高时期,新建高等教育研究机构的步伐大大减缓。在规模方面,全国高等教育研究机构稳定在700多个,但功能和承担的任务发生了很大的变化。高等教育学的博士点和硕士点逐渐增多。在1995年之前,全国仅有8个硕士点和厦门大学、北京大学、华东师范大学3个高等教育学博士点;到2005年底,全国已有60多个高等教育学硕士点和12个高等教育学博士点,在校硕士生超过1 000人,在校博士生超过100人。从世界范围来看,中国高等教育学科及其分支学科的发展和建设处于领先地位,取得了巨大的成就。但是,20世纪90年代中期以来,中国高等教育学分支学科建设的步伐有所放缓,只有20多部系统性专著出版。虽然20世纪90年代中期以来,高等教育学分支学科发展碰到了一些问题,但近几年来,全国高等教育研究机构和研究生教育工作的交流与合作不断加强。2001年,全国高等教育科学研究机构协作组成立,2002召开了全国高等教育学科硕士、博士学位授予点研讨会,2003年召开了全国高等教育学研究生培养工作学术研讨会,2004年教育部办公厅发布了《关于进一步加强高等教育研究机构建设的意见》。这些组织的成立和交流活动的增加,势必会有力地促进高等教育学及分支学科的建设和发展,可以预见在不远的将来,中国高等教育学分支学科将进入一个新的快速发展阶段。2011年11月,中国高等教育学会共有单位会员和分支机构123个,全国共有上千个高等教育研究机构,专职研究人员数千人,编辑出版高等教育研究类刊物数百种,每年发表论文数万篇。①

二、高等教育学的研究对象

对高等教育学研究对象问题的研究关系到人们对高等教育学科的理解与认识,关系到高等教育学的发展和成熟,关系到高等教育学学科独立性和自主性这一内在学科品质的养成。关于高等教育学的研究对象,学术界存在不同的阐述。归纳起来,大致可以分为以下几种:

(一)矛盾或者规律说

持这种观点的学者认为,高等教育学主要研究高等教育规律和矛盾,其代表

---

① 韩延明.高等教育学新论[M].济南:山东人民出版社,2012:18.

性的观点有:"高等教育学是教育科学的一个分支学科,它在一般教育理论的基础上,专门研究高等教育所特有的矛盾,揭示高等教育发展的客观规律";[1] "高等教育学的研究对象既不是泛泛的高等教育,也不是高等教育规律的应用,而是高等教育的特殊矛盾和发展规律"。[2] 有学者也强调高等教育学的研究对象必须包括高等教育规律在实践中的应用,如"高等教育学不仅要研究高等教育产生和发展的规律,也要研究这些规律在高等教育实践和管理实践中的应用"。[3] 这种把高等教育学研究对象界定为矛盾或者规律的说法,很难进行操作,规律是抽象的,高等教育学的研究对象不可能是抽象不可捉摸的事物。

(二) 教育自身说

一些学者提出直接以高等教育为研究对象,如"高等教育学以高等教育为研究对象,以揭示高等专业教育的特殊规律,论述培养专门人才的理论与方法为研究任务";[4] 高等教育学,从对教育学研究领域的划分来看,其研究对象就是高等教育[5]。把高等教育作为研究对象可能更为直接,但是高等教育是一个非常广泛的范畴,涉及各个领域,把其作为研究对象也很难研究。

(三) 系统说

鉴于高等教育学研究对象的理解存在分歧,一些专家和学者提出高等教育学应该是一个系统性工程,并非是单一的。持这种观点的学者或者主张从多维度、多层次的观点阐述高等教育学的研究对象,或者从复杂科学的角度进行探讨。

矛盾说或者规律说、教育自身说和系统说对高等教育学研究对象尽管有着不同的表述,但是其共同点都在于强调高等教育学研究对象的独特性。基于上述考虑,我们认为高等教育学是研究高等教育问题,揭示高等教育现象,探讨高等教育规律的一门学科。

三、高等教育学的基本理论范畴

高等教育学是由若干基本理论范畴和体系构成的。有些基本概念尽管会在学习和工作中经常遇到,但有必要集中起来加以陈述。

---

[1] 郑启明,薛天祥. 高等教育学[M]. 上海:华东师范大学出版社,1985:5.
[2] 中央教育行政学院. 高等教育原理[M]. 北京:北京师范大学出版社,1987:22.
[3] 胡建华,陈列,周川,等. 高等教育学新论[M]. 南京:江苏教育出版社,2006:4-5.
[4] 潘懋元. 高等教育学(上)[M]. 北京:人民教育出版社,1984:2.
[5] 杨承玖. 关于"高等教育"的界说和高等教育学的研究对象之管见[J]. 上海高教研究,1989(2):91.

（一）高等教育学与高等教育科学

1. 高等教育学

高等教育学也称高等学校教育学，是教育学的分支学科。它是以高等教育为研究对象，揭示其发展规律的一门社会科学。高等教育学的内容包括：高等教育的本质、特点和规律以及它同政治、经济、文化的关系；高等教育的结构和功能；高等学校的任务和职能；高校学生的身心发展特征；高等教育的专业培养目标；高等学校德育、智育、体育、美育、技术教育的内容与方法；高等学校教学过程原理、原则和方法，课程理论与课程编制；高等学校的科学研究和生产活动；高等学校的国际交流和留学生教育；高校教师的任务培养与提高；高等学校的校园文化建设等。在具体教材中，上述内容可增可删，视教学任务而定。

2. 高等教育科学

高等教育科学是指反映高等教育现象的本质和运动规律的知识体系。它是教育科学的一个分支。高等教育科学的研究领域有：高等教育学、高等教育哲学、高等教育社会学、高等教育政治学、高等教育法学、比较高等教育、高等教育史、高等教育经济学、高等教育管理、高等教育心理学等。还可以按不同的教育对象与人才培养的层次、类别进行研究，如专科教育、本科教育、研究生教育、普通高等教育、成人高等教育，以及文科、理科、工科、师范、体育、艺术等高等教育。

（二）教育活动与教育事业

1. 教育活动

教育本身就是活动，这种活动有广义和狭义之分。广义教育活动，泛指影响人的身心发展的各种教育活动。狭义教育活动，主要指学校教育活动。高等学校的教育活动有各种类别。从形式上看，有教学活动、科研活动、社会实践活动等；从活动主体上看，有校、院、系三级管理活动，教师活动，学生活动等；从内容上看，有德育、智育、体育、美育、劳动技术教育等。

2. 教育事业

当人们的教育活动摆脱无计划、无组织状态，并从其他社会活动中分离出来划分成一个独立的社会部门，由专人负责进行时，教育活动便成了教育事业。教育事业有完善的组织机构、活动规章、制度规则、人员责任等。

（三）教育现象与教育问题

1. 教育现象

教育现象是指以培养人为主体内容的社会实践活动的外在表现形式，一般能为人的感官直接感觉到。教育现象的表现形式有学校教育、社会教育、家庭教育、自我教育、自然形态的教育等。通过教育现象的研究可以揭示教育本质。

2. 教育问题

当某种教育现象成为人们关注的焦点,被人们广泛议论、评说或要求解决时,这种教育现象便成为教育问题。教育问题的重心转移,说明教育学研究传统和范式发生了变化。对同一个教育问题的不同认识,就形成了不同教育思想或教育观念及其派别。当前,发展高等教育遇到了许多问题需要人们去探索和解决。如高校扩招的问题,教育平等的问题等。

（四）教育经验与教育理论

1. 教育经验

教育经验是指在教育实践中获得的知识和体验。通常情况下,教育经验反映的是人们有关教育的感性认识,具有比较零散、局部、个体性和偶然性的特点,需要总结提高,才能上升为教育理论。

2. 教育理论

教育理论是指人们在教育实践经验基础上,由感性上升为理性,抽象概括出来的由一系列理论范畴构成的比较系统和严密的教育思想。教育理论具有三个特性：一是实践性,从教育实践中来,又可指导、运用于教育实践；二是历史性,一定的教育理论是一定时期人们对于教育实践的反映；三是继承性,每个时代的教育理论都有批判吸收前人有价值的内容,教育理论的丰富和发展是人类认识教育的共同成果。

（五）教育思想与教育规律

1. 教育思想

教育思想是指对教育现象的理性认识。主要包括教育主张、教育理论、教育学说等,反映在各种著作、言论、决策和人的教育活动中。教育思想的核心内容集中在三个方面：一是培养什么人；二是为什么培养这样的人；三是怎样培养这样的人。

2. 教育规律

教育规律是指教育发展过程中的本质联系和必然趋势,是教育工作必须遵循的客观法则。教育规律有两种：一种是存在于一切教育现象之中,并始终贯穿于教育发展的整个过程的规律,叫一般规律；另一种是反映不同时期、不同领域或教育过程中不同阶段特殊性的规律,叫特殊规律。

（六）教育流派与教育思潮

1. 教育流派

教育流派是指各种教育理论的派别。产生于教育理论的发展过程之中。现代高等教育活动中曾出现过的教育流派有：改造主义、存在主义、永恒主义、要素主义等。构成一种教育流派一般具有四个特点：一是有独特的教育主张、教育思想和理论体系；二是有创始人或代表人物及其代表作；三是有产生的社会根源及发展、演变的过程；四是有它的实际成效和思想影响。

2. 教育思潮

教育思潮是指在某个时期流传较广、影响较大的教育思想倾向。它是由于政治、经济、科技、文化等原因，使某种教育思想或理论在人们的思想上引起广泛的共鸣，得以普遍流行。

教育思潮的特点有四：一是有一定的见解和主张；二是有较大的声势和影响；三是有产生、发展、衰落的过程；四是有盛衰的社会原因。

教育思潮同教育流派不同，后者有系统的理论，前者则不一定；但有些教育思潮包含的内容与范围比教育流派更为广泛。

（七）教育供给与教育需求

1. 教育供给

教育供给是指在一定时期内，教育为国民经济各部分、社会各方面培养提供一定质量和数量的各类专门人才和一般劳动者。

据教育部提供的资料统计，2013年到2017年5年间，我国普通高等教育为社会培养提供了3 418.99万本专科毕业生，为各行各业的发展增添了新鲜血液。

2. 教育需求

教育需求有广义和狭义的两种概念。广义的教育需求，是指在一定时期内，国民经济各部门以及社会各方面对各类专门人才和一般劳动者的数量、质量和结构等方面的要求。狭义的教育需求，是指个人和家庭为满足某种精神和物质的需要对接受各级各类教育的要求。比如开展高等职业教育，是提高我国国民科技文化素质、推迟就业及发展国民经济的迫切要求。在这种教育需求的拉动下，近几年我国的高等职业教育发展很快。

（八）教育外延式发展与教育内涵式发展

1. 教育外延式发展

教育外延式发展是教育事业发展的途径之一。指单纯依靠增加教育要素的数量，投入教育的人力、物力和财力，实现教育规模的扩大和事业的发展。通常指高等教育依靠建设新的学校、增加新的专业，来实现教育规模的扩大和事业的发展，需要国家增加较多的教育投资。

2. 教育内涵式发展

教育内涵式发展是教育事业发展的途径之一。指依靠提高教育要素的质量和效率，实现教育规模的扩大和事业的发展。通常指高等教育主要依靠挖掘原有学校潜力，而不是建立新的学校和专业，来实现教育规模的扩大和事业的发展。虽然它也需要增加教育投资，但比外延式发展要节省教育投资。

四、高等教育理论的发展趋势

人类的高等教育活动是个发展前进的过程。有些过程认识清楚了,有些过程还没有认识清楚;有的教育问题解决了,有的教育问题才刚刚显露;有些理论看似比较完整,其实还要补充和修改,等等。为了推动高等教育理论的研究,下面从五个方面简要分析一下高等教育理论的发展趋势

(一)高等教育学的问题领域在不断扩大

最初的高等教育学只关注高校内的教育活动,研究的问题领域狭窄。20世纪后,随着人们认识视野的拓宽和高等教育学科建构的需要,高等教育学研究日趋分化和综合,横向拓宽,纵向加深,出现了很多边缘学科、交叉学科,就连高校内的教育问题也不断深入、不断具体。由于综合,出现了高等教育心理学、高等教育社会学、高等教育经济学、高等教育哲学、高等教育法学、比较高等教育等多学科交叉的研究领域。由于分化,出现了高等教育基本原理、高等教育教学论、高等教育管理、高校教师教育、大学生心理、高校德育等具体学科。

以高等教育与人的发展为例。以往的一些高等教育学几乎在高等教育本质中不涉及这方面的内容。现在,学者们已认识到,只谈高等教育与社会发展的关系,不谈高等教育与人的发展的关系,讲不清高等教育的本质。高等教育是培养社会各类高级专门人才的活动,所以,必须把人作为研究的主体写进高等教育学里。要从教育、社会、人这三维关系中考量人在高等教育中的作用和高等教育对人的作用。

(二)高等教育学的研究范式在发展

范式是从西方移植过来的一个概念,是指一种科学信念以及与这种科学信念相联系的研究方法论的集合体,概念、理论工具等是其构成要素。按这个概念内涵,它不完全等同于方法论。一般来说,研究范式的转换,往往引起研究传统的变革,进而推动教育理论取得新的突破与发展。

历史上,高等教育学的研究范式曾出现过"经验—描述"阶段、"哲学—思辩"阶段、"科学—实证"阶段、"规范—综合"阶段。现在高等教育学的研究范式,主要是"规范—综合"。规范,主要指教育学价值取向多元化;综合,是指研究方法上的融合和互补。由于"规范—综合",高等教育学正在产生一些新的教育学理论。在今后一个相当长的时间内,这种研究范式仍将制约着高等教育研究活动。其原因有三:

(1)人们对高等教育活动复杂性的认识逐步深化。高等教育系统内部的组织结构和外部关系的复杂性,决定了必须通过多种方法、多种学科的研讨才能较好地解决问题。

（2）现代社会的多重矛盾与冲突,自然科学与社会科学、人文科学发展中的理论交叉,促使人们深入思考哲学与科学、自然科学与人文社会科学的关系,并期望高等教育学理论能不断地给予回答。

（3）信息、控制论、系统论的深入研究,未来学、预测学和科学学的出现与发展,促使人们对高等教育研究方法进行反思,认识到再好的研究方法也有其局限性,靠单一的方法达不到对复杂的高等教育有整体的全面的认识,因此,人们必须对不同的研究方法保持一种开放的态度,形成一个多元的系统的方法论体系。所以,"规范—综合"的研究范式受到学者欢迎,并将进一步发展。

（三）高等教育学理论基础不断扩展

最早的高等教育学著述,只把哲学与心理学作为理论基础。德国教育家约翰·弗里德里希·赫尔巴特（Johann Friedrich Herbart,1776—1841）说过:"教育学作为一门科学,是以实践科学和心理学为基础的。前者说明教育的目的,后者说明教育的途径、手段和障碍。"世界上最早的高等教育学专著,是由英国神学家约翰·亨利·纽曼（John Henry Newman,1801—1890）撰写,1873年出版的《大学的理想》,书中认为,适当训练智力能使人感知灵敏、思维冷静、正直、自制、思想稳定,并以此为特征发展哲学眼光。书中强调,学问应始于宏大真实的哲学思想,宗教和神学是完整教育之必需。随着科学的发展和人们对教育学认识的深化,学者逐渐明确了社会是由许多现象构成的,而现象之间又是错综复杂地联系着的,教育及其包括的高等教育就是社会现象之一。而教育的对象是人,人又是世间万物最复杂的。所以,研究教育和高等教育,必须涉及多方面的以研究特定社会现象与自然现象为宗旨的学科,如生理学、心理学、政治学、人口学、人类学、环境科学等。高等教育学只有广泛吸取多种学科的相关知识,才能不断提高自身的科学性和实用性。

高等教育学有两大研究领域,一是社会发展与高等教育的关系,二是人的发展与高等教育的关系。有学者认为,第一个领域要求以政治学、经济学、社会学、法学、管理学等科学作为教育学的理论基础,第二个领域要求以哲学、心理学、伦理学、传播学、文化学、解剖学、语言学、信息学、脑科学、人类学等科学作为教育学的理论基础。[①] 这位学者的看法能否被广大学者认可,暂且不论。但其指出高等教育学应有广泛的理论基础,应是学者们一致的意见。早在19世纪末,英国教育家斯宾塞就在他的著作《教育论》中表达了类似的看法:"一个涉及一切其他科目的科目,而因此是在教育中应该占最高地位的科目,就是教育的理论和实践。"

---

① 胡德海.教育学原理[M].兰州:甘肃教育出版社,2004:63.

（四）高等教育学理论与教育改革的联系日趋加强

近年来，教育改革在世界范围内不断深入发展。改革的目标指向，最终都是为了人的全面发展和社会的全面进步；改革的实质，是调整教育内部各要素以及教育与外部因素的相互关系。这种教育改革的潮流在我国表现得尤为波澜壮阔。高等教育更是首当其冲，成为教育改革的重点领域之一。改革的丰富实践，为发展高等教育理论提供了前所未所有的良机，推动着高等教育学从多层面、多视角去审视过去总结的教育经验，寻找教育的新观点、新内容、新方法，丰富已有的教育理论宝库，这是教育实践对教育理论的制约和影响。另一方面，由于教育改革的复杂性和长期性，为了避免盲目实践带来的苦果，使教育改革顺利进行到底，教育改革也迫切需要科学教育理论的指导。

高等教育改革实践和高等教育学理论的联系，在宏观的方针政策的改革和微观的教学方法的改革上愈来愈密切。改革的实践使理论更新和发展，而更新和发展的理论又进一步保证了改革实践的深入发展。

（五）高等教育学术理论的国际化影响越来越明显

伴随科技信息的高速发展，世界一体化进程越来越快。不同国家、不同民族、不同文化背景的高等教育学术理论相互关注、相互交融。一些新观点、新学说、新公式很快就在世界范围内传播和采用。20世纪80年代，一股将高等教育改革与国家命运紧密相连的浪潮席卷了全世界。1981年，苏联高等和中等专业教育部公布了《关于按照培养规格改进专家培养工作的措施的指示信》，明确提出专家的培养目标和对专家的要求，并据此在1983年全面修订了高等学校教学计划和大纲。美国全国教育质量委员会经过18个月的调查研究，于1983年4月发表了《国家处在危险中：教育改革势在必行》的报告，引起美国朝野极大的震动，掀起了美国80年代新的教育改革浪潮。同年，受雷弗休姆基金会赞助的英国高等教育研究会发表了《多样化中显优——高等教育新战略探讨》的研究成果，在英国教育史上被认为是"具有划时代意义"的关于英国高等教育发展的《雷弗休姆报告》。日本、法国、联邦德国等国家也都深有紧迫感和危机感，纷纷开始筹划本国的高等教育改革运动。我国为了顺应世界教育改革潮流的发展变化，1983年经教育部批准成立"全国教育科学领导规划小组"，管理和协调全国的教育科学研究工作。1985年5月，中共中央和国务院召开教育工作会议，讨论《中共中央关于教育体制改革的决定（第十稿）》（以下称《决定》），讨论通过后于当月27日公布。《决定》提出：教育体制改革的根本目的是提高民族素质，多出人才，出好人才，以适应社会主义现代化建设。《决定》强调，要改变政府对高等学校统得过多的管理体制，要扩大高等学校的办学自主权，要开展国际的教育和学术交流。

20世纪80年代世界高等教育改革体现出来的相互关注、相互影响,从总体上表明了一种共识:哪个国家的教育改革赶不上时代的要求,赶不上本国社会经济的发展,那么,它必将在其他所有方面都陷于落后被动的境地。

当代高等教育学术理论的国际化影响有三个特点:

(1)国际教育组织的出现和发展。这些国际教育组织开始研讨各国共同关心的教育问题,召开国际学术理论会议,沟通各国的教育发展经验,并派遣教育专家进行国际援助。

(2)国际合作加强。各国文化教育交流日益频繁,教师、研究人员交往增多,互派留学生增加,教材交流与写作增强,重视外国语教育和国际课程的教学。

(3)各国均在改革学制的封闭与孤立状况,使本国与国际上的各级各类学校发展趋向一致。教育理论的交流融合,将使各国教育在对象、制度、内容、形式、方法等方面的共同点日益增多。

需要指出的是,在重视高等教育学术理论的国际化影响的同时,不应该忘记本国政治经济发展的实际与本民族的文化特点。日本前首相中曾根曾经说过:"教育绝不是从外国采来的插在花瓶中的花朵,而应当是深深扎根在自己国土上盛开的花丛。"[①] 这是值得人们深思的问题。

思考题

一、名词解释

高等教育 教育事业 教育活动 内涵式发展 外延式发展 教育思想 教育规律

二、问答题

1. 简述教育的本质。
2. 简述国外近现代高等教育的特点。
3. 简述当代高等教育的发展趋势。
4. 谈谈你对教育供给和教育需求的认识。
5. 结合实际谈谈教育理论和教育实践的关系。
6. 简述高等教育理论发展的趋势。

---

① 明晴.日本首相中曾根的"教育改革七条设想"[J].比较教育研究,1984(4):3-4.

第二章 高等教育与社会发展、人的发展

内容摘要

高等教育与社会发展、人的发展之间的关系是高等教育学重要的基本问题之一。因此,本章全面分析了高等教育与社会发展、人的发展之间复杂密切的关系。一方面,社会生产力、经济基础、政治制度、文化等系统从不同的侧面对高等教育发展发挥着作用;同时,高等教育对上述系统也有一定的影响作用。另一方面,高等教育的社会职能是通过对人的培养实现的。人的发展是由遗传素质、社会环境、主观能动性、实践活动、教育等众多因素共同决定的。

学习目标

1. 了解高等教育与生产力之间的关系。
2. 了解高等教育与经济基础之间的关系。
3. 了解高等教育与政治制度之间的关系。
4. 了解高等教育与文化之间的关系。
5. 掌握影响人的发展的诸因素。
6. 掌握影响人发展的诸因素之间的相互关系。

第一节 高等教育与社会发展

按照系统科学的观点,社会是一个大系统。在这个大系统中,有经济、政治、文化、教育等子系统。教育是一种社会现象,与社会其他现象一样有着复杂的相互关系。高等教育作为教育的一部分,必然要同教育一起,与社会的生产力、经济基础、政治制度、文化等发生相互作用。这反映了教育活动过程与整个社会及其子系统的活动过程存在着相互作用的必然联系。这种必然的联系,体现在两个方面。一方面,高等教育要受社会生产力、经济基础、政治制度、文化等因素的

制约和影响；另一方面，由于高等教育具有多方面的社会职能，它对社会生产力、经济基础、政治制度、文化等又起着巨大的推动作用。

一、高等教育与生产力的关系

生产力是人们制造和使用生产工具征服和控制自然的能力。科学技术是第一生产力。推动社会发展的最终决定力量是生产力的发展，所以高等教育的发展要受生产力的制约。高等教育是培养社会高级专门人才的，人才是劳动力，是生产力中最活跃的因素。没有劳动者的生产劳动，没有人才的创新和发明，任何有价值的劳动资料和劳动对象都无法变成现实的财富。所以，高等教育又是推动社会生产力发展的强大动力。

（一）高等教育受社会生产力发展水平的制约

1. 社会生产力的发展水平制约着高等教育目标的设定

高等教育的培养目标直接受社会政治经济的影响，但深层的原因，是社会生产力发展水平的影响。因为社会生产力水平、方式决定着劳动力的规格，而劳动力是通过教育和高等教育培养出来的，所以，社会生产力水平、方式也决定着教育和高等教育所培养的人才规格，特别是人的知识、技能和能力的规格。在漫长的奴隶社会和封建社会，由于生产力发展的迟缓、水平的低下，加之对于生产劳动的轻视，那时的高等学校的教育目的，基本上是以培养脱离生产的统治人才和管理人才为宗旨。随着资产阶级的出现、大工业的发展，高等教育开始把培养有高水平文化素质的专业人才作为教育目的的重要内容。

当今，以知识经济为特点的社会正在西方工业发达国家形成，并迅速向全世界扩展。新兴的电子信息技术、海洋技术、生物工程技术、纳米技术、克隆技术、宇宙航天技术等代表了生产力发展的方向，成为社会生产力发展的强大推动力。社会生产的专门化，社会化水平越来越高，世界各国纷纷把培养具有创造力、有探索精神的人才作为高等教育的重要目标，以适应社会生产力飞速发展的需要。

2. 社会生产力的发展水平制约着高等教育事业发展的速度、规模和学校的结构

高等教育的发展受制于社会生产力有两个方面的影响：一是必须考虑现实生产力发展水平提供的物质条件，集中表现为国家的教育经费支出，这是高等教育发展的前提；二是必须考虑社会生产力发展对高等教育的需求程度，这是高等教育发展的依据。一个国家的高等教育，是处在"精英阶段"，还是进入"大众化阶段"和"普及阶段"，主要看社会生产力的发展水平。

高等学校的结构也同社会生产力发展水平有着密切联系。近代社会以前，世界各国的高等教育结构主要是单一的普通教育。工业革命之后，各种类型的

高等职业技术教育开始出现。20世纪50年代以后,随着生产力结构、经济结构、产业结构的改革变化与复杂多样,高等教育结构也呈现多样化和科学化。教育程度上,有专科、本科、研究生教育等不同层次;专业性质上,有文、理、工、农、林、医、师、财、政、体、艺、军等不同科类;教育形式上,有普通高等教育和成人高等教育。高等教育的地区结构逐步合理,高等教育的师资结构、管理结构也日渐提高和完善。

3. 社会生产力的发展水平制约着高等教育的课程设置和教学内容的变革

社会生产力的发展,一方面促进了科学技术的发展,为高等教育内容的更新、课程的设置与调整提供了可能的条件,另一方面又对高等教育内容提出要求,要求学校培养出来的人必须掌握与生产力发展水平相适应的科学技术和生产技能。从近代高等学校的建立到现在,由于时代不同,生产力、科学技术的发展不同,各个时代劳动资料的发展变化,高等教育的课程门类、课程结构、课程内容也在发展变化。老课程在改造更新,新课程在不断涌现,课程的综合性、交叉性、边缘性、理论性和应用性日益加深,形成了庞大的高等教育课程体系。例如,为了提高生产力水平,我国的产业必须由劳动密集型向技术密集型转变,高等教育就必须相应地创办或增办高新科技专业。但是由于各个地区、各个产业部门,生产力发展不平衡,以及各所高等学校的教育资源不同,高新科技专业不宜一哄而上,还应保留大量的传统的工程技术专业。当然,这些专业在课程与教材上,也应及时吸收最新的科研成果与科技成就,不断地更新教学内容。又如,机械与电机、电器、电子类专业,在一定科技发展水平上,机、电分开设置专业是合理的,但科技发展到今天的水平,没有掌握好电子知识技能,就很难搞好机械的设计、生产与维修,机与电有结合设置专业的趋势。由机、电分家到机、电结合,都是为适应生产力与科技发展的需要。可见,社会生产力的发展水平制约着高等教育的课程设置和教学内容的变革。

4. 社会生产力的发展促进了高等教育教学组织形式、教育教学手段和方法的变革

近代低下的生产力水平,决定了当时的高等学校只能采取单一、枯燥的口头讲授方法,粉笔加黑板的教学设备,个别施教或集体个别施教的教学组织形式进行知识经验的传授。工业革命后,由于生产和科学技术的发展,出现了大面积的班级授课制,生动的直观教学、演示实验、参观实习等教学方法进入教学领域。20世纪,随着生产力的高速发展,电化教育手段广泛使用,使高等学校的教育教学活动发生了深刻变化,教育教学质量空前提高。

(二)高等教育是推动生产力发展的强大动力

英国教育家、剑桥大学原副校长艾里克·阿什比(Eric Ashby)把高等教育

比喻为有机体,当有机体的"遗传"进入到一种新的环境,或一种新的"环境"介入到有机体的"遗传"中,有机体就会出现不适感,此时就需要有机体进行"遗传变异",以适应环境的影响,因此综观各国大学的改革,基本上将重心放在适应社会需要——"环境"上[①]。随着现代科学技术和生产力的发展,高等教育越来越成为推动生产力发展的强大动力,主要表现在以下几个方面。

1. 高等教育是提高劳动者能力的重要手段

劳动者能力的大小,不仅要以体力的大小来衡量,更重要的是要用智力的高低、非智力因素的优劣来衡量。智力因素和非智力因素的提高主要取决于教育。一般来说,经过高等教育的人,智力得到较好的开发,非智力因素得到良好的培养,一旦同劳动工具、劳动对象结合,劳动能力能够得到较大的发挥,在社会生产、科学创造方面的作用要超过没有受过高等教育的人。教育经济学研究成果表明,高等教育可以提高劳动者对生产过程的理解程度和劳动技能技巧的熟练程度,从而提高工作效率。受过高等教育的人,能够合理操作、使用工具和机器,注意对工具、机器的保养与维修,提高工具设备的利用率,减少工具设备的损坏率;能够提高学习知识和技能的能力,缩短学习新技术和掌握新知识所需要的时间;能够提高创新意识和创造能力,还可以提高加强生产管理的愿望和能力。正因如此,《中华人民共和国高等教育法》明确规定:"高等教育的任务是培养具有创新精神和实践能力的高级专门人才,发展科学技术文化,促进社会主义现代化建设。"

2. 高等教育实现着知识的再生产和知识创新

高等学校教学活动本身就是知识的再生产,而且是扩大再生产。通过教学,原来少数人掌握的科学知识被更多的人掌握,扩大了知识的传播范围,使受教育者在最短的时间,以最高的效率、最简捷的途径,掌握了人类经过漫长曲折的研究探索而形成的科学知识。这种科学知识再生产的效率是社会任何活动形式不可比拟的。

高等学校不仅是传授知识的教学单位,还是从事科学研究与实践的重要基地,担负着生产新的科学知识、发展新的生产力的任务。许多国家的高等学校都发挥着科技开发"孵化器"的作用,围绕社会发展的关键环节、关键部位、关键领域开展科技攻关,带动了国家高新技术产业的发展。"科学园"的出现便是明证。"科学园"是指某些科学水平处于领先地位的大学与集中建立在其校园邻近地区的大量高技术企业和研究发展机构所形成的高技术密集区,也称为"硅谷"。最早出现在美国斯坦福大学校园附近,后来还有美国的波士顿科学园、英国的剑

---

① 阿什比.科技发达时代的大学教育[M].滕大春、滕大生,译.北京:人民教育出版社,1983:140.

桥科学园、日本的筑波科学城、俄罗斯的托木斯克科学园等。我国北京市以清华大学、北京大学等高校和科研单位为核心组成的中关村科技区,也是科技创新的"硅谷"。

3. 高等教育是知识经济社会发展的重要因素为社会带来巨大的经济价值

世界许多国家近几十年的经济发展史证明,推动经济发展的主要因素不再是人力、劳动时间和劳动强度的增加,而是劳动者受教育水平的提高。因而许多国家都重视发展高等教育,使高等教育由"英才教育"阶段迈入新"大众教育"阶段。美国、日本、新西兰、法国、瑞典等国家自20世纪70年代后,都进入了高等教育大众化发展阶段。我国也十分重视高等教育的发展,2017年,我国国务院印发了《国家教育事业发展"十三五"规划》,其中明确提出:"以中国特色、世界一流为核心,以支撑创新驱动发展战略、服务经济社会发展为导向,坚持建设与改革并重,以学科为基础、以绩效为杠杆,统筹高校整体建设和学科建设,鼓励和支持不同类型的高水平大学和学科差别化发展,支持拥有多个国内领先、国际前沿高水平学科的大学,全面建设进入世界一流大学行列或前列。"近些年来,高等学校获得的国家发明奖、科技进步奖分别占全国的1/3和1/4,得到自然科学基金资助的科研项目达到1/2;高等学校人文社会科学研究领域大大拓宽,完成了一批重大课题研究,为发展社会主义文化事业和学术繁荣作出了突出贡献。为此,国家加大了对高等教育的投资力度,高等学校的毛入率从20世纪80年代初的2%迅速提高到2017年的45.7%,即将进入高等教育普及化阶段。

二、高等教育与经济基础的关系

经济基础是社会一定历史发展阶段上的生产关系的总和。高等教育除了首先和社会生产力发生直接的本质联系外,还要和经济基础发生直接的和同样是本质的联系。经济基础对高等教育有着深刻的制约作用,同时,高等教育又对经济基础的变革与发展有着巨大的反作用。近半个世纪以来,经济发展与高等教育的关系,一直是学术界和政府关注的重大课题。美国经济学家西奥多·舒尔茨(Theodore W. Schultz, 1902—1998)的研究发现,一个国家的人力资本与其经济增长之间存在显著相关。工作效率和收入水平较高的个体,通常投入和积累了较多的人力资本。人们普遍认为,扩大高等教育、提供更多的高等教育机会、普遍提高人们的教育程度,将会对一个国家经济增长产生巨大的促进作用。可见,高等教育与经济之间存在着十分紧密的关系。

(一) 经济基础制约着高等教育

人类高等教育诞生伊始,便始终处于经济的制约之中。高等教育发展的任何一个阶段都与社会经济的进步具有密切的联系,经济为高等教育发展提供人力、时间、物力和财力,借此制约高等教育发展过程。以高等教育的萌芽阶段为例,它的出现,无法离开当时的经济条件。一方面,经济发展程度决定了当时的社会是否允许少数人士脱离物质资料生产和其他活动,而专门进行高深学问的传授与创造。另一方面,只有当社会的经济发展达到一定的水平后,人们才会有可能进行复杂的政治、艺术和哲学方面的活动,而这些活动直接为高等教育提供内容,并要求高等教育承担相关活动人才的培养任务。在西方,高等教育实现从萌芽阶段向雏形阶段的转变,一个主要原因是经济的进步。在这一时期,西欧封建社会的自然经济逐渐被商品经济取代。随着商品经济活动的扩大,一些自然经济村落成为商品经济活动的中心,并在此基础上发展为城市和集镇。正是在这些城市,西方中世纪的大学诞生了。可见,经济基础制约着高等教育的发展。具体体现在以下几个方面。

1. 经济基础制约着高等教育的性质和规模

通常说,社会生产力发展水平制约的是高等教育的生产性,而经济基础的性质则制约着高等教育的社会性。一定社会的高等教育性质,是由那个社会的经济基础的性质决定的。高等教育的发展史也证明,有什么样的社会经济基础就会有什么样的高等教育。奴隶社会和封建社会,奴隶主和地主阶级占有生产资料,所以古代高等教育是为奴隶主阶级和地主阶级服务的。以我国为例,《礼记·王制》记载"大学在郊,天子曰辟雍,诸侯曰泮宫。"王子们在这里接受教育。资本主义社会产生后,资产阶级掌握了统治权,占有了社会的生产资料,也拥有了教育机会的分配权,所以推行了教育"双轨制"。贵族与资产阶级子女可以上条件优越、学费昂贵、教学质量高的小学、中学,直至升入大学;而劳动人民的子女,只能上条件差的小学,然后接受中等职业教育,没有资格上大学。大学是专为富人们开设的。即使到了现在,尽管资本主义国家提出"教育机会均等",但由于高额的学费,普通劳动者的子女很难上诸如美国哈佛大学这样的名牌大学,只能报考收费低廉的社区大学。社会主义社会是以公有制为基础的社会,高等教育才得以实现向全体人民开放。高等教育的性质不仅取决于社会经济基础的性质,而且,它的发展变化也取决于社会经济基础的发展变化。当新的生产关系代替了旧的生产关系时,便会产生与之相适应的高等教育。

经济还制约着高等教育的规模。如果把高等教育入学率作为一个标准,可以看到,世界各国的高等教育规模发展水平大致分为五个层次:高级学历层次、准高级学历层次、中级学历层次、初级学历层次和低级学历层次。高等教育入学率作为衡量高等教育规模的一种指标,通常是指高等教育的受教育者在整个高等教育的适龄人口中所占的比例。不同的学历层次分布于经济发展程度不同的国家。高级学历层次和准高级学历层次集中于经济发达的工业化国家,中级学历层次集中于经济达到中等发展程度的国家,而初级和低级学历层次则集中于发展中国家。这种情形充分表明,一个国家的高等教育入学率,或者说一个国家的高等教育规模,整体地受到了经济发展水平的影响。

2. 经济基础部分地制约着高等教育的目的

社会生产力发展水平和经济基础对高等教育的制约作用体现在两个方面。前者制约高等教育培养什么样的专业人才,后者则制约高等教育培养的人应具有的价值观和人格品质,即培养受教育者具有什么样的政治意识、思想意识和道德意识。在阶级社会里,生产资料的私人占有制决定了高等教育目的的阶级性、等级性,要求高等教育培养出来的人,必须具有维护私有制的意识。社会主义社会的公有制则要求受教育者树立科学的世界观和人生观,成为社会主义事业的建设者和接班人。

3. 经济基础部分地制约着高等教育内容

经济基础既然部分地制约着高等教育目的,也就必然地制约着依据教育目的而选择的高等教育内容。诸如高等教育的政治、法律、道德、哲学、文学、艺术、宗教等上层建筑的教学内容,都是由经济基础决定的。高等教育使受教育者接受了这些内容,并把这些内容内化为他们的精神财富,才能再生产出适应一定社会经济基础的人,为巩固这一经济基础服务。即使高等学校的自然科学的教育内容也不会自然而然地进入教材、进入课堂,而要得到社会关系的承认和接纳。在社会关系中,谁掌握着生产资料,谁就掌握了安排教育内容的领导权。

(二)高等教育对经济基础具有重要影响

首先,在通常情况下,高等教育同教育一道起着复制、强化和延续社会关系的作用。高等教育培养出来的人,通过为社会服务去巩固相应的经济基础。高等教育与经济基础相互作用的结果,则是再生产了已存在的社会关系,再生产了维护现存生产资料所有制形式的人,再生产了被认可的产品分配形式,从而巩固和发展了一定的经济基础。

其次,被经济基础决定的高等教育机构,也是反映一定社会关系的政治思想意识和社会文化的传播机构。通过高等学校的各种宣传途径和宣传手段,向社会传播和宣传维护一定经济基础的言论和对策,使一定的经济基础得以维持和强化。

再次,在社会变革时期,高等教育通过宣传先进思想和进步理论,可以促进社会加速变革,使经济基础发生良性改变;高等教育也可能通过宣传反动落后的政治理论,制造社会舆论,使经济基础发生逆历史潮流而动的局面。

最后需要说明,上述高等教育和经济基础相互关系中表现出来的性质,具有上层建筑的特征。但是,全部高等教育并不仅仅是被经济基础决定并为经济基础服务的,也并不都是随经济基础的产生、变化、消灭而产生、变化和消灭的。不能说全部高等教育都具有上层建筑的特点,也不能说高等教育就是上层建筑。明确了这一点,才能认清高等教育的真实面目,使高等教育这个培养高级专门人才的社会活动,既为生产服务,又为政治服务,也为文化发展服务。

三、高等教育与政治制度的关系

政治是经济的集中表现,政治在上层建筑中居于主导地位,经济基础对高等教育的决定作用总是通过政治集中表现出来的。政治对高等教育的制约作用往往具有更为直接的性质。但是,高等教育对社会政治制度的发展又具有重要的影响。

(一)高等教育为社会政治制度所制约

1. 政治制度制约着高等教育的目的和内容

高等教育的根本任务是培养人。在一定的社会中,培养具有什么样的政治方向、思想意识的人,是由社会的政治制度决定的。教育目的是教育理想和教育现实的结合点,是一个社会的政治制度对教育提出的主观要求的集中体现,直接反映着统治阶级的利益和需要。所以,在政治制度不同的社会里有着不同的教育目的。统观古今中外高等教育目的制定,都是社会中占统治地位的阶级根据他们的利益和需要,设计出来的人才规格和标准,使高等教育培养出来的人为现存的政治制度服务。

2. 政治制度决定着高等教育的领导权和受教育权

在阶级社会里,统治阶级为了使高等教育按照本阶级的意志运行,特别注意把教育的领导权掌握在自己的手中。他们通过国家权力机构直接掌管高等教育的领导权,在组织上对高等学校加以控制;他们通过拨款等经济活动决定高等教育的发展,在财力上对高等学校加以控制;他们通过思想文化的决定和要求,以及大众传媒的舆论导向、各种读物的发行、各种思想文化活动的举办等,在思想意识形态上对高等学校加以控制。

在受教育权上,一定社会中的人所以享有不同的受教育的权利,在很大程度上也是由社会政治制度决定的。只有在未来物质文明和精神文明都高度发展的社会中,受教育的机会平等和教育民主化才能真正实现。

(二)高等教育对社会政治制度的发展具有重要影响

1. 高等教育通过培养具有一定政治态度和思想意识的人维护和巩固一定的政治制度

各国的高等学校都特别重视对受教育者的政治思想教育,以使受教育者理解社会的政治观念,树立社会所向往的政治理想,形成维护现行政治制度的政治行为。为此,在高等教育中,或者开设政治理论课、思想教育课,或者在相关学科中渗透有关的政治教育、公民教育的内容,以形成受教育者相应的政治意识和政治理念。

另外,高等教育还通过培养大批的领导和管理人才,特别是专门的政治、法律人才,直接为社会的政治制度服务。当今社会,由于科学技术的进步和政治制度的需要,对国家管理人员的要求越来越高,出现了"专家政治""技术官僚"的潮流。为此,更加重视高等教育对统治人才的培养。现代各国高级领导人员一般都具有高学历文凭。许多国家的高等学校也因培养国家高层次的管理人才而著名。

2. 高等学校通过宣传统治阶级的思想意识制造一定的社会舆论为政治制度服务

教育也是宣传思想的工具。高等教育既可以通过师生的言论行动,利用高等学校的校刊、学报、广播、电视、网络以及各种教材,宣传一定社会的政治要求和意识形态,把学校建设成维护一定政治制度的阵地。同时,又通过师生与社会的互动过程,利用社会各种传媒,宣传统治阶级的思想,造成社会舆论,对社会风尚、道德面貌、政治信仰、哲学观念产生影响,借以影响和争取国民,达到为社会政治制度服务的目的。

另外,高等学校作为社会政治思想的重要发源地,会对国家或地区的政治决策产生影响。许多国家都把知名的高等学校看成是重要的思想库和决策咨询机构,聘请有专长的学者做政府部门的专家、顾问;请高校学者为国家或地区的决策人员做专题讲座;遇到重大决策时,征询来自高等学校相关机构和人员的意见。可以说,高等学校已经成为当今社会国家政治决策科学化和民主化的一支重要力量。

需要说明的是,高等教育尽管对社会政治制度具有重大影响,但不起决定作用。对社会政治制度起决定作用的是社会生产力发展水平。

四、高等教育与文化的关系

文化是一种社会现象。广义的文化泛指人类在历史发展过程中所创造的物质财富和精神财富的总和。狭义的文化是指人类的精神财富与精神生活。这里,主要从狭义的角度来分析。

文化同教育(包括高等教育)有着内在的联系。文化是教育的内容,教育是传递文化的工具。文化和教育的关系是"共生关系",是相互作用的。一方面,文化是制约教育和高等教育发展的重要因素之一;另一方面,教育和高等教育又通过其特定的功能对文化有重要的反作用。

(一) 文化对高等教育的制约和影响

1. 文化影响着高等教育的内容

文化中基本的、相对稳定的、符合高等教育要求的部分,被选择、加工后成为高等学校的教育内容。高等学校的课程,都是对已有文化的科学总结和批判继承。因此,可以说对高等教育内容的制约和影响,文化要比政治、经济更为直接。

2. 文化系统和文化设施影响高等教育的实施

社会的各种大众传媒,属于文化系统,而其中的大部分又是教育系统的组成部分。比如,广播电视大学利用广播、电视及计算机网络系统为教育服务;借助卫星视频传输、扩大教育科研网的传输容量和联网规模,高等学校在招生远程录取、计算机学籍管理、毕业生远程就业服务上实现了一体化的信息系统;图书馆、博物馆、文化馆、影剧院等社会文化设施,常常成为高等教育设施的补充部分,影响着高等教育。

3. 文化传统影响高等教育特色的形成

研究中外高等教育史可以发现,许多国家的高等教育特色鲜明、经久不变。其主要原因是民族传统文化的影响,如中国大学追求博文约礼,德国大学强调学术自由,英国大学注重学生修养,美国大学讲求功利主义,等等。当然,这只是一种一般性的概括,至于各国高等学校的特色,和学校创办者提倡并被后来者继承发扬的文化特质密切相关,如美国西点军校"责任、荣誉、国家"的校训,中国清华大学"自强不息、厚德载物"的校训,浙江大学"求实创新"的校训等等。

4. 社会文化深刻影响着高等学校的校园文化

校园文化也称学校文化,是指学校内有关教学及其他一切活动的价值观念及行为形态。它是学校物质文明和精神文明的总的体现。其核心内容是学校的风气、文化生活、人际关系和心理气氛等。学校文化是社会文化的亚文化,受社会文化的制约和影响。一般说,社会流行什么样的思潮,高等学校便会产生和扩散什么样的思潮。社会风气的好坏,直接影响高等学校风气的好坏。学校文化也会和社会文化发生冲突,但是,最终胜者往往是社会文化。

(二) 高等教育对文化有重要的反作用

1. 高等教育具有选择、保存、传递文化的功能

高等教育从一开始就作为社会文化延续的主渠道,起着选择、保存、传递文化的作用。当代,人类文化已是浩瀚无比的宝库,通过高等教育选择、整理、保存和传递文化,剔除文化糟粕,传承文化精华,正引起社会的高度注意。现今高校的教材和教育档案、教育媒体等,都是对历史文化选择、保存、传递的结果。

2. 高等教育具有创新和发展文化的功能

这个功能反映在三个方面：一是高等教育培养了一支高素质的文化建设生力军，这支生力军具有文化批判性思考的能力和创造新文化的能力，为社会文化的更新和发展提供了关键因素；二是高等学校是社会从事精神生产的重要部门之一，十分重视以科研为主要形式的知识创新，有科学研究就有科技成果，有科技成果就有其在实际中的运用，就有新文化的产生；三是高等教育是国际学术文化交流的主要领域，特别是19世纪以后，以欧洲最为突出，各国高等学校人员交流、情报资料交流、学术会议交流，为各种文化的相互理解、相互吸收、相互融合提供了条件。当代，国际间的高等教育交流更加频繁，促进了各民族优秀文化在高层次的相互撞击与启发，不仅创造出更符合本国国情的新文化，而且使世界文化不断提高到新的阶段。

第二节　高等教育与人的发展

高等教育的社会职能是通过对人的培养实现的。人是教育的对象，只有全面了解人，按照教育规律去培养人，使受教育者身心形成一定社会所需要的品质，教育的价值才能得以实现。因此，研究高等教育与人的发展的关系，是高等教育学的基本问题之一。

一、人的本质观与高等教育

关于人的本质问题，由于历史时期不同、个人世界观不同、思维方式不同，中外学者看法不一，总体上是围绕着人的本原和人性善恶两个方面进行的。这些看法，同教育思想有着密切的联系。学者们对人的本质的不同认识，形成了对教育的本质、作用、任务和方式方法上的各种不相同的观点，乃至成为教育史上的不同教育思潮和不同教育流派。只有马克思主义诞生后，才科学地说明了人的本质，也为教育思想的科学化奠定了理论基础。

人的本质是指人区别于动物的根本属性，或者说，是说明人所以为人的质的规定性。马克思对人的本质的揭示，是从人的一般本质和特殊本质两个维度考察的。在人的一般本质上，马克思指出，劳动是人同动物最终区别开来的确证人的本质的生命活动。但是，马克思认为仅仅揭示人同动物区别的"一般本性"还不够，还必须揭示人的历史变化的本性，这是深层次的人的本质，只有这样，才能说明不同时代、不同地区、不同社会地位的人所以不同的原因。为此，马克思指出了人的特殊本质："人的本质并不是单个人所固有的抽象性，在其现实性上,它是一切社会关系的总和。"① 马克思提出了对人的本质观的科学认识,引起了教育思想五个方面的变革:① 马克思主义人的本质观抓住了人的现实性,确立了科学教育观的现实基础。这就是,教育不能脱离社会现实和个体人的现实,必须以人的现实性为基础。② 马克思主义人的本质观坚持人的自然性与社会性的统一,奠定了教育思想的科学出发点。这就是,既要依据社会关系的需要并在社会关系中对人进行教育,也要以人的自然素质为教育的基本根据和出发点。③ 马克思主义人的本质观确认人的本质的多样性和变化性,确立了教育思想的辩证发展观。这就是,要以多样性的观点看待教育对象,以发展的观点看待人和培养人。④ 马克思主义人的本质观承认人的受动性与人的能动性的一致,为科学的学生地位观的确立提供了理论依据。这就是,教育既要重视社会条件对人的影响,重视教育在人的发展中的作用,也要尊重学生的主观能动性和学生在教育中应有的地位。⑤ 马克思主义人的本质观强调共性与个性的统一,为科学教育的原则提供了理论基础。这就是,开展教育既要注意培养学生的共性,又要注意发展学生的个性,要坚持统一要求与因材施教相结合。

总之,根据科学的人的本质观,就要全面提高教育质量,以适应社会的需要和人的发展的需要。学校的教育工作,要"一切为了学生,为了一切学生,为了学生的一切。"所有的教育机构都应当这样做。高等教育是教育活动的最高层次,学生正处在青年中晚期向成年期过渡,教学方式和手段、培养目标和学校管理都同初等教育和中等教育有很大区别,但学生作为人的本质是共同的,因而上述五个方面的教育思想变革,也是高等教育必须遵循的。

二、影响人发展的基本因素及其相互关系

影响高校学生发展成长的因素很多。如何看待这些因素,这些因素之间是什么关系,这是高等教育与人的发展必须回答的问题。

(一)影响人的发展因素的划分

历史上,学者们对影响人的发展因素的划分观点不一,有"二因素论""三因素论""多因素论""二层次三因素论"等。这些观点,对探讨人的发展因素问题有重要借鉴作用,但也都存在不足之处,都不能全面、科学、准确地揭示清楚人的发展因素及其相互关系。马克思主义诞生后,学者们运用辩证唯物主义观点深入探讨了人的发展因素的分类,认为应该从内部因素、外部因素和内外因统一因素三个层面揭示人的发展问题。

人的发展的内部因素是指人的遗传素质和人的主观能动性两个方面。遗传

---

① 马克思,恩格斯. 马克思恩格斯全集:第 1 卷[M],佚名,译. 北京:人民出版社,1972:18.

素质是生物性因素,主观能动性是心理性因素,这两个因素与人的发展有着密切的关联。人的发展的外部因素是指影响个体发展的一切外部客观条件,包括自然条件与社会条件。对于高等教育的对象来说,几乎没有纯粹的自然条件,即使有也都是人化了的自然条件。所以说,影响人的发展的外部因素主要是社会条件,这里包括社会生产力状态,社会政治、经济、文化以及人口状况、人际关系等,外部因素也可以称为环境。影响人的发展的内部因素和外部因素不是静止地、孤立地发挥作用的,而是始终处在交互作用的状态,统一发挥作用,这就是内外因统一因素。实践活动和教育活动就是内外因统一的表现形式。上述内部因素、外部因素和内外因统一因素,又可以具体划分为遗传素质、主观能动性、环境、实践活动和教育五个因素,它们相互影响、相互作用,推动着人的发展。

(二)影响人发展的诸因素及其作用

1. 遗传素质及其作用

遗传素质主要指人的肌体构成、形态、感觉器官和神经系统的特性等人的先天的解剖生理特征,这是通过遗传获得的。人的遗传素质对人的发展作用有三个:

(1)人发展的物质基础和前提条件。没有一定的遗传素质,就谈不上相关的发展。比如,生来的盲人是不能进入美术学院的,因为他没有视觉空间和色彩感;生来的聋哑人不能进入音乐学院,不能当歌唱家,因为他听不到声音,不能用言语表达感情。诸如此类由于遗传问题无法在某一方向发展的事例随处可见,所以,遗传素质是人发展的基础和条件,没有基础无从发展。但是,人的遗传素质和潜力是巨大的,好多方面尚未被人认识,还有待科学地去开发。

(2)它的成熟程度制约着人的身心发展过程和阶段。人的遗传素质不是静态的,它有一个成熟发展的过程。超越或错过遗传素质发展成熟的阶段,教育就很难取得成功。个体人的发展包括身心两个方面。身的发展包括有机体的正常发育和身体素质的健康成长两个部分;心的发展是指精神方面,也包括心理过程和道德情操两个部分。高校学生是青年生长发育的最后阶段,也是决定人的体格、素质、性格和智力水平的关键时期。身体发育一般在24岁前后完全成熟,心理品质也全面完整地得到发展,个性逐渐形成和定型化。但是,由于生理的成熟,特别是性的成熟激发的需求与现实生活的矛盾、由于成人社会的复杂与学校生活相对单纯的矛盾、由于经济没有独立还不能摆脱对成年人的依赖与内心渴求独立个性基本形成的矛盾,高校学生的心理是学校教育时期最丰富、最复杂、最动荡的阶段。因此,需要高等学校的教育者科学分析学生生理与心理的特点,针对学校"亚文化"的实际状况,注意刚入学、学习中、毕业前的关键年度,因时因地因人制宜地使学生德、智、体等方面全面发展。

（3）遗传素质的差异性在一定程度上影响人的个别特点的发展。人的遗传素质既有"类"的特征,也有"个"的特点。即使是兄弟姐妹、甚至孪生姐妹也不尽相同。比如生理上的身高、面貌、感觉器官功能的差别,心理上的气质差别,等等。身高体美的人有可能成为高级模特儿,多血质的情感丰富的人有可能做一名演员,所谓个人的"天赋"就在这里。但是,遗传素质仅仅是人发展的物质基础和前提条件,它们在"个"上的差异,只能为人的某方面发展提供可能性,只有通过一定的社会环境和教育影响才能获得应有的发展。而且,科学已经证明,包括高校学生在内的正常人的遗传素质差异性并不大,现有的差别主要是后天影响的结果。

2. 主观能动性及其作用

主观能动性是指人的主观意识对客观世界的反映和能动作用,体现出人的一种自觉意识,故也称为自觉能动性。动物界没有主观能动性。作为人发展的内因,遗传素质是一个因素,但更重要的则是人的主观能动性。高等教育中,在各方面条件基本相同的情况下,人与人的差别和距离,主要是个人的主观能动性的不同。当然,人的主观能动性并不是自发产生的,而是来源于社会要求、教育条件与个人感悟交互作用的结果。

3. 社会环境及其作用

环境是围绕在个体周围,并对个体自发地发生影响的外部世界。它包括自然环境和社会环境,对人的发展起作用的主要是社会环境。广义的环境指人们生活的全部环境包括教育在内。狭义的环境指除学校教育以外的社会环境。人一生下来,就受着环境的影响,有的是直接影响人的发展,有的是间接影响着人的发展。个体正是在环境中并在环境的影响下成长,形成各种思想观点和行为习惯,获得一定的生活知识和经验。在不同社会和不同阶级中生活的人,他们的思想意识、道德品质和行为习惯都有不同程度的社会阶级的烙印。一个人的身心能否得到发展和发展到什么程度,都与他所处的环境分不开。社会环境是指人类在自然环境基础上创造和积累的物质文化、精神文化和社会关系的总和。人是社会存在物,是一切社会关系的总和,所以,对人的发展具有决定性影响的是社会环境。社会环境包括所处的国家政治经济制度、经济生活、文化生活、风俗习惯,以及家庭、邻里、亲戚、朋友、学校、娱乐场所等。在社会环境中对人的发展影响最大的是社会生产力和社会关系。离开了社会环境,即使有人的遗传素质,也不能成为正常的人。

社会环境制约着人的发展,但人从来都不是环境的消极产物,人具有主观能动性。人在被环境决定和制约的同时,也改造环境和改造自己。在高等教育阶段,学生受环境制约并反作用于环境的状况比以前教育阶段强烈得多。

4. 实践活动及其作用

实践活动主要是指主体同外部世界进行物质或精神交换的活动,反映了主体内部因素与外部因素的结合与统一,体现着人的主观能动性的发挥。主体的发展是在活动中实现的。人参加什么活动就会使自己在某方面获得一定的发展,形成一定的素质。如人参加体育活动就可促进身体的发展,参加思想活动就可促进思维的发展。实践活动从总体上看是人发展的基本途径,人是在实践活动中并通过实践来使自己获得发展的。社会实践是人发展的基本途径,它对人的发展的影响不仅表现在身体和智力方面,也表现在对人的思想的巨大影响方面。毛泽东就曾说:人的正确思想只能从社会实践中来。人的实践活动多种多样、丰富多彩。不同的年龄阶段,其参加的主要实践活动形式是不同的。学习活动是贯穿于人一生的实践活动。人为了生存,为了从事生产和社会交往,就需要学习。学习从事社会实践所需的各种新知识、新经验、新科学和新技术。当然,对于青少年来说,学习是他们基本的实践活动。他们通过学习,来提高自己认识世界和改造世界的能力,来发展自己,为未来做好准备。在高等学校里,除了大量的课堂教学实践外,还有教学实验、专业实习、毕业设计、生产劳动、军事训练、社会调查、科技服务、参观考察、勤工俭学等。通过实践,获取知识技能,发展智力,身体健康成长,形成一定社会需要的世界观和思想品德,成为全面发展的符合社会需要的高级专门人才。

5. 教育及其作用

教育是有目的、有意识地培养人的活动,是影响人发展的最有效的手段。这里讲的教育不是一般意义上的环境与实践活动。环境是人们活动的结果,是一种客观存在;教育不是结果,而是活动的过程,当教育者和受教育者的活动终止,教育也就完结了。实践是作为主体的人同作为客体的环境发生的交互作用,反映着主体自身的主观意志和能动作用;而教育活动的施教者与受教者都是人,都有各自的主观能动性,并共同体现着社会意志的要求。所以,只有把教育同一般意义上的环境与实践活动区别开来,才能充分了解教育的特点,发挥出教育对人发展的主导作用。

教育在影响人发展的诸因素中所以能起主导作用,其原因有三:① 教育是受社会委托有明确目的的影响人发展的活动过程,对人的发展方向起着制约作用。教育是有目的、有意识地培养人的活动,它是遵照一定的社会要求和人的身心发展规律,按既定目的对人施加影响的过程。社会环境和社会实践也都在影响人的发展,但是,它们的直接目的是改造自然和社会,它们都不是以影响人的发展为主要目的。只有教育是以专门影响人的发展为主要目的。同时,社会环境和社会实践活动对人的影响性质是错综复杂的。既有积极影响,也有消极影响;既有正面作用,也有负面作用。各种因素都从不同角度和不同方向影响人,而教育则是按照一定目的在培养人。所以,教育总要对社会环境和实践活动的影响起着筛选、过滤和调控作用,以保证教育的目的和方向。教育的重要特点之一就是可以根据一定的目的和要求,选择影响条件,排除和控制各种不良因素的影响,从而达到影响性质和方向的一致性,以保证教育的顺利实现。② 学校教育给人的影响比较全面、系统和深刻。教育总是根据一定的要求有计划地选择教育内容,有效地组织教育活动。同时,教育对人的影响又是全面的,既影响受教育者的身体,也影响受教育者的精神;既增进受教育者的知识能力,也影响其思想品德。教育对人的影响也是系统地按照人的身心发展规律进行的,这就避免了环境和社会实践活动对人影响的自发性、片面性和偶然性等缺陷,使教育对人的影响更加有效。③ 学校有专门负责教育工作的教师。任何教育都是教育者和受教育者的双边活动过程,都必然有教育者的存在。尤其学校教育中的教育者更是受过专门的培养和训练的,他们既掌握丰富精深的科学文化知识,又懂得教育规律,掌握有效的教育教学方法;他们既有丰富的教育经验,又有高尚的师德。因此,在教育者的指导下,受教育者可以少走弯路,获得最有效的发展。而人在环境和实践活动中,只能自发地获得知识经验,这往往要多走许多弯路。

(三) 影响人发展的诸因素之间的相互关系

人的发展是由众多因素共同决定的,这些因素有的是先天的遗传素质,有的是后天的环境,有的是人的主观能动因素,有的则是实践活动和教育因素。事实证明,这些因素在人的发展中统一起作用,是不可或缺的。它们既不可混同,也不可相互替代。遗传素质是人发展的物质基础,社会环境是人发展的决定性条件,主观能动性是人发展的内在动力,实践活动是人发展的基本途径,教育则是人发展的有效手段。这些因素共同发挥作用,才能使人顺利发展。在众多因素中,教育起着主导性的作用。因为,遗传素质的开发靠教育,主观能动性的培养与调动离不开教育,社会环境对人的影响要经过教育的筛选和调控,社会实践对人的影响要经过教育的组织和规范。而教育的主导作用并不是自身固有的功能表现,教育只是社会关系借以影响人的最有效的手段。所以说,教育对人发展的主导作用,是社会关系对人的要求和作用的体现。

教育在人的发展上起主导作用,但这个主导作用不是万能的。因为教育既不能超越它所依存的社会条件,凌驾于社会之上去发挥它的主导性;也不能违背人的身心发展规律,去任意地决定人的发展。

总之,对影响人发展的因素必须全面、辩证地认识,明确各因素的地位和作用。尤其要正确认识教育作用的主导性,全面发挥教育的作用,促进人的全面发展。

思考题

一、名词解释

遗传素质　主观能动性　社会环境

二、问答题

1. 简述教育社会性的主要表现。
2. 为什么说高等教育是推动生产力发展的强大动力？
3. 简述高等教育对社会政治制度的发展具有的重要影响。
4. 简述高等教育与经济之间的关系。
5. 试论文化对高等教育的制约和影响。
6. 试述影响人发展的诸因素及其作用。
7. 联系实际，谈谈你对影响人发展的诸因素之间关系的认识。

第三章 高等教育目的

内容摘要

教育目的是培养人的总目标,回答的是教育基本理论问题。本章阐述了高等教育目的的内涵、作用、全面发展教育的组成内容、高等教育培养目标等项内容。

学习目标

1. 掌握教育目的、高等教育目的的内涵。
2. 了解高等教育目的的作用。
3. 熟悉我国全面发展教育的各组成部分。
4. 理解我国高等教育培养目标。

教育目的是教育的核心问题之一。这一问题的重要性,历来是教育理论中的重大论题。准确地理解和把握高等教育目的,对于高等教育活动和理论来说是极为重要的。

第一节 高等教育目的概述

一、高等教育目的的概念

(一) 教育目的的内涵

理解高等教育目的前有必要了解教育目的的内涵。教育目的的界定有广义和狭义之分。广义的教育目的是指人们对受教育者的期望,即人们希望受教育者通过教育在身心诸方面发生什么样的变化,或者产生怎样的结果。国家和社会教育机构、学生家长和亲友、教师等,都对受教育者寄予这样或那样的期望,这些期望都可以理解为广义的教育目的。狭义的教育目的是国家对教育人才的总体要求,各级各类学校无论培养什么社会领域和什么层次的人才,都必须努力使所有学生符合国家提出的总要求。因此,教育目的对所有的学校都具有指导意义。不管学生之间的个别差异有多大,如体质强弱不同、兴趣爱好多样、智商情商不一等,学校都必须努力使他们符合国家提出的总要求。

(二)高等教育目的的界定

高等教育目的是由国家制定的,对全国高等教育系统具有普遍适用性,是高等教育实践活动的重要因素之一。高等教育目的是指国家规定高等教育活动实现的结果或要达到的标准。由国家确定的高等教育目的可以分为指令性高等教育目的和指导性高等教育目的。指令性高等教育目的,是指以法律、法规赋予高等教育目的以法律效力,高等教育机构和教师必须执行;指导性高等教育目的,是指由教育主管部门提出的高等教育目的,对高等教育机构与教师仅具有建议性质。我国的高等教育目的属于指令性高等教育目的。

(三)高等教育目的与高等教育培养目标

为了明确高等教育目的与高等教育培养目标、高等教育目标的关系,我们必须从研究教育目的、培养目标、教育目标的关系着手。

教育目的是指教育要实现的结果或要达到的标准;培养目标是指"各级各类学校根据社会的需要,对受教育者的身心发展所提出的具体要求。"[1] 培养目标具有具体性、多元性、特殊性等特点。教育目的是各级各类学校确立培养目标的依据,培养目标是在教育目的基础上制定出来的,因此是教育目的的具体化。教育目的与培养目标的关系,是一般与特殊的关系。教育目标是指"教育过程中的一系列发展目标体系,这一层次的目的,按照学生身心发展顺序加以组合,是实现培养目标的直接依据和评价标准。"[2] 教育目标也称教学目标。[3] 此处的教育是日常教育生活中的用语,理解为教学。

根据上述内容,我们对高等教育领域中高等教育目的、高等教育培养目标之间的关系就很容易搞清楚了。高等教育目的是指国家规定高等教育活动实现的结果或要达到的标准;高等教育培养目标是指各级各类高等院校对受教育者的身心发展所提出的具体要求。高等教育目的是各级各类高等院校确立培养目标的依据,高等教育培养目标的制定以教育目的为基础,是教育目的的具体化。它们的关系表现为一般与特殊的关系。

---

[1] 刘楚明.教育辩证法:修订版[M].北京:教育科学出版社,2001:56.
[2] 郑金洲.教育通论[M].上海:华东师范大学出版社,2000:209.
[3] 郑金洲.教育通论[M].上海:华东师范大学出版社,2000:212.

二、高等教育目的的作用

高等教育目的是高等教育工作的根本问题,它不仅是高等教育工作指导思想的核心,而且是一切高等教育实践活动的总纲。所以,高等教育目的对于高等教育实践活动意义重大。具体说来,高等教育目的的作用表现为以下四点:

(一)导向作用

高等教育目的反映了教育活动培养的人才质量和规格,它一经确立,就成为高等教育活动的方向,不仅为教育者指明工作方向和奋斗目标,也为受教育者指明发展方向,并预定了受教育者发展的结果。所以说,高等教育目的具有导向作用,目的指向越明确,教育目的的导向作用发挥得就越好,它使参与高等教育活动的人们按照目的的要求控制自己行为的方向,修正偏离目的的行为,并把个体活动聚合起来形成群体的共同活动。

(二)调控作用

高等教育目的对整个高等教育活动的全过程具有调控作用。从宏观上说,它对高等教育改革、高等教育规划、高等教育结构调整、高等教育政策制定等,具有支配、调控作用。从微观上说,它对实际教育教学过程中各种要素的组合,如教育计划的制订、教育内容的选择、教育途径的安排、教育手段和方法的运用等,也具有支配和调控的作用。同时,它也调控受教育者的成长和发展过程,改变受教育者的自然、盲目的发展过程,或摆脱其他不符合教育目的的活动干涉下出现的发展过程,使受教育者朝着教育目的所规定的方向发展。

(三)评价作用

高等教育目的是衡量和评价高等教育和效益的根本依据和标准。依据高等教育目的,可以评价高等学校总的办学方向、办学思想和办学路线是否正确、是否清晰、是否符合社会的发展方向和需要;依据高等教育目的,可以评价高等教育质量是否达到了教育目的的要求,是否达到了教育目的规定的规格和标准;依据高等教育目的,可以评价高等学校的管理是否科学有效,是否符合教育目的的要求,是否遵循了教育规律和人的身心发展规律,促进了学生的健康发展和成长。同时,高等教育目的还起着一种"准价值体系"的作用,用来判断高等教育实践活动的社会价值。高等教育目的是整合所有具体高等教育评价标准的精神内核,也是高等教育评价的最高准则,当具体的教育评价标准有违高等教育目的时就必须对具体的教育评价标准做出修正。

(四)激励作用

目的是一种结果指向,一旦被人们认识和接受,不仅能指导实践活动的全过程,而且能激励人们为实现目的而奋斗。高等教育目的也是这样。当教育者和受教育者认清教育目的后,会自觉地接受它的指导,并在实践活动中,以高度的责任感、饱满的热情、勤奋的工作、有效的合作来实现教育目的规定的目标。

三、中华人民共和国成立以来对高等教育目的的规定

中华人民共和国成立以来,国家非常重视教育目的问题,因此制定了一系列法律法规对教育目的进行规定。

根据《共同纲领》的规定,1950年8月14日,教育部颁布了《高等教育暂行规程》,对高等教育目的作出了规定。它指出:"中华人民共和国高等学校的宗旨为,根据中国人民政治协商会议共同纲领第五章规定,以理论与实际一致的教育方法,培养具有高级文化水平,掌握现代科学和技术的成就,全心全意为人民服务的高级建设人才。"[①]

1951年8月10日,政务院第97次政务会议通过的《关于改革学制的决定》对高等教育目的的规定是:"高等学校应在全面的普通的文化知识教育的基础上给学生以高级的专门教育,为国家培养具有高级专门知识的建设人才。"[②]

1961年9月,中共中央工作会议审议通过《教育部直属高等学校暂行工作条例(草案)》,对高等教育目的作了进一步的规定:"高等学校的基本任务,是贯彻执行教育为无产阶级的政治服务、教育与生产劳动相结合的方针,培养为社会主义建设所需要的各种专门人才。"同时,这个条例根据毛泽东同志提出的"我们的教育方针,应该使受教育者在德育、智育、体育等几方面都得到发展,成为有社会主义觉悟的有文化的劳动者",对高等学校学生的培养目标做了规定,包括思想道德、政治素养、专业学习、身体素质等内容。[③]

1998年8月29日,第九届全国人民代表大会常务委员会第四次会议通过了《中华人民共和国高等教育法》。它对高等教育目的的规定是:"高等教育必须贯彻国家的教育方针,为社会主义现代化建设服务,与生产劳动相结合,使受教育者成为德、智、体等方面全面发展的社会主义事业的建设者和接班人。"接下来,该法律又规定:"高等教育的任务是培养具有创新精神和实践能力的高级

---

① 教育部.高等学校暂行规程[A].瞿葆奎主编.教育学文集·中国教育改革[C].北京:人民教育出版社,1991:57.
② 政务院.关于改革学制的决定[A].瞿葆奎主编.教育学文集·中国教育改革[C].北京:人民教育出版社,1991:54.
③ 中共中央.教育部直属高等学校暂行工作条例(草案)[A].瞿葆奎主编.教育学文集·中国教育改革[C].北京:人民教育出版社,1991:381.

专门人才,发展科学技术文化,促进社会主义现代化建设。"

四、全面发展教育的组成部分

培养全面发展的人,各育紧密相连,既不能或缺,也不能替代。我国的全面发展教育是由德育、智育、体育、美育和劳动技术教育几个部分组成的。德育是各育实施的方向、统帅和动力源泉;智育是各育实施的认识基础、智力支持;体育是各育实施的物质前提,是人的一切活动的基础;美育是各育实施的纽带,增添各育的感染力;劳动技术教育是各育的实践基础,是脑体结合的途径。当然,各育的划分只是相对的,是为了学习和研究的方便,在现实中不存在所谓单独的德育、智育、体育、美育和劳动技术教育。

(一)德育

1. 什么是德育

德育即思想品德教育,是教育者根据教育目的的要求,有计划、有组织地对受教育者施加影响,使他们逐步树立起正确的世界观、人生观、价值观,具有良好道德品质和健全的人格特征。德育主要包括政治教育(政治方向和政治态度教育)、思想教育(世界观、人生观、价值观和方法论的教育)、品德教育(道德规范和日常行为准则的教育)三个方面。高校德育工作是我国社会主义高等教育性质的体现,是坚持社会主义高等教育方向,全面实现党的教育方针的根本保证。党和国家非常重视高校的德育工作,在《高等教育法》《中共中央国务院关于深化教育改革,全面推进素质教育的决定》,以及多次发布的文件中,都对高校德育工作的目标进行了明确规定。

2. 高校德育的任务

(1)在思想政治方面,培养学生具有坚定正确的政治方向和无产阶级世界观。通过学习马克思列宁主义、毛泽东思想、邓小平理论、"三个代表"重要思想和习近平新时代中国特色社会主义思想,树立起正确的世界观、人生观、价值观,有坚定的社会主义信念、强烈的爱国热情、全心全意为人民服务的精神。立志为振兴中华、建设有中国特色的社会主义而勤奋学习。还要在现实生活中,拥护党和国家的方针政策,维护国家的统一和民族的团结,具有基本的民主与法制观念,相信科学,反对封建迷信和陈规陋习。

(2)在道德行为方面,培养学生具有共产主义道德品质。引导学生正确处理国家、集体和个人三者的关系,热爱集体,热爱劳动,做遵守"全民道德公约"的模范,切实做到"爱国守法,明礼诚信,团结友善,勤俭自强,敬业奉献"。做新时期的文明人,为精神文明和物质文明的发展作贡献。

(3)在个性品质和能力方面,培养学生具有身心全面发展的能力。培养具有健康的心理、完美的人格和自我教育的能力,教育学生产生合理的需要、正确的动机、良好的兴趣、美好的理想,有高尚的情感、坚韧不拔的意志,有符合社会需要的个性化的性格特征和不断创新的能力,保持心理卫生,做身心健康的大学生。

(二)智育

1. 什么是智育

智育也称智力教育,是以系统的科学理论和技能武装学生,发展学生智力的教育。智育是科学知识再生产和人类精神财产延续与发展的重要条件,是开发人的智力、培养各级各类人才的重要手段。培养足够数量的具有现代科学技术知识和高水平创造、开拓能力的各类高级专门人才,是当今时代赋予高等学校智育工作的重要责任。智育也为德体美劳四育的实施提供有效的认识工具,是四育发展的基础。

2. 高校智育的主要任务

(1)向学生传授系统的文化科学知识。通过普通文化科学知识的教育,使学生具有广博的人文学科知识,有良好的文化修养和开阔的视野,为今后发展打下宽厚扎实的基础。通过专业知识教育,形成在某一专门领域的专长,为未来职业活动作好应招的准备。

(2)培养训练学生形成基本技能和技巧。技能是在学习文化科学知识的基础上,通过训练形成的顺利完成某种任务所必需的活动方式。技能有两种,一种是在头脑中借助内部语言反映事物映象,以极简约的形式进行智力活动的方式,这被称为智力技能;另一种是由一系列外部直观的行为动作构成,通过肌体力、想象力、思维力,这些基本能力不停顿地变换组合就形成了创新能力。这是高等教育智育工作的重心,因为高等教育是专业教育,所以,还要在智力的基础上发展高校学生的特殊能力。特殊能力是指从事专业活动的能力,不同专业的高校学生有不同的特殊能力要求。除此之外,针对我国高校学生的实际,还需要重视对高校学生的自学能力、言语表达能力、社交能力、科研能力、外国语能力等的培养,以适应国际国内形势快速发展的需要。在开展高校智育工作中,还应对学生进行有针对性的、实事求是的科学态度和严谨的治学作风的培养。

(三)体育

1. 什么是体育

体育也称体质教育。高等学校的体育,是以运动为基本手段,授予学生锻炼身体的知识、技术、技能,增强学生身体素质,发展运动能力,培养相关思想品德的教育。体育是促进高校学生身体机能发展,增强体力和智力的必要措施,也是对高校学生进行思想和道德品质教育的重要手段,对于培养学生竞争意识、合作精神、纪律观念和坚强毅力有重要作用。同时,体育也是高校学生顺利进行学习活动的重要保证。

2. 高校体育的基本任务

(1)指导学生全面锻炼身体,促进学生身体形态结构、生理机能的正常发育,增强体质,提高健康水平。

(2)使学生掌握体育的科学知识、正确的体育锻炼和技能技巧,学会科学锻炼身体的方法,养成经常锻炼的良好习惯。

(3)对学生进行体育方面相关的思想品德教育,增强组织纪律性,培养坚强的意志品质和勇敢机敏、活泼开朗的性格。同时,养成良好的体育道德风尚。

(4)在普及群众性体育活动的基础上,选拔优秀的体育人才,为国家输送优秀的体育运动员。

(四)美育

1. 什么是美育

美育也称审美教育或美感教育,是培养学生正确审美观点以及感受美、鉴赏美和创造美的能力的教育。美育具有形象性和情感性的特点,容易激发高校学生对美的事物的丰富情感,使之产生蓬勃向上的精神。美育也是社会主义精神文明建设的重要内容,对校园文化建设有重要意义。美的环境、美的行为、美的语言可以净化人的心灵,可以使人热爱生活、热爱生命。凡是具有美的事物都是人所追求的。德育、智育、体育、劳动技术教育同美育结合起来,就会收到更好的教育效果,不能把美育同文学艺术教育简单地等同起来。美育包括自然美、社会美、艺术美、科学美等丰富内容,有广泛的美育途径和美育方式。美是到处存在的,美育也应渗透在高校工作的方方面面。

2019年4月,教育部印发《关于切实加强新时代高等学校美育工作的意见》(以下简称《意见》),对新时代高校美育改革发展提出明确要求,使高校美育工作有据可循、有规可依,为构建德智体美劳全面培养的教育体系,形成更高水平的人才培养体系提供重要保障。《意见》指出,美是纯洁道德、丰富精神的重要源泉。学校美育是培根铸魂的工作,提高学生的审美和人文素养,全面加强和改进美育是高等教育当前和今后一个时期的重要任务。《意见》强调,高校美育要以艺术教育的改革发展为重点,大力加强和改进美育教育教学,切实改变高校美育的薄弱现状,遵循美育特点,弘扬中华美育精神,以美育人、以美化人、以美培元,培养德智体美劳全面发展的社会主义建设者和接班人。[①]

---

① 教育部关于切实加强新时代高等学校美育工作的意见(教体艺〔2019〕2号)

2. 高校美育的主要任务

（1）培养学生正确的审美观点。使大学生具有感受美、理解美、鉴赏美的知识和能力，应当使高校学生特别是理工科的学生学习和掌握一定的文学艺术知识，提高自己的文学艺术修养，善于观察周围美的存在，理解美的本质和美的力量，鉴赏和珍爱美好的事物，批判和抵制丑恶的事物。对自然美和艺术美是这样，对社会美也是这样。

（2）培养学生创造美的能力。高校学生是社会高素质的人才，应当具有创造美的能力。不仅要通过文学创作、文艺表演来创造美，还要在日常生活中创造美的环境、美的生活方式、美的生活内容和美的语言表达。在专业知识学习中，高校学生要学会创造科学美。这是培养高校学生创造能力的内容之一。科学美存在于理论体系、数学公式、实验方案及其思路的科学结构中。高校学生通过学习和运用专业科学知识，体验创造科学美的乐趣，激发科学创造的欲望，增长科学研究的才干。

高校学生是国家的栋梁，是未来社会的中坚力量，所以，在高校学习期间也应培养创造社会美的能力。在社会风俗习惯上、社会人际交往上、社会价值观念的变化上、社会道德的行为规范上等各方面，倡导真善美，批判假恶丑，推动社会的改革开放，为我国的物质文明和精神文明建设作出当之无愧的贡献。

（五）高校劳动技术教育

1. 什么是高校劳动技术教育

高等学校的劳动技术教育，应是指学校对学生进行系统的有关学科、专业必需的知识和技能的教育，并指导学生参加社会实践活动，以养成有关专业的实际工作和科学研究的能力，以及敬业奉献的精神。本书还认为，在高等学校的全面发展教育中，可以考虑把劳动技术教育称为社会实践教育。社会实践有广义和狭义之分。高等学校的社会实践是广义的，包括生产劳动、生产实习、业务实习、科研活动、社会调查、基层工作、社会服务、军事训练等，使学生接触社会实际，直接向人民群众学习，并亲身参加社会主义建设，获得实际工作的能力。高校的社会实践教育包含劳动技术教育，但又广于劳动技术教育，在促进高校学生全面发展、提高全民族科学文化素质、适应社会政治经济发展的需要上起重要作用。

2. 高校劳动技术教育的主要任务

（1）培养学生为人民服务的思想品德和能力。要为人民服务，首先，要向人民群众学习，向人民群众的主体工农大众学习。学习他们热爱劳动，不计名利，勤劳俭朴，甘于奉献的精神；其次，要热爱人民，关心工农大众的疾苦，关心人民群众的要求；再次，要全心全意为人民的利益而工作，树立起人民利益高于一切的信念,时刻注意个人利益要服从人民的整体利益,并同一切违反人民利益、背叛人民利益的行为做坚决斗争;最后,要学会和掌握为人民服务的实际本领,不嫌弃做小事,不逃避挑重担,每件事情、每项工作都能任劳任怨地圆满完成。

（2）培养理论与实践相结合的习惯和能力。高校学习的基础理论和应用理论,都是前人实践的概括和总结,只有通过社会实践才能更好地理解和掌握。对于那些与实际密切联系并不断发展的理论,更不能离开社会实践这个源泉。所以,要养成高校学生理论与实践结合的好习惯,在实践中检验真理,在实践中发现真理,用真理去指导实践的深入。习惯积累会形成性格和能力,养成善于处理理论与实践相结合的能力,是高级专门人才的重要品质之一。

（3）通过劳动技术教育,培养创新意识,引导高校学生积极投入到社会改革开放的事业中去。建设中国特色的社会主义事业是前无古人的伟业,需要解放思想、实事求是、与时俱进,而创新意识是这里的灵魂和动力。这使高校学生坚信,只有不断创新,社会的改革开放才能不断深入,中国特色的社会主义事业才能不断取得胜利。

（4）通过劳动技术教育,推动高校学生的德、智、体、美得到发展与提高。因为社会实践具有实践性、专业性、教育性、综合性和脑体结合性等特点,可以成为各育汲取知识的源泉,又可以成为各育表现的场地,所以,社会实践教育承担着推动高校学生全面发展的任务。

（六）人的全面发展各要素之间的关系

在教育上,要真正促进人的全面发展,有必要处理好以下三对关系。

1. 德与才的关系

德与才的关系即道德品质与才智的关系,也称红与专、政治与业务的关系,这是教育目的中最重要的关系。在历史上对这一关系有着不同的态度:一种认为德育第一,如洛克认为"一个人活着一个绅士的各种品性之中,德行是第一位,是最不可缺少的"。另一种认为智育第一,如苏格拉底认为智慧就是"最高的善"。

我们认为在德与才的关系中,首先是德统帅着才,决定着才的方向和现实的意义。一个才智很高的人,如果没有正确的品德为其导向,这样的才智就很难有积极意义。一个人的才智不是先天具有的,而是在后天的生活实践中通过学习而形成的。这个习得的过程本身,就需要人的正确的动机、强烈的兴趣、坚韧的毅力等品德。至于个人在事业中取得的成就,则更需要品德的支撑和维持。其次,人的品德对其才智有某些依赖性,尤其要以一定的知识与文化作为基础。长期以来,高等教育把德才兼备、又红又专作为人才培养的目标。对于高校学生来说,德与才、红与专、政治与业务不能偏废。

2. 身与心的关系

这是指身体素质和心理素质的关系。健全的精神寓于健全的身体中,有了健全的身体,才能为心理发展提供基本的物质基础和保证;而健全的身体在很大程度上也往往依赖于心理,心理素质不健康的人会患有各种心因性疾病,导致生命的危机。因此,身体素质和心理素质二者互为因果,互相促进,是人的全面发展不可忽视的。

3. 义务素质与文化素质的关系

从事任何一种专业工作的高级专门人才,他所发挥的作用都以其整体的人格表现出来,而人格则是建立在良好的科学文化素质之上的。所以,制定高等学校培养目标时,不仅要注意业务素质上的要求,也要关心科学文化素质的要求。社会现实越来越清楚地表明,一个人的业务知识和技能的发挥,离不开良好的科学文化等非业务方面素质的支持。

第二节　高等教育培养目标

高等教育培养目标是教育目的在高等教育阶段的特殊而具体的体现,相对于各类高等教育而言,它又是一个总目标和大方向,对高等教育活动的各个层次、类型都发挥一定的规范、指导和检验作用。

一、我国高等学校培养目标的基本规定

由于高等学校培养人才的基本单位是专业,所以,高校培养目标在不同的专门化领域中要落实为专业培养目标。只有定向明确,才有利于高等教育有针对性地实施培养计划,才有利于教师按具体目标组织教学,才有利于学生明确自己的成长道路,同时,也有利于社会用人单位对口使用人才,避免教育效率的浪费。目前我国高校本科专业有506种,应有506种专业培养目标。我国《中华人民共和国高等教育法》对高等学校的培养目标提出了一般的要求,即"高等学校的学生应当遵守法律、法规,遵守学生行为规范和学校的各项管理制度,尊敬师长,刻苦学习,增强体质,树立爱国主义、集体主义和社会主义思想,努力学习马克思列宁主义、毛泽东思想、邓小平理论,具有良好的思想品德,掌握较高的科学文化知识和专业技能。"《中华人民共和国高等教育法》第16条按高等教育的三个层次对我国高等学校培养目标进行了明确的规定。

二、制定专业人才培养目标和规格的原则

（一）专业人才的培养目标要和国家的教育方针、高等教育的总体培养目标一致

新中国成立后,我国在不同历史时期制定了有所变化的教育方针和培养目标,反映了不同历史时期的不同任务对教育提出的变化要求。在新时期,我国对高等教育的总要求是"面向现代化,面向世界,面向未来",为建设有中国特色的社会主义事业培养各方面的高级人才。这些人才应当是具有创新精神和实践能力的有理想、有道德、有文化、有纪律、德智体美全面发展的人。为达到这个总要求,党和政府还特别强调高等教育要注意"四个统一":"使受教育者坚持学习科学文化与加强思想修养的统一,坚持学习书本知识与投身社会实践的统一,坚持实现自身价值与服务祖国人民的统一,坚持树立远大理想与进行艰苦奋斗的统一。"当前,高校各专业在制定具体培养目标时,都应体现上述要求的精神。高等教育培养目标是分层的,要与学位条例的要求保持一致。

（二）培养目标和规格要实事求是,切忌偏高或偏低

培养目标是学校教学的质量标准。执行标准必须实事求是,不能偏高也不能偏低。比如,在德育标准上,既不能用共产党员的标准来要求非党员大学生,又不能把对大学生的要求降低到普通百姓的程度;在业务标准上,要根据学校的层次和学生的实际提出恰当可行的目标要求,既要防止"高大全",又要防止"低小偏"。培养立体交叉型(或称复合型)的人才,也是有层次要求的。专科、本科和研究生的培养目标都应当强调培养立体交叉型的人才,只是理论程度和实际能力有所不同、侧重点有所不同而已。事实上,不仅高等教育,就是中等、初等职业技术教育,也要求受教育者的知识和能力有多方面的发展,能适应社会经济快速发展变化的要求。总之,高校制定专业培养目标和规格时,不能从教育者的主观愿望出发,只能从社会、学校和学生的客观实际出发。这样,才能保证教育质量,避免教育浪费。

（三）培养目标应体现层次规格的差异性,切忌笼统

高等教育有专、本、研三级教育,既培养研究型人才,又培养技术型人才;既培养理论工作者,又培养实际工作者。不同层次和领域的人才要求不同的知识、能力结构,反映在培养目标和规格上就会有所差别。所以,具体高校制定培养目标时,应当体现人才培养的差异性,不能笼统地一律只提"培养高级专门人才"。笼统的培养目标,即不利于学校和教师工作的实际操作,也不利于学生学习方向的掌握。

需要强调的是,在注意不同层次培养目标差异性的同时,还应注意相同层次

内不同形式的高等教育机构应该有同一的培养标准。不论是普通高校,还是成人高校或自学考试,也不论是公立高校,还是私立学校,只要颁发国家承认的学历文凭,就必须达到同一的质量标准。

(四)人才培养质量规格要有国际可比性

当今世界,国际间竞争十分激烈,但国际间的交往与合作也越来越密切。随着国与国、地区与地区之间高等教育领域交流的日益频繁,不同国家的高等学校之间相互承认学分、学历、学位的事情就产生了。为此已有不少国家签订了双边或多边的协定,允许协定国之间的学生不经考试可以互相转学,以本国的学分、学历、学位为基础,在协定国的对应教育层次里就读,或升入高一级教育层次学习。因此,我们在制定人才培养目标和质量要求时,在充分考虑我国国情的前提下,增加国际可比性,在学习年限、课程体系、教材、学分、学历、学位水平等方面,尽可能和公认的国际要求相一致。

三、高等教育目标体系的构建

高等教育作为一项面向未来的事业,依据社会未来的发展趋势,以培养高级专门人才为己任的高等教育,必须审时度势,在坚持全面发展教育的基础上,在充分考虑各专业特点要求的同时,积极构建具有前瞻性的高等教育培养目标。

(一)高等教育目标体系的构成要素

根据全面发展的要求,高等教育目标由知识、能力、品德、体质四个基本要素构成,并以此划分分类目标。

1. 知识目标

学生需要掌握哪些必备的知识并形成合理的知识结构,是知识目标要设定的内容,而科学知识的分类则是设定知识目标的根据。下面介绍几种与知识目标相关的分类。

(1)按研究对象,可分为科学技术与人文社会科学两大门类及其下属分支学科。

(2)按与实践的关系,可分为基础科学、技术科学与工程技术、基础科学与应用科学等。

(3)按学科之间的交叉,可分为综合学科、边缘学科与横断学科。此种分类打破了上述两种分类的边界,反映了现代科学的特点。

(4)按科学的历史发展,可分为经典的学科(过去的科学)、发展中的学科(现在的科学)、新兴的学科(未来的科学)。

(5)按知识的形态与复杂程度,可分为事实的知识,即描述性知识;处理具体事物方式方法的知识,即技术性知识;学科领域中的普遍原理和抽象概念的知识,即理论性知识。

前三种分类的综合运用,是确定学科专业性质与门类的依据。后两种分类,对知识内容的选择与更新,对课程目标的细化及教学方法的选择皆有重要的意义。

2. 能力目标

(1) 智力与能力的关系。智力是指对客观事物的认识能力,包括以思维能力为核心的记忆、观察、想象等方面的能力。能力是指顺利完成一定活动任务的心理特征或本领。智力是内在的,能力是外显的,即智力的外化。智力同一定的活动任务相结合就表现为能力,所以智力同能力是不可分的。为了便于观察、培养与检测,将智力包含在能力之中,提出能力目标。

(2) 能力的本质属性。其一,能力是独立的,是个体独立地完成活动任务的本领,没有独立性就无所谓能力。其二,能力具有适应性,能随着外界环境的变化作出及时的反馈与应变。其三,能力的根本属性在于创造性。人之所以为人,就是因为人具有创造的能力。其四,能力具有个体差异与发展的不平衡性。不同的人在能力结构上是不同的,同一个人其各种能力的发展也是不平衡的,既有优势,也有劣势。所以说在能力发展上只有天才、奇才,而无全才。独立性、适应性、创造性和不平衡性是能力的本质属性,而这种本质的属性,正是我们评价能力的根本标准。

(3) 能力的分类。从心理结构上划分,可将能力分为三种:一是一般能力,即通常说的智力,是完成一切活动任务都需要的能力;二是特殊能力,是完成特定活动任务所需要的能力,即专业能力;三是创造能力:是一般能力同特殊能力的最佳结合,也是能力的最高层次。按认识与实践的功能划分,也可将能力分为三种:一是掌握知识的能力,即学习能力;二是运用知识的能力,即实践能力;三是发现新知识的能力,即科学研究能力或创新能力。上述两种分类标准有一定的对应关系,是设定能力目标的依据。

3. 思想品德目标

个体思想品德的形成有其自身的规律。它是以心理的情感因素为基础,在社会环境和教育的影响下,由具体行为到自觉的信念逐步递进的。按其发展过程,可将思想品德做如下分类。

(1) 健康的情感与意向心理品质。包括需要、动机、兴趣、情感意志、理想等因素,它决定个体心理的倾向性、对活动的选择性及对事物的态度,是思想品德形成的心理基础。

(2) 道德品质与道德行为。道德需要认识,但评价道德的标准只能是行为。

道德的养成可分为家庭伦理、社会公德和职业道德。

（3）以世界观、人生观和价值观为内容的思想观念。即要建立科学的世界观、积极的人生观和合理的价值观,其中形成社会价值与个人价值相统一的价值观是思想观念的核心。

（4）政治信仰与政治态度。它是以一定的价值观为基础对社会政治作出的自觉的选择,这种信仰一旦形成,便会言行一致,终身为之奋斗。

4. 体质目标

体质目标可作如下分类。

（1）要有健康的体质,懂得必要的卫生保健知识并养成良好的卫生习惯。

（2）要有很好的体能和体力,能达到一定的体能和体力标准。

（3）要有一定的健身知识与运动技能,并持之以恒地进行体育运动。

（二）高等教育目标体系的整体框架

根据对高级专门人才的全面理解及发展要素的分析,并根据高等教育实施过程的特点,高等教育目标体系可按普通素质与专业素质的分类框架建立。

1. 普通素质

普通素质是指不分专业、不分层次,每个大学生都必须具备的素质,它所反映的是对人与人才素质的普遍要求,主要由科学素质、人文素质与身体素质所构成。对普通素质的培养一般称为通识教育或高级普通教育。

（1）科学素质。科学素质是科学知识、科学信仰、科学创新精神、科学研究能力与方法、科学伦理等因素的综合体现。科学知识的掌握虽然是科学素质的基础和载体,但仅有科学知识而无其他科学素质的修养,只能说是非常片面的科学素质而不能说在整体上具备了科学素质。其中科学创新精神,是科学素质的核心和灵魂,应作为科学素质的首要目标。

（2）人文素质。这是一个比科学素质复杂得多的领域,它既是人类共同的追求又因时代不同、阶级地位不同而有不同的认识。按目前较为普遍的共识,人文素质的基本构成是人文知识与人文精神的统一。人文知识主要是指文学艺术、历史、哲学等学科的知识。人文精神是指以人为本,以人类的解放为目的,以真善美为价值理想的精神。提高学生的人文素质,当然离不开人文知识的学习,但更主要的是人文精神的传播。对于只有人文知识而无人文精神的人,不能认为是具备了人文素质的人;对于只作人文知识介绍而不能触及人文精神的教育,也不能认为是实质意义上的人文教育。

（3）人文素质与科学素质的关系。在现代社会,人文与科学愈来愈走向融合,不论社会进步,还是人的全面发展,两者都是不可或缺的。科学与人文是互相渗透的不可分割的,有学者提出了科学的人文主义与人文的科学主义的观点,认为"科学的本身包含着人性,科学的价值即人的价值,科学的人文主义就是人文主义的科学化",而"人文的科学理应是而且必须是为人的""人性应该寓于科学之中,人的智慧亦是科学的智慧,人文的科学主义就是科学主义的人性化"。[①]

2. 专业素质

专业素质是指学生为适应本专业的工作所必须具备的素质,其主要素质要求是:① 掌握本学科专业的基础理论、专门知识及相关学科的知识。② 掌握本专业的方法和技能。③ 具有从事本专业实际工作与科学研究的能力。④ 了解与熟悉本专业国内外发展的动态和趋势。⑤ 对本专业社会价值的认同与对专业的热爱。⑥ 具备从事本专业工作所必需的职业道德。⑦ 具备从事本专业工作所必需的心理与身体条件。

以上要求打破了过去只讲专业知识、专业能力的专业素质结构,扩大了专业素质的内涵,强调了专业素质的全面性,并同相应社会角色的素质要求相衔接,对学生适应未来专业工作具有重要意义。

3. 普通素质与专业素质的关系

普通素质与专业素质的结合,是现代高级专门人才综合素质的体现。普通素质是专业素质的基础,专业素质是普通素质在一定方向上的强化和提升,两者是不可分割的。根据高等教育的任务与我国的国情,一方面在教育时间的分配上应以专业素质的训练为主,另一方面在教育内容和途径上则应加强专业素质教育与普通素质教育的相互渗透和结合。

思考题

一、名词解释

教育目的　高等教育目的　德育　智育　体育　美育　高校的劳动技术教育

二、问答题

1. 简述教育目的制定的依据。
2. 简述高等教育目的的内容。
3. 简述高校德育的主要任务。
4. 你如何看待当前我国高校的美育?你认为应当如何改善和加强?
5. 简述制定专业人才培养目标和规格的原则。
6. 简述高等教育目标体系的基本框架。

---

① 李醒民. 走向科学的人文主义和人文的科学主义[N]. 光明日报,2004-6-1(B4).

第四章　高等学校的教育制度

内容摘要

学校教育制度是现代教育制度的核心,指的是一个国家各级各类学校的系统及其管理规则。它规定着各级各类学校的性质、任务、入学条件、修业年限以及他们之间的关系。高等学校教育制度是整个学校教育制度的重要组成部分。经过一个多世纪的发展,我国已建立了比较完整的高等学校教育制度。高等学校教育制度包括许多方面,本章结合高等教育的实际情况和社会发展的现状,从高等学校的各种制度进行讨论。

学习目标

1. 了解学制的概念。
2. 掌握高等教育学制的制定依据。
3. 了解各国包括我国高等学校学制的基本情况。
4. 知晓学位制度的概念。
5. 了解各国包括我国高等学校学位制度的基本情况。
6. 了解各国包括我国高等学校的招生就业制度及现状。

高等学校教育制度广义来说包括高等学校学制、高等学校的学历学位制度、高等学校的招生就业制度、教师职务聘任制度、教育评估制度、教学科研制度等。本章仅围绕高等学校的学制、高等学校的学位制度、高等学校的招生就业制度展开讨论。

第一节　高等学校学制

一、高等学校学制的概念及其制定的主要依据

（一）高等学校学制的概念

学制（学校教育制度的简称）是指一个国家各级各类学校的系统，它规定了各级各类学校的性质、任务、入学条件、修业年限以及它们之间的关系。高等学校学制是学制体系的重要组成部分，它是整个学校教育制度的一个组成部分。从教育程度上进行划分，高等学校的学制属于学制中的最高层次。

（二）高等学校学制制定的主要依据

学制的建立首先取决于社会生产力发展水平和科学技术发展的状况，其次还会受社会制度、受教育者的年龄特征，以及该国人口、地理、民族文化传统包括原有学制体系等因素的影响。高等教育学制的建立也必须遵循上述的规律和要求，而且同初等、中等教育相比，在某些方面表现得更为突出。

1. 受社会生产力和科学技术发展的制约更为直接

高等学校学制作为学制体系中的最后阶段，它所培养的是高级专门人才，这些人才将是社会各行各业的骨干力量。因此，高等教育的学制与生产力和科学技术的发展有更为直接的联系。高等教育需要哪些类型的学校，培养什么专业的人才，需要学多少年限，达到什么规格、水平等，都必须从生产力发展的水平的需求中寻找答案。另外，高等教育所培养的高级专门人才的质量将直接影响到国家的科学技术的发展，因此，高等教育学制中的不同层次，不同培养目标的确定，不仅要适应社会生产当前的需要，还要着眼于未来。这些都反映了高等教育学制受社会生产力和科学技术发展的制约更为直接。

2. 受社会政治经济制度的制约更明显

学制的建立反映着一个国家教育方针政策的要求，是为维护统治阶级的利益服务的。高等教育学制也是如此。一般来说，高等教育培养的是高级专门人才，这些人才将不断补充进统治阶层中去或者成为各行各业的骨干力量，这与一个国家和民族的生存和发展有着密切的关系。因此，高等教育在选择什么样的人入学、传授什么样的思想观念、培养什么规格的人等方面比初、中等教育有着更为严格的制度和规定，它受社会统治地位的阶级意志的直接影响。

3. 适应受教育者年龄特征和发展水平的要求更为复杂

入学年龄和修业年限是学制中的重要部分。一般来说，高等教育学制有稳

定的一面,如本科生教育,世界上一般都是四至五年。另一方面,高等教育学制不像中小学的学制那样整齐划一,呈现出多样性和可变性。一是由于接受高等教育的人已不再限于直接来自中学的青年学生,入学对象的年龄参差不齐;二是由于各种专业人才具有一定的知识结构和能力结构,培养规格品种要求也不同,所需的培养年限也不同。可见高等教育学制在适应受教育各年龄特征和发展水平的要求上更为复杂。

4. 文化对高等学校学制的影响呈现多样性

教育活动既是在一定的文化背景下进行的,又承担着一定的文化功能,如文化选择、文化传承、文化整合与文化创造等。不同的文化类型必然会影响到教育的类型,影响到教育制度。例如,同为资本主义国家,法国在教育行政上实施集权制,而美国在教育行政上实施分权制。同样是实施分权制,美国的分权制又与英国的分权制不同,各自有自己的传统和特色。这些都是由于文化的不同而引起的。在文化因素中,科学技术对教育制度的影响非常明显,而且影响力还在逐渐增强。当代科学技术知识的激增已经极大地冲击了传统的以掌握和再现知识为主的学校教育制度,人们纷纷研究适应这种知识状况的新的教学制度、考试制度、奖励制度、教师培训制度等。

二、我国高等教育基本制度

高等教育基本制度,是指在高等教育活动中必须遵守的保证高等教育事业健康发展和有序运行的法定的具体管理机制和操作规则。

《中华人民共和国高等教育法》第二章对高等教育基本制度作出的规定,可概括为以下八项基本制度,即高等教育分类施行制度、学历教育等级制度、修业年限制度、高等教育实施机构制度、入学资格制度、学业证书制度、学位制度、继续教育制度。

(一)高等教育分类施行制度

高等教育分为专科教育、本科教育、研究生教育和非学历教育。为了让更多的人接受高等教育,满足社会各行各业对人才的需求,国家支持采用广播、电视、函授及其他远程教育方式实施高等教育。

(二)学历教育等级制度

高等学历教育分为专科教育、本科教育和研究生教育三个由低到高的学历等级。不同等级的学历教育应当符合不同的学业标准。专科教育应当使学生掌握本专业必备的基础理论、专门知识,具有从事本专业实际工作的基本技能和初步能力;本科教育应当使学生比较系统地掌握本学科、专业必需的基础理论、基本知识,掌握本专业必要的基本技能、方法和相关知识,具有从事本专业实际工作和研究工作的初步能力;硕士研究生教育应当使学生掌握本学科坚实的基础理论、系统的专业知识,掌握相应的技能、方法和相关知识,具有从事本专业实际工作和科学研究工作的能力;博士研究生教育应当使学生掌握本学科坚实宽的基础理论、系统深入的专业知识、相应的技能和方法,具有独立从事本学科创造性科学研究工作和实际工作的能力。

(三)修业年限制度

专科教育的基本修业年限为二至三年,本科教育的基本修业年限为四至五年,硕士研究生教育的基本修业年限为二至三年,博士研究生教育的基本修业年限为三至四年。非全日制高等学历教育的修业年限应适当延长。高等学校根据实际需要报主管教育行政部门批准,可以对本校的修业年限作出调整。

(四)实施机构制度

高等教育由高等学校和其他高等教育机构实施。高等学校,是指大学、独立设置的学院和高等专科学校,其中包括高等职业学校和成人高等学校。成人高等学校属于就业后的继续教育体系。其他高等教育机构,是指除高等学校和经批准承担研究生教育任务的科学研究机构以外的从事高等教育活动的组织。大学、独立设置的学院主要实施本科及本科以上教育;高等专科学校实施专科教育;经国务院教育行政部门批准,科学研究机构可以承担研究生教育任务;其他高等教育机构实施非学历高等教育。

(五)入学资格制度

高级中等教育毕业或者具有同等学力的,经考试合格,由实施相应学历教育的高等学校录取,取得专科生或者本科生入学资格。本科毕业或者具有同等学力的,经考试合格,由实施相应学历教育的高等学校或者经批准承担研究生教育任务的科学研究机构录取,取得硕士研究生入学资格。硕士研究生毕业或者具有同等学力的,经考试合格,由实施相应学历教育的高等学校或者经批准承担研究生教育任务的科学研究机构录取,取得博士研究生入学资格。允许特定学科和专业的本科生直接取得博士研究生入学资格,具体办法由国务院教育行政部门规定。

(六)学业证书制度

接受高等学历教育的学生,由所在高等学校或者经批准承担研究生教育任务的科学研究机构根据其修业年限、学业成绩等,按照国家有关规定,发给相应的学历证书或者其他学业证书。接受非学历高等教育的学生,由所在高校或者其他高等教育机构发给相应的结业证书。结业证书应当载明修业年限和学习内容。国家实行高等教育自学考试制度,经考试合格的,发给相应的学历证书或者其他学业证书。

（七）学位制度

国家施行学位制度，学位分学士、硕士和博士。公民通过接受高等教育，其学业水平达到国家规定的学位标准，可以向学位授予单位申请授予相应的学位。

（八）继续教育制度

高等学校和其他高等教育机构应当根据社会需要和自身办学条件，承担实施继续教育的工作。

第二节　高等学校的学位制度

一、学位制度的含义

学位，是授予个人的一种终身称号，标志着被授予者的受教育程度和学术水平在某一领域已达到的标准。它由国家授权的高等学校、科研机构或其他学术机构授予，或由国家的有关考试、审定机构授予。

学位制度是国家或学位授予单位为实施学位管理所制定的有关法规、条例或办法，它以制度形式确保学位工作的正常运行。学位制度的建立主要是为了真实地反映高等教育各阶段的学术水平。高等教育的毕业文凭主要反映大学生、研究生受教育的程度，而学位则反映他们的学术水平，是评价其学术水平的尺度。大多数人同时获得相应的学历文凭（毕业文凭）和学位证书。如果无毕业文凭而具有相当学术水平的同等学力者可以申请授予学位。学位制度反映一个国家的教育水准和科学研究水准。建立学位制度，是通过立法形式维系和推动国家教育和科研发展的一项重要举措。[①]

二、国外学位制度简介

（一）美国的学位制度

美国大学目前实行协士（准学士）、学士、硕士、博士学位制，准学士和学士用于本科教育，而硕士和博士属于研究生教育。在美国，各高等教育之间的学位水平是很不一致的。协士学位是指在中学毕业后进入高等院校修完前两年课程或指在两年制的初级、技术或社区学院修完全部文理科课程的学生方可获得的

---

① 杨德广，谢安邦主编.高等教育学[M].北京：高等教育出版社，2015：115.

学位。学士学位是中学毕业后进入高校,成功地完成四年学业便可取得学士学位。硕士学位因在不同的学院或大学有不同的意义,有的院校学习五年便可获得此学位,有的院校学生必须通过资格考试提交学位论文并选修一门外语才可获得。在工商管理等专业有时它是指修完两年制专业课程所获得的学位,而美术等专业学完3年的研究生课程也可获得,在药理学和建筑学仅指第二级专业学位。博士学位是美国高等院校授予的最高学位,有哲学博士和专业博士之分。哲学博士强调学术研究的能力,专业博士则侧重于应用。博士学位的获得要求学生通常需修完两年的专业课程并掌握初步的研究方法。

(二)法国的学位制度

法国现行的高等教育修业年限一般为5-7年,分为三个阶段。法国的学士学位,授予中等学校毕业生。高等学校分三个阶段:第一阶段修业两年,只发普通学业文凭,不授学位;第二阶段修业二至三年,授予硕士或副博士;第三阶段修业二至三年,通过论文答辩,授予专业博士学位。国家博士是法国最高学位,授予通过科学研究取得高水平成果者。

(三)英国的学位制度

英国的学位制度也分学士学位、硕士学位和博士学位三种。学士学位是中学毕业后在高等院校修业3年后获得的高等教育的第一级学位。但在苏格兰这种学位被称为"硕士"。硕士学位是获得学士学位后继续完成至少1年的第二阶段修业时授予的。在大学称"硕士学位",而在某些院校此学位被称为"哲学学士学位"。博士学位分哲学博士和高级博士学位两种。哲学博士是英国1912年从德国引用过来的,是指在特定的领域内经过三至四年的全日制修业与研究,提交论文后授予的学位。高级博士学位是更高一级的博士学位,它是英国一些大学给予在个别领域有突出贡献并且已发表著作有高度学术成就的人所授予的学位。

(四)苏联的学位制度

苏联于1934年重新建立学位制度。它同大多数西欧国家一样,大学本科毕业不授予学士学位。它只有科学副博士和科学博士两级学位。大学毕业生经过三年(不脱产者四年)学习和研究,通过考试提交论文,并通过答辩,可授予副博士学位。科学博士是最高学位。这一学位的获得,不是在研究生阶段,而是获得科学副博士学位者在工作岗位上经过长期独立科研工作,写出论文,通过答辩后而获得。

世界各国的学位制度除了分级、名称和授予要求不完全相同外,有的还将学位分为学术性学位与专业学位、习得学位与荣誉学位等。

三、我国学位制度的沿革

我国现代学位制度最早建立于民国时期。1935年4月22日,中华民国政府仿效英美体制颁布了《学位授予法》,对学位授予的级别、学位获得者的资格和学位评定的办法等做了规定,这是中国现代学位制度的开端。从1935年5月以后,又先后公布了《学位分级细则》《硕士学位考试细则》《博士学位考试审查及评定细则》《名誉博士学位授予条例》等补充细则,初步形成了比较完整的学位制度。但旧中国由于教育落后,从1935年至1949年只授过学士学位和硕士学位,未授过博士学位。

中华人民共和国成立后,于1954—1957年、1961—1964年及1965—1966年间3次酝酿建立学位制度,并草拟有关条例与办法,但均未完成。1980年2月第五届全国人民代表大会常务委员会第13次会议通过《中华人民共和国学位条例》,并于1981年1月起施行,学位制度正式建立。中华人民共和国的学位分学士、硕士、博士三级,按哲学、经济学、法学、教育学、文学、历史学、理学、工学、农学、医学、管理学和军事学这12个学科门类授予。这表明我国已经建立起独立和完整的教育体系,能够立足国内培养出为国际上所承认的有相当水平的高层次专门人才。

四、我国学位制度级别和标准

与世界很多国家一样,根据《中华人民共和国学位条例》及其暂行办法,我国的学位分为学士、硕士和博士三级,各级的要求和标准如下。

(一)学士学位

在我国,大学前教育累计12年,即小学6年,初中和高中各3年。高中毕业生经国家统一考试,进入高等院校学习。高等院校本科学制一般为4年,少数工科院校的少数专业为5年,医学院校一般为5年。完成教学计划的各项要求,经审核准予毕业者,同时其课程学习和毕业论文(毕业设计或其他毕业实践环节)的成绩,表明他确已较好地掌握学科的基本理论、专门知识和基本技能,并具有从事科学研究工作或担负专门技术工作的初步能力的高等院校本科生,可被授予学士学位。学士学位由国务院学位委员会授权的高等学校授予。

(二)硕士学位

学士学位获得者或同等学力者,经考试进入有权授予硕士学位的高等院校或科研机构学习2.5-3年,通过硕士学位课程考试和论文答辩(硕士学位论文对所研究的课题应当有新的见解),成绩合格,表明他在本学科上确已掌握了坚实的基础理论和系统的专门知识,具有从事科学研究工作或独立担负专门技术工作的能力,可被授予硕士学位。

由于我国学位制度建立时间不长,在相当长的时间内,很多学科中的教学科研工作很大程度上要由硕士来承担,因此,在建立学位制度之初,并且在今后相当长的一段时间内,硕士学位是中国学位结构中的一级独立的学位。攻读硕士学位者不仅要学习学位课程,还要从事科学研究,撰写学位论文。与一些国家把硕士学位作为过渡学位的做法相比,我国硕士学位的学制较长、学术水平要求较高。

(三)博士学位

硕士学位获得者或同等学力者,经考试进入有权授予博士学位的高等院校或科研机构学习3年,通过博士学位课程考试和论文答辩,成绩合格,表明他在本门学科上掌握了坚实宽广的基础理论和系统深入的专门知识,具有独立从事科学研究工作的能力,在科学或专门技术上做出了创造性的成果,可被授予博士学位。

(四)专业学位

专业学位(professional degree)是相对于学术性学位(academic degree)而言的学位类型,其目的是培养具有扎实理论基础,并适应特定行业或职业实际工作需要的应用型高层次专门人才。专业学位与学术性学位处于同一层次,培养规格各有侧重,在培养目标上有明显差异。

为了拓展人才培养的类型和规格,加快培养社会急需的复合型、应用型高层次专门人才,从1990年开始,国务院学位委员会先后批准设置了工商管理硕士学位(MBA)、建筑学专业学位(建筑学学士学位和建筑学硕士学位)、法律硕士专业学位、教育硕士专业学位、工程硕士专业学位、临床医学硕士和临床医学博士、行政管理硕士专业学位、兽医专业学位、农业推广硕士专业学位等专业学位。专业学位的设置是我国学位制度改革的一项重要内容,它改变了我国学位类型、规格单一的状况,推动了复合型、应用型高层次专门人才的培养工作,丰富和发展了我国的学位制度。经过多年的试点和发展,专业学位教育正在成为高层次专业人才成长的重要途径。

同时,为了促进各行业高层次专门人才的成长,推动经济、教育、科技和社会发展,我国从1985年开始,为未能接受研究生教育但具有较高学术水平和专业技术水平的人员开辟了在职人员以同等学力申请硕士、博士学位的渠道。1998年国务院学位委员会又颁布了《关于授予具有研究生毕业同等学力硕士、博士学位的规定》,该规定对同等学力申请硕士、博士学位的要求做出了相应的规定并在以后逐步加以完善。这一制度的建立调动了广大在职人员奋发向上、自学成才的积极性。另外,在我国学位制度的不断发展中,对学位工作的国际交流与合作又有了进一步的加强。1989年2月,国务院学位委员会颁布了《关于授予国外有关人士名誉博士学位的暂行规定》,进一步对国内外卓越的学者或著名的社会活动家授予名誉博士学位加以肯定。这一举措,对于我国进一步建立与发展同世界各国在学位工作方面的国际交流与合作,稳定推进国家间学位的相互承认具有重大意义。

五、我国学位的授权体系

学士学位由国务院授权的高等学校授予,硕士学位、博士学位亦由国务院授权的高等学校和科学研究机构授予。授予学位的高等学校和科学研究机构(简称学位授予单位)及其可以授予学位的学科名单,由国务院学位委员会提出,经国务院批准公布。

为使我国学位工作更好地适应经济建设和社会发展的需要,近年来,学位授权审核办法的改革迈出了较大的步伐,如注意调整授权学科、专业的结构和地区布局,按需授权;适当增加国家急需发展的学科,特别是直接为国民经济建设和社会发展服务的学科;新兴边缘学科和高技术学科,应兼顾一些当代科学发展前沿的基础研究骨干队伍建设的需要。从1995年开始,逐步实行新的学位授权审核办法:新增的博士、硕士学位授予单位和博士点,由国务院学位委员会组织审核和批准;硕士点由地方、部门或学位授予单位根据统一规定的办法组织审核和批准;学位授予单位在自行审核招收培养博士生计划的同时,遴选确定博士生指导教师;在一定的学科范围内和一定的总数控制下,硕士点审批权也下放给成立了省级学位委员会的省区市和一部分条件较好的高等学校。学位授权审核办法的改革,发挥了有关部门在学位授权审核中的作用,扩大了高等学校的办学自主权。

第三节 高等学校的招生就业制度

一、高等学校的招生制度

高校招生制度是一个国家高等教育制度的重要组成部分,是高等学校招生的目的、方法和实施办法的总称,它规定着不同层次、不同类别的高等学校在人才选拔中所拥有的权限,受国家政治和社会制度的影响。高校招生制度包括招生政策、选拔形式、入学考试、录取方式等方面的内容,体现了其深厚的高等教育价值观。

（一）各国大学招生制度的概况

大学招生制度复杂多样，从世界范围看，大致以统一考试、单独考试、不考试和通过大学预科学习后直接录取四种方式为主。

1. 统一考试

统一考试一般是由国家或社会的统一考试机构，对申请进大学者进行统一的考试。如美国在1899年中部各州学院和学校就联合成立大学入学考试委员会，统一大学入学考试。1901年6月举行了第一次大学入学考试。之后，各种大学组合或企业性质的考试服务机构相继成立。较为有名的有"大学入学考试委员会"和"大学考试协会"等组织，负责高考命题，组织考试及评卷。考试内容有学术性倾向测验和学业测验，有综合的，有单科的。许多高等学校根据这类民间考试服务机构提供的考试成绩，作为录取新生的一种依据。又如，日本于1976年成立大学入学考试中心，实行国立大学统一考试。日本的高考分两次举行，第一次称为"国立大学第一次统一考试"，由考试中心统一组织，主要考核高中阶段的必修科目。第二次由各校根据自己的特点和要求组织考试，主要考与专业有关的学术性问题。目前，世界上采用统一考试的国家日益增多。如东南亚的泰国、菲律宾都是采用全国统一考试招生办法。20世纪70年代以来，亚洲更多的国家也纷纷开始实行统一的招生制度。

统一考试除上述方式以外，还有另一种方式是以中学统一的毕业考试，代替大学统一的入学考试。英国、法国、联邦德国等国家，由国家或地区举行统一的中学毕业考试，考试合格者可取得进入大学的资格。如英国的中学毕业生，应通过"普通教育证书"考试，才可申请进大学学习。"普通教育证书"考试由八个考试委员会组织，考试水平由英国教育和科学部所属的学校课程考试委员会负责监督和协调。"普通教育证书"分为一般水平与高级水平两级，一般水平的考试在十一年义务教育结束时举行，高级水平的考试在十三年高中结束时举行。通常大学录取新生的标准，在所考科目中，需有若干门达到高级水平；牛津、剑桥两大学，则不仅要求全部科目都达到高级水平，而且还要单独进行入学考试，严格选拔。

法国中学毕业考试采取统一会考方式。由于法国中学第二阶段（即高中）是分科教学的，所以会考分为八组进行：文学（A）、经济（B）、数学和物理（C）、数学和自然科学（D）、数学和技术科学（E）、工科（F）、经济技术（G）、信息技术（H），考试合格者授予学士学位。持有学位证书者都可以进入相应的高等学校科系学习。联邦德国中等教育阶段完成以后的考试，称为"中学毕业证书考试"，由各州教育部统一命题与评卷。这种统一考试，既是中学毕业考试，又是大学入学考试，是具有双重性质的国家考试。持有这种证书即取得进入大学的资格。由于招生总人数大于要求入学的学生人数,因而高等中学毕业生都能获得入学机会。但是由于专业之间不平衡,有些"热门"专业,如医学则只有那些毕业考试成绩优秀的高级中学毕业生才能获得学习的机会。

虽然越来越多的国家采用统一考试的办法,但是,许多国家的高等学校仍旧保留各校自题复试的余地,特别是一些较好的或名牌的大学,统一考试的成绩只作为录取的条件之一,最后还得取决于各校根据各自的标准进行的竞争性的入学考试。

2. 大学单独举行招生考试

有一些国家的高等学校采取单独进行考试录取新生。如英国的牛津、剑桥大学,自行设置专门的招生机构,各自进行竞争性的入学考试,录取标准很严格。美国也有约10%的高等学校,主要是名牌私立大学,申请入学人数很多,录取比例很小,入学条件较高,申请者也必须通过各校根据自己规定的标准所进行的考试,进行淘汰性的选拔。法国的高等专科学校(大学校),要求也很高。学生高中毕业后要在"预备班"学习二至三年,结业后再通过各校单独组织的竞争性入学考试,才能进入此类大学。俄罗斯的大学和东欧六个国家的高等学校也采取各校单独考试的办法,一般是由学校组织招生委员会,负责入学考试与选拔录取工作。

3. 直接从中学招生,不举行考试

近年来有些国家或高等学校比较重视学生的中学平时学习成绩,新生入学不必经过大学入学考试只需持有中学文凭、毕业考试成绩或高中阶段学习的成绩就可录取入学。如美国有些州立大学就是采取这种招生办法,有的大学还与中学建立联系,经常派人到一些私立中学去了解学生平时的学习情况,把那些优秀的学生直接吸收到大学来深造。瑞典大学入学选拔,也是根据高中成绩,只要是高中三年制毕业生就具备进大学的资格。有些大学虽然采取入学考试招生方式,但对于从中学推荐的优秀生,可以免试。近来,日本越来越多的大学挑选新生时,保留一定的名额(约20%),让中学校长个别推荐。俄罗斯高等学校对于曾获得金质或银质奖和中等专业学校毕业获得优等毕业证书者,只需进行一门指定科目考试,如得五分就不必再进行其他科目的考试。上述学生如报考冶金、采矿、运输、农业之类的专业,都可免试入学。捷克斯洛伐克规定理、化、生或其他科目比赛获第一名,并在学校被评为品学兼优者,可以免试入学。

4. 通过大学预科学习后直接录取

苏联曾为了提高工农青年的普通教育水平,为他们创造入学的条件,部长会议通过《高等学校预科条例》,决定从1969年起在高等学校设立预科。随后预科学生规模不断扩大,几乎所有高等学校都普遍设立。预科学习成绩合格的学生,就可以进入正规大学学习。每年直接通过预科进大学的学生约占全日制高等学校招生总数的十分之一。

此外,还有一种所谓"开放性的招生方式"。一切申请入学的人,不问学历(有的也要学历证书)、不经考试,来者不拒,只要交费注册就可上学,这些多属于新办的成人高等学校或水平低、招生不足数的私立学校。

各国高等学校招生,在选拔录取时,多数要综合地考虑报考者的学业成绩及学术性向、中学证书和学校评语等,接着还考虑学生的各种特长和实际工作经验。日本规定报考高等学校应持三种证书:高中学业成绩表,学生调查书和健康诊断书。对于学业成绩,不单以一次入学考试成绩划线,对于中学学习的平均成绩和毕业班的名次一般也较重视。近年来各国对学生的考试,不限于学业,还强调要进行智能方面的测验。如美国的学术性向测验,是统一考试的一个主要成绩;法国的学校平时注意考核学生知识的积累,而统一的毕业会考却要检查学生独立思维能力,测量学生的分析综合、抽象概括以及判断推理的能力;日本近年来也很重视学生智能的测验,国立大学第二次考试主要是考查学生专业学术性向和其他方面的能力;俄罗斯和东欧国家,在录取新生的条件方面,也重视能力测验;德意志民主共和国高等学校的入学考试方式曾有"能力交谈"或"能力交谈与能力测验"。

国外招生制度,目前也存在不少问题,许多国家近几年来都在这方面进行了一系列的改革。改革的趋向是:① 如何使统一性与特殊性相结合,在统一考试成绩基础上,各校各学科如何根据各自的特点招收合格的新生。② 如何扩大新生来源。资本主义国家近年来由于经济周期性的衰退,加之有些适龄青年不想进大学,以致招生人数不足。因此扩大生源,吸引一些青年入学也是改革内容之一。③ 选拔有能力的青年入学,使真正的英才能得以进入大学深造,这是当前国际高校招生制度改革的一个重要课题。但是,资本主义国家青年入学的可能性,尤其是进入水平高的大学的可能性,要受财富的限制,因此选拔人才不只是改革招生制度就能解决的。

(二) 我国高等学校的招生制度

新中国成立以后,国家在发展高等教育的同时,实行了考试制度。从 1952 年开始实行全国普通高校统一招生入学考试,1958 年改为省区市自行考试就地招生,1959 年又实行全国统一招生,直到 1965 年,1966 年爆发"文化大革命"而停止。"十年文革"结束后,自 1977 年我国恢复高考制度以来,基本上实行了全国统一考试的招生制度。1984 年 6 月颁布了《高等学校接受委托培养学生的试行办法》,规定了高校在保持指令性国家任务计划形式下,可以招收委培生和自费生。由此形成了高等学校招生制度的以国家任务招生为主,以招收委托培养学生和自费生为辅的招生形式和录取办法上的双轨制。1993年2月,中共中央国务院颁发了《中国教育改革和发展纲要》,明确提出"改变全部按国家统一计划招生的体制,实行国家任务计划和调节性计划相结合"。并规定"改革学生上大学由国家包下来的做法,逐步实行收费制度"。随后发表的《纲要》实施意见进一步提出,待条件具备后,"学校可根据社会需求和办学条件自行调整招生规模"。高等学校招生收费不应以收取高额学费而降低录取标准,从而淡化了两种计划招生的双轨制,逐渐变双轨为单轨。1994年,国家教委决定对37所高校实行并轨,1997年全国本科院校全面并轨,实行收费制度。目前,我国的高校已经建立了以文化考试为主,单独考试为辅,保送生为补充的入学体系。高考科目从2002年开始实行"3+X"科目设置方案,"3"指语文、数学、外语,而"X"各省区市可根据各自基础教育的水平自行选择方案,体现了一定的灵活性。2014年9月,国务院发布《关于深化考试招生制度改革的实施意见》,开启了新高考改革的大幕。新高考制度下,考生不再划分文理科,部分科目有两次考试机会,除了语文、数学、外语这三科外,考生可自选三门科目参加考试,取消一、二本等批次区别,学生综合素质成为高校录取的重要依据。这种高考招生制度改变了高等学校全部按国家计划统一招生的旧做法;扩大了高等学校招生方法的自主权;建立了公平、科学、合理、权威的国家考试评价体系。目前,我国高校招生考试在以下三个方面进行了突破性的尝试。

(1)扩大了高等学校办学自主权。在市场经济日益发展的情况下,各高等学校可以在保证办学质量,不降低办学条件的情况下根据社会需要和办学条件自行调整招生规模、编制招生计划、确定招生方式,自主决定增加录取学生的数量。对部分条件较好的高校在统一招生的前提下,允许尝试单独举办考试,增加其录取过程的选择性。

(2)高考制度的改革将从有利于全面推进素质教育的原则出发,增加对学生实践能力和综合素质考核的比重,逐步建立更加灵活的为考生和社会普遍接受的招生考试制度。高考内容和形式在总体上更加注重能力和综合素质的考查,有助于适应社会对人才的需要。

(3)高等教育大众化使高等学校培养方式也体现了多样化,我国公众接受高等教育的形式更加灵活,成为终身教育的一环。在市场经济的条件下,高等学校的培养目标体现多样化,高考的年龄和其他限制性条件继续放宽,更多的人享有接受高等教育的权利。

(4)进一步完善招生收费制度,并通过奖学金、助学贷款、勤工助学等制度保证其得以顺利有效地实施。

二、高等学校的就业制度

(一)国外高等学校的毕业生就业制度

国外大部分国家的高校毕业生基本上是在政府宏观调控的基础上,按照市场规律,实行高校毕业生自由择业的制度。政府只从宏观上制定一些相关的法规和经济政策来保障公民的就业权利和就业者的合法权益,鼓励或限制资本的投入与生产的发展,从而起到影响整个社会就业量的作用。也就是说政府只对社会就业进行一些间接的调控,而不以行政命令的方式来干涉企业内部的用工制度,更不硬性对企业安排就业人员。国外特别是西方发达国家,在就业指导方面,高等学校往往对毕业生的就业情况给予高度的重视,将毕业生的就业与学校的生存和发展紧密联系在一起。几乎所有的学校都常设一个专门为学生提供就业指导和服务的机构——学生就业指导中心。学生就业指导中心一般由分管学生事务的副校长负责。就业指导中心主任直接向主管学生事务的副校长负责。就业指导中心的规模、人员配备、经费、场地根据学校的规模来决定,一般学校就业指导中心配备充足的专业人员,提供充足的专项经费以及专门的场地。例如,美国马里兰大学就业指导中心有22名工作人员和十几名临时工,设有14间面谈室,配有足够的电脑等设备;加州大学配备多达40人的专职工作人员,另外在工作紧张时还聘用临时工,年经费150万美元;日本关西大学的就业资料室面积达800平方米。在就业指导方面,国外开展得较早,已经形成了较为完整的体系。如美国、加拿大高校的就业指导工作是贯穿在整个学校教育全过程的。在就业市场方面,国外不少高校都有自己的信息资料库(包括专业、志愿、教育背景和工作经验),也有用人单位的需求信息(包括职位空缺、招聘条件、单位简介及可能提供的报酬等)。同时各大学为了使自己的学生更好地就业,都与用人单位保持着良好的关系,就业指导中心的职业联系人员经常到用人单位了解用工情况,及时印发小册子,向学生介绍各行业各工作的资料。同时国外的现代化通信设备较先进,通过网络和用人单位签订协议也是学生就业的一条重要渠道。[1]

(二)我国高等学校的毕业生就业制度历史沿革与现状

1. 我国高等学校的毕业生就业制度历史沿革

新中国成立初期,由于我国国家重点项目的建设缺乏各类高级专门人才,所以采取了"集中使用、重点配备"的原则。20世纪60年代后,采取"面向基层,

---

[1] 刘明.中外高校毕业生就业模式比较研究[J].华东冶金学院学报:社会科学版,2000(9):117-119.

充实和加强第一线"的分配政策。在此之后的很长一段时间内,我国的毕业生基本上实行统招统分的制度,高校毕业生的就业纳入到了国家的整体计划。这种制度在我国有计划地建设社会主义事业的过程中既保证了国家重点部门所需的人才,又改变了旧中国毕业生找不到工作的局面,体现了社会主义国家的优越性,为我国的经济发展提供了大量的高级专门人才。但随着社会由计划经济走向市场经济,原有的就业政策对毕业生分配统得过死、包的过严,影响用人单位、学校和学生的积极性,无法与社会发展相适应。因此,20世纪80年代中期,我国开始实行指令性计划和指导性计划相结合,并开始试行"供需见面、双向选择"的分配制度,体现了平等、公平、竞争和择优的原则。进入20世纪90年代后,社会主义市场经济确立,社会用人制度发生了根本性的变革,人才市场作为一种新的人力资源的配置形式显示了其越来越重要的作用。1993年《中国教育改革和发展纲要》明确指出,要把高等学校的毕业生就业制度的改革作为整个教育体制改革的一项重要内容,大多数毕业生将在国家的政策方针的指导下通过人才劳务市场自主择业。在1993—1997年间国家计划招收的毕业生原则上仍由供需双方协商进行,对大学生和研究生的就业采取一定范围内的双向选择,定向和委培生按合同分配,自费生自主就业。1997年之后,高校招生制度实行全面并轨,所有收费的毕业生分配全部实行自主择业。国家成立"全国高等学校毕业生就业指导中心",在各高校设立就业指导、咨询和服务机构,为高校毕业生就业提供全面的指导和服务。但为保证一些国家重点建设发展的需要以及一些特殊行业的需求,对部分院校的部分专业依旧采取国家承担培养费用、由政府统一负责安排就业的模式。目前,我国的高校毕业生就业制度完全打破了传统的计划就业模式,进入到市场为导向,双向选择—自主创业阶段。总体特点是少数毕业生由国家安排就业,多数由学生自主就业。以毕业生就业市场作为基础性的资源配置方式,同时又适当地利用计划手段作为补充。大学生就业去向多样化,升学、出国、就业、自主创业、自由职业、灵活就业等多种多样。

2. 我国高等学校的毕业生就业现状

随着高等教育的大众化,高校招生规模的扩大化,高校学生数量在一定程度上超过了市场吸纳量,大学生的就业问题显得越来越严峻。高校毕业生是宝贵的人力资源,是现代化建设中高素质的主力军,其就业问题有没有解决关系到社会主义和谐社会的构建。毕业生数量与各行业人才需求总量相比仍然不足,大学毕业生"就业难"的现象日益凸显,引起社会各界的关注。虽然国家和高校也付出很多努力来促进就业,但事实上大学毕业生的一次性就业率和年底就业率还是在逐年下滑。造成我国高校毕业生就业难的原因主要有以下几个方面:

(1)就业市场环境不佳造成大学生就业难。中国高等教育的发展使高等教育进入大众化时代。高等教育大众化已成为一种必然,近年来高等教育毕业生的数量在逐步增长,但是就业形势却是一年比一年严峻,就业岗位在逐年减少,每年都有超过几百万的高校毕业生涌入就业市场,再加上安排下岗职工再就业、未能接受继续教育的初高中毕业生、农村剩余大量劳动力和退伍军人再就业,出现了"僧多粥少"的现象,这种变化使大学生就业从精英化走向了大众化。社会发展的区域不平衡,东部发达地区自然条件比较优越适合人类居住,加上收入高、社会保障制度、公共设施完备等良好的社会环境吸引了大批人才,出现了激烈的人才竞争;西部地区没有东部地区优越的自然条件和社会条件,所以毕业生很少选择去西部。而有些毕业生即使处于失业状态也不愿去西部地区就业。在西部地区,却存在大量的岗位急需大学毕业生。

（2）用人单位盲目设置的苛刻条件导致就业难。企业盲目提高用人标准,造成人才高消费。企业在招聘求职人员的时候,文凭是第一道门槛,企业往往选择高学历和名牌院校毕业的学生。企业除了崇尚高学历、还要求毕业生具有较好的专业知识技能外,还要求毕业生具有较强的工作能力、实践能力,多数应届毕业生往往不能符合用人单位的标准,为用人单位所"嫌弃"。这样盲目提高用人标准不仅造成人才资源的浪费,也极大地挫伤了毕业生就业的积极性。有些企业用人单位的工作经验限制,单位在招聘时特别看重工作经验,特别提出不招应届毕业生。用人单位出于自身利益考虑,倾向于聘用有工作经验的员工。因此,用人单位把有两三年以上工作经验作为招用条件的短期行为,把刚毕业的大学生挡在门外。许多毕业生因为缺少工作经验而难以落实工作,大大增加了毕业生的就业压力。

（3）高校自身发展不利于大学生顺利就业。有些高校的专业设置与社会需求脱节,造成供需结构不平衡。大学的专业及课程设置滞后于社会的发展,这是当今高等教育客观存在的现象。高校的课程设置不能以市场需求为导向,大多学校的办学观念还很落后,学校课程专业设置和市场需求相脱节,课程设置难以跟上市场变化的节奏。至今那些没有市场竞争力的专业如某些高校开设历史、哲学等专业,培养出来的学生在就业市场上根本不具竞争力。许多高校为了提高办学效益,盲目追逐热门专业,一哄而上,致使专业趋同现象十分严重。高校培养的部分学生质量不过硬。我国高校自从1999年扩招以来,高等教育质量总体平均水平在逐步下降,有些高校的人才培养模式依旧没有脱离计划经济时代的运作模式,不少高校扩招后各项软、硬件设施都不能达到学校发展需求,师资配备难以与学校发展情况相匹配,致使学生没有受到良好的教育,直接影响了学生的培养质量,不利于其以后的顺利就业。高校的就业指导力度不够。一些高校只是口头上重视就业指导,但是在实践中没有给学生提供就业指导和真正的帮助,就业指导工作缺乏系统性和科学性,就业指导工作只是一种单纯的职业介绍。许多毕业生不知道如何利用自身的优点、兴趣爱好、职业倾向来选择适合自己的工作,而是在人才市场上盲目找工作,这样就难以找到自己满意的工作。

（4）大学生自身存在的问题不利于就业。大学生存在一些不合时宜的就业观念,在就业的时候没有明确"我能做什么"和"我想干什么",没有真正做到客观认识自己和评价自己,而是盲目地把自己放在传统的儒家思想所编制起来的"精英阶层"里。在就业的时候没能从自己的兴趣爱好出发,没给自己一个恰当的定位。对于就业抱有较高的幻想,不愿从基层做起而是把目光瞄准了大单位和高薪职位,导致大学生就业困难。社会对大学生的综合素质要求越来越高,除了要求大学生的专业知识外,还要求大学生有较强的工作能力、动手能力、创新精神。但是许多大学生适应社会的能力差,没有达到用人单位的用人标准。一些大学生在学校里只是涉猎了专业知识,没有积累广博的相关知识,缺乏解决实际问题的能力,有些大学生本身综合能力不强,在应聘场合表现出紧张、胆怯的慌张行为,没能在用人单位面前充分展示自己的能力,因而错过了许多待遇优厚的工作机会。

（三）深化改革解决高校毕业生就业困境

社会主义市场经济体制在运作过程中对高层次人力资源要求以市场经济方式来配置,我国的高校毕业生就业制度的改革就是为适应这一要求而与高等学校招生制度的改革配套进行的。随着社会的发展,我国高等学校毕业生就业制度应加以改革,以便更好地为社会培养更多更好的高级专门人才。这些改革主要表现在:

1. 调整专业和人才培养结构,完善外部环境和就业新体制

专业和人才培养结构关系到毕业生就业的根本。为使高校培养的人才更好地适应实际需要,高校要根据经济、社会和科技发展的趋势加快调整高校学科专业结构和人才培养结构,进一步加大社会急需专业结构、数量和质量。在就业外部环境方面,目前我国正处于转轨期,经济体制中关于所有权、管理权和经营权的关系尚处于调整和理顺过程中,还没能充分体现以市场调节为主要特征的社会用人机制。另外高校扩招后,毕业生数量迅速增加,就业成了一些新的问题,所以必须进一步完善外部环境,特别是经济环境,努力把高校毕业生的就业工作纳入当地经济和社会发展的整体规划;转变高校毕业生的就业观念,适当降低就业的期望值;深化高校毕业生的就业制度和社会用人制度,建立市场导向、政府调控、学校推荐、学生与用人单位双向选择的就业机制,并努力使社会用人部门真正成为市场的主体,促进高校毕业生就业市场的完善。

2. 明晰毕业生就业市场中各方的角色

在毕业生就业市场中,存在着政府、学校和毕业生等多种角色。各种角色的任务、地位必须加以清晰地界定和明确。随着毕业生择业行为自主性的增强,政府不可能再继续采取计划经济体制下以行政手段来控制毕业生就业的做法,但市场的随机性和盲目性特征又要求政府不得不适当地介入市场运作,以确保政府目标的实现。所以,政府在毕业生就业市场中的角色作用主要应体现在:作为宏观调控角色,应更多地采取经济手段来引导毕业生的择业行为;作为引导者的角色,政府要充分利用法律手段来规范、引导市场行为;作为信息服务和咨询者的角色,政府要及时将市场最新动态和市场未来走向提供给参与就业市场的各方。总之,为保证市场的平稳有序进行,政府在淡化行政管理角色的同时必须以恰当的协调者、引导者和服务者的身份来参加就业市场活动。高校在毕业生就业市场中的作用主要表现在两个方面:提供合乎市场需要的人才和正确有效地引导毕业生就业。前者主要贯穿在高校的招生、学科专业结构调整及培养的整个过程的各个环节;后者则主要指高校如何通过提供广泛的信息服务,为学生提供就业指导;如何加强与社会用人部门的联系,为毕业生牵线搭桥;如何开展就业教育,使学生树立正确的就业观念,提高学生就业所必需的身心素质等。目前高校首先要转变观念,强化市场意识和服务精神,机构名称的改变并不意味着职能发生根本转变,高校的就业指导机构应以高度的责任感、勤勤恳恳的敬业精神和危机意识,主动介入毕业生就业市场活动,为毕业生提供全面的服务。

3. 拓宽就业渠道,加强就业指导工作

国家应采取多种措施,拓宽就业渠道,鼓励和支持高校毕业生到基层、中小企业、农村基层和西部地区工作,并引导优秀的毕业生积极参加选调。取消不合理收费和限制,延长毕业生择业时间。要制定鼓励人才流动的政策,落实企业用人自主权的规定,鼓励用人单位多招聘高校毕业生,取消对接受高校毕业生收取的一些不合法、不合理的收费政策。这是缓解高校毕业生就业压力的重要举措。另外,要规范就业市场秩序,加强就业指导工作。要加强对高校毕业生的思想教育和就业指导,使高校毕业生树立交费上学、自主择业、勤奋创业、终身学习的观念,树立根据社会需要就业,到基层建功立业的思想,主动到祖国需要的地方去。进一步整顿和规范高校毕业生就业市场秩序,要实现高校毕业生就业市场、人才市场和劳动力市场相互贯通,实现网上信息资源共享,更好地为高校毕业生和用人单位服务。

4. 鼓励学生走进就业市场

学校要教育大学生从入学开始就要树立就业意识,认清市场经济的本质特征、人才市场的本质特征,让大学生到人才市场去了解"行情",鼓励他们利用假期、业余时间参加社会实践活动,争取机会多接触社会,增强对社会、市场的适应性。在校期间,大学生自身要珍惜和抓紧时间,刻苦学习、严于律己,全面提高自身素质,增强创新精神和实践能力,增强自己在人才市场上的竞争实力。在校学习期间,要充分利用见习、实习的机会,熟悉人才市场,主动寻找工作机会,培养主动推销自己的意识,把注意力更多地放在寻找适合自己、能充分展示自己才华的舞台上,打破"一次择业,终生就业"的观念。在社会人才大市场中找工作,视野要开阔。如我国中、西部地区以及各地的民营企业都有巨大的市场,各类人才都能大有作为。除此之外,大学生还可以创业。作为新时代的大学生,要正确评估自己的就业竞争能力,不要盲目攀比,期望值过高,应该强化社会责任感,树立行行建功、处处立业的就业观、成才观和创业观。

思考题

一、名词解释

学制　学位　学位制度　高校招生制度

二、问答题

1. 简述世界普通高等学校系统的特征是什么。
2. 目前我国成人高等学校系统从形式上可以分为哪几类?
3. 简述造成我国高校毕业生就业难的原因。
4. 简述我国高等学校毕业生就业制度改革的基本内容。

第五章 高等学校的学生与教师

内容摘要

教师是教育活动中"教"的主体,学生是教育活动中"学"的主体。没有了这两个主体,教育就不存在了,学校也不存在了。本章在分别讲述教师与学生的特点之后,分析当前高校教师培养与提高的问题,探讨高校学生的社会特征,阐述高等学校的师生关系。

学习目标

1. 了解高校学生身心特征。
2. 了解我国高校学生的基本社会特征。
3. 熟悉高校教师的作用、任务及劳动特点。
4. 认识并理解高校教师的素养。
5. 了解高校师生关系概念、作用及表现。
6. 掌握建立良好师生关系的策略。

第一节 高等学校的学生

在教育过程中,学生既是教育的客体,也是学习的主体。因此,无论从客体还是从主体的角度看,都应当关注学生,全面了解学生的身心发展特征及心理需求。只有这样,才能有的放矢地实施因材施教,才能培养出适应社会需要的德智体美全面发展的高级专门人才。

一、高校学生身心特征

(一) 高校学生的身体特征

高等学校中的大学生,一般处于18~25岁之间。从生理发育上看,主要呈现这样几个主要的特点：一是这些学生大多处于"第二生长发育高峰期"的后期，特别是大学一、二年级的学生，身体还在继续生长发育，需要到22或23岁以后才基本稳定。二是生殖系统的发育逐渐达到成熟，性激素和其他内分泌激素的分泌日趋旺盛，从而提高了大脑的相关活动水平，出现了示爱和求友的心理。三是神经系统（主要是大脑皮层）的生理发育已接近成人的水平，大脑皮层的兴奋性提高，抑制机能增强，精力旺盛，能细致地进行综合分析，并能坚持较长时间的脑力活动。

（二）高校学生的心理特征

由于生理的逐渐成熟，大学生的心理认知也有较大的发展。首先，感知水平在提高，这有助于发展他们观察事物的能力；其次，许多有助于学生学习的各种认知心理特征也随之得到发展，如注意力、记忆力及思维能力等都有显著的提高。研究表明，青年初期抽象逻辑思维逐渐占主导地位，可以较大程度地超脱实物形象的支持，凭借抽象的概念进行逻辑推理和判断。在思考或解决复杂问题时，即使需要实物形象的知识，实物或其形象也是处于辅助地位。到了青年中后期，由于经验的积累、科学知识水平的提高，并已接受了专业教育，思维活动中的片面性在逐步得到克服，思维的差异性逐渐明显，抽象逻辑思维能力的发展正处于质变的重要时期。总的来看，大学生的心理已经发展到前所未有的高度。注意稳定，记忆力达到黄金时期，想象力丰富，观察力敏锐，思维力敏捷，情感丰富，特别是社会情感比过去明显增强，意志能力比较坚强，个性品质逐渐形成和定型化。远大动机逐步确立，理想和信念逐步巩固，性格基本形成。但是，由于经济没有独立，成人感尚未形成，社会经验不够丰富，对一些复杂的问题常会产生幼稚与片面的认知和行为，心理动荡比较明显，持久的心理矛盾容易发展成心理障碍和心理疾病。

二、我国高校学生的基本社会特征

随着生理、心理的发展与成熟，高校学生具备了参与社会实践所需要的身体条件和心理水平，并表现出一些特有的社会特征。

（一）具有感受时代精神的敏锐性

高校学生具有比少年人和成年人以及其他青年群体更为敏锐的时代精神感受。这一特征与其身心发展阶段和社会地位密切相关。他们想象丰富、思维敏捷、思想活跃，容易接受新思想、新信息，并喜欢用批判的眼光看待周围世界，理想主义比较突出。加之高等学校的社会特殊性，学生的家庭背景复杂，社会信息丰富快捷，社会各种利益集团和思潮又特别关注高校阵地，频繁地对高校学生施加影响。所以，高校学生感受时代精神的敏锐性比任何年龄阶段的人都强烈。

这种敏锐的时代感受常常促使高校学生采取相应的行动,自觉或不自觉地向社会扩散,影响社会的政治和经济。

但是,高校学生的时代精神敏锐性并不是总是准确无误的,特别是在社会急剧变革和动荡的时期。在错综复杂的社会矛盾中,高校学生容易迷茫,产生偏激或错误的认识与行动。另外,由于高校学生内部结构层次比较复杂,个人素质存在差异,对时代精神的敏锐性也参差不齐,知、情、意、行表现不一。所以,需要国家、社会与学校给予正确引导和帮助。

(二)参与社会活动的意识强烈

当代高校学生处在社会发展迅速、新生事物层出不穷的传统与现代、开放与封闭的交汇点上。他们思想活跃、视野开阔,把自己的命运与国家前途、民族振兴紧密联系在一起,普遍关注国内外政治经济形势,拥护支持党和政府的大政方针,对我国的政局稳定和经济持续发展充满信心,在关键时刻表现得比较理性。他们向往民主,重视自己的民主权利及其他公民权利,要求积极参与社会改革,希望得到他人的尊重、理解与信任。竞争意识、参与意识和维权意识普遍增强,这表明学生主体性与积极性的提高,是学生成长成才的主观条件。但是高校学生受经历、阅历等方面的局限,他们的参与行为和维权活动需要教育者给予正确引导。

(三)具有群体成员的互动性

高校学生的生活,从饮食起居到学习都是一种集体性的生活。这种生活为群体成员互动提供了组织条件和意识条件。加之高校学生求新好奇、争强好胜、追求流行等社会心理因素,使得高校学生具有强烈的群体成员互动性。他们互相影响,互相促动,容易思想认同、行为一致,在涉及共同利益和国家命运等重要问题上常会产生统一的群体行动。

(四)具有内部结构层次的复杂性

高校学生群体虽然在思想和行为上有很多共同特点,但是在群体内部却表现为不同的层次与水平。具体表现有四:① 高校学生是一个周期性新老交替的群体。新生与老生、低年级与高年级因接受的教育、与社会的交往及面临的问题不同,而在思想行为表现上有所不同。② 由于高校是专业教育,有不同的科类专业,这些不同的知识结构、智力活动方式,会使高校学生的思想行为有所差异。③ 由于高校分布在不同地区,受不同地区政治、经济、文化、办学历史传统的影响,高校学生的思想行为也会有所差异。④ 高校学生受遗传基因、家庭环境、前期教育、本人经历、居住地生活等原因的影响,而在个体思想行为上有所差异。因此,对高校学生的认识和教育,要从实际出发,因地因校因时因人制宜,不搞统一模式,不要千篇一律。不过,开展高校学生工作,既不能公式化,又不能忽视高校的共性而政出多门。

三、高校学生问题研究的主要趋势

高校学生问题涉及经济、文化、思想意识、身心发展等方面。为了更好地贯彻教育方针,提高高校的教育质量,培养出全面发展的受社会欢迎的高级专门人才,有必要明确当前高校学生问题研究的主要趋势。

1. 研究高校学生的价值观与价值冲突

价值观是指个体看待客观事物及评价自己的重要性或社会意义所依据的观念系统。价值观作为个体定向、调节的内部机制,支配着个人行为,使个人的行为比较一致地朝向某一目标或带有一定的倾向性。由于人的价值观的不同,常常导致人与人、人与集体、人与社会的分歧和冲突,所以,了解高校学生的价值观是解释或预测高校许多问题和发展高等教育事业面临的一些问题的必要步骤。

价值冲突是指个体、群体、社会内部以及三者之间同时或前后在价值观上的分歧、矛盾和斗争现象。就个体内部在价值观上的冲突而言,是指个人具有的几种价值观在性质或水平高低上出现不一致,引起认知失调、情绪紧张、决策困难等的心理状态。一个人可能只有一种价值观,也可能有多种性质、内容、层次上不同的价值观。所以,了解高校学生的价值冲突,对于正确处理学校与学生的关系、正确解决学生的心理疾患,保证学生健康成长,有着现实的重要意义。

当前,高校学生的价值观由于受社会价值观的影响而出现多元化。这种多元化价值观反映在报考高校的志愿上:重视名牌大学、轻视一般大学;重视本科学校、轻视高职(专科)学校;重视热门专业,轻视冷门专业。也反映在入校后的学习态度、学习时间分配、对学校教学的要求、对任课教师的要求,以及对待各项改革成果的认识,等等。

由于高校学生生活背景、个人阅历、学习经历的不同,致使他们在价值观上存在较大的差异。高校学生遭遇的价值观冲突比未进高校的同龄人要强烈得多、深刻得多。比如学习问题、交友问题、恋爱问题、勤工助学问题、师生关系问题、课程选择问题、毕业去向问题、职业岗位选择问题、社会约束与发展个性问题,等等。

高校学生价值观与价值冲突的问题,应该是社会和教育界高度重视的首要问题。它直接关系到高等教育的发展速度和办学结构,关系到教育方针的全面贯彻,关系到学生的健康成长。

2. 研究高校学生的经济生活

现在的高校都统一实行交费入学制度。随着高等教育大众化的发展,会有更多的青年升入高等学校。受教育者的社会阶层不断扩大,贫困家庭的学生人数将不断上升。现在高校各种费用相加,个人平均一年要支出 1 万元左右,再加上个人接受教育的机会成本,至少不低于 2 万元。在这种情况下,如何最大限度地通过经济手段保证所有的学生都能接受完高等教育,已成为政府和高校制定政策需要考虑的重要内容。此外,高校学生经济生活的研究内容还有:学生的食宿状况,学生的消费状况,学生学习费用的来源与构成,学生领取的奖学金、贷学金、助学金及个人勤工助学收入的支出情况,学生消费水平与社会总体消费的关系,等等。

3. 研究高校学生的课外与校外活动

课外与校外活动是学校文化的重要组成部分。也是丰富学生生活、提高学生能力、发展学生个性的重要途径。当今高校生活,学生可支配的自由时间很多,能自主参加的课外、校外活动也很多,这是高等学校重要的隐形课程。许多专门人才的发现,并不是教学计划规定的显性课程教育的结果,而是隐形课程陶冶的结果。高校学生课外与校外活动研究的内容有:学生社团的组织与活动,兴趣小组产生与发展,课外业余讲座的内容与学生欢迎的程度,学校图书报刊的阅览倾向与图书周转率,校外教育场所与教育活动,社会大文化对学校亚文化的制约与影响,等等。

4. 研究高校学生的身心健康

高校学生的身心健康是高校教育目的之一。尽管高校学生的生理发育已进入稳定期,但这只是相对的,各方面还在发展变化。在一定的体育锻炼、合理的生活制度和适当的营养条件下,身体会向好的方向发展;反之,则向差的方向转变。所以,要研究和分析学生身体健康状况,比如,当前高校学生体姿与体型的发展变化,体质的状况,男女同学身体发育的特点,学生的卫生保健,学生中常见病、多发病的发生与防治,等等。

高校学生的心理卫生与心理健康应当引起社会与学校的高度重视。据资料显示,我国高校学生有 25% 左右的人有不同程度的心理障碍。主要表现为,适应性困难,人际关系敏感,孤独,抑郁,焦虑,神经衰弱,强迫症和疑病症,精神偏执。严重的有人格障碍、性心理异常、精神分裂。高校学生自杀的现象也屡屡发生。为此,开展高校学生心理卫生与心理健康的内容很多,比如:科学用脑的原则与方法,学校心理咨询工作的开展状况,生活中积极的心理应对,维护心理健康的措施和方法,心理障碍的调查与分析,心理健康的典型人物的经验与介绍,学生自杀的防范与救治,等等。

第二节　高等学校的教师

一、教师的概念

教师这一概念是伴随着人类社会、人类文明的发生而发生并稳步发展起来的,古今中外的教育家、思想家对其有着诸多的解释和认识。

一般来讲,教师有广义和狭义之分。广义的教师包括知识、技能、思想、言传以及行为等对他人产生影响的所有内容,我国古代孔子所言"三人行,必有我师焉",以及用于赞誉人品、才学的"人师""师表"等表达,即是这种广义概念上的教师。而狭义的教师,则是从教师这一职业或者说从教育活动的特点而进行界定的。例如,我国东汉郑玄认为"师者,教人以道者之称也",[①] 唐代韩愈则明言"师者,所以传道授业解惑也",[②] 这些表达显示出古人对教师的认识,主要强调了教师的作用和功能。近现代以来,随着学校教育的不断推广,教师对社会发展的功能日益显著,人们对它的认识也不断加深。如英国哲学家弗朗西斯·培根(F.Bacon, 1561—1626)称誉教师是科学知识的传播者,文明之树的栽培者,人类灵魂的设计者;捷克大教育家捷克扬·阿姆斯·夸美纽斯(J.A.Comenius, 1592—1670)赞誉教师是太阳底下最光辉的职业;苏联革命家、教育家米哈伊乃·伊乃诺维奇·加里宁(М.И.Кали́нин, 1875—1946)则明确指出教师要做人类灵魂的工程师。这些表述揭示了教师在人类社会发展中的重要意义,说明人们对教师的认识不断加深,对教师职业的要求和期待也不断提高。

当代我国对于教师的界定,如"学校中传递人类科学文化知识和技能,进行思想品德的教育,把受教育者培养成一定社会需要的人才的专业人员",[③] "向学生传授知识,执行教学任务的人"[④] 等,专指学校的教师。《中华人民共和国教师法》第三条规定:"教师是履行教育教学职责的专业人员,承担教书育人,培养社会主义事业建设者和接班人、提高民族素质的使命。"该法同时规定"国家实行教师资格制度"(第十条),也就是说,教师须持有教师资格证书。从这个意义上说,教师是指持有教师资格证书,在学校从事教育教学活动的专业人员。

[①] 袁振国.当代教育学[M].修订版.北京:教育科学出版社,1999:78.
[②] 顾树森.中国古代教育家语录类编:下册[M].上海:上海教育出版社,1983:70.
[③] 顾明远.教育学大辞典:增订合编本[Z].上海:上海教育出版社,1997:700.
[④] 汉语大词典编纂委员会编.汉语大词典[Z].上海:汉语大词典出版社,2000:1680.

二、高校教师的作用和任务

(一) 高校教师的作用

1. 通过传承、创造知识,培养高级专门人才

教师通过传承、发展和创造人类科学技术文化知识,培养各类高级专门人才,促进社会政治经济文化的发展。因此高校教师在教育活动中,不仅要关注学生知识技能的提高和智力因素的发展,还要关注学生非智力因素的养成,使高校学生具有科学的世界观、人生观、价值观,有良好的个性特征与处世能力,作一个德智体美全面发展的高级专门人才,为"科教兴国"作出贡献。

2. 通过社会服务,直接推动社会物质文明和精神文明的建设

高校教师为社会服务是多方面的,有教学服务、科技服务、信息服务、思想服务、理论服务,等等。通过这些服务,直接参与社会物质财富和精神财富的生产与创造,传播先进文化,促进社会精神文明的巩固与发展。

(二) 高校教师的任务

高校教师的根本任务是立德树人,具体表现为如下三个方面。

(1) 教书育人,培养高级专门人才。这是高校教师的主要任务。

(2) 开展科学研究。通过科学研究,既提高自己的学术水平,又培养学生的科研能力,还可以促进学科发展和专业改造。

(3) 为社会服务。通过社会服务,增进社会的精神文明和物质文明。同时,了解社会需求,提高教学和科研水平。

三、高校教师的劳动特点

(一) 复杂性

1. 从劳动目的上看是复杂的

高校要培养各类高级专门人才。为实现这一目的,既要传授科技知识和技能,又要注意思想道德的培养;既要发展学生智力,培养学生能力,又要提高学生体力,使学生具有健康体魄。

2. 从劳动对象上看是复杂的

学生来自不同地区、不同家庭背景,已形成的个性特点存在程度不同的差别。加之学生属于青年中晚期,思维的独立性、批判性、广阔性较强,又同社会方方面面有广泛而复杂的联系,这就决定了高校教师的劳动比之其他职业劳动,甚至也比中小学教师的劳动复杂得多。

3. 从劳动方式上看是复杂的

高校的教育要想在学生身上形成最佳的效果,就需要教师善于协调学校、社会、家庭三方面的影响。还要根据高校的特点,运用好课堂教学、课外辅导、科学实验、实习劳动等途径开展教育,并对学生独立组织的各种学习活动、社会实践进行恰当地指导。高校教师实行的是不坐班制,所以,要在充分发挥个人的独立性和个性化教学风格的,同时注意教师之间的协调和配合。

(二)创造性

1. 从劳动对象上看需要创造性

由于前面讲过的劳动对象的复杂性,就需要教师在教育活动中创造性地选择不同方法,对不同学生区别对待,因材施教。由于高校学生的年龄特征和社会经验的特殊性,教师在教学、科研与社会实践活动中,面对学生的各种提问和活动要求,要运用教育方法机智地、创造性地给予回答和处理。

2. 从劳动内容上看需要创造性

高校教育内容因为与社会活动的密切联系,本身就需要有创造性,加之高校是学生由学校教育向社会职业劳动过渡的最后阶段,迫切希望创新能力的提高和对社会需求的适应性的增强,因此,要求教师少讲概念和定义,多教思路和方法。而思路和方法从来不是千篇一律、一成不变的,它因人因时因地因事而异,具有创造性。

3. 从劳动方法上看需要创造性

教育学有句名言:教学有法、教无定法。特别是以启发式为指导思想的高校教学活动,更讲求教学方法的创造性。理论课教学、实验实习课教学、社会实践课教学等,都有不同的教法要求,而且教法还要随着社会的发展、科技的进步而不断创新。

(三)示范性

高校教师不仅要通过知识技能的传授,丰富学生阅历,发展学生智力,提高学生能力,还要通过自身的言行影响学生的兴趣、动机及思想品德。教师的渊博学识、科学精神,会激发学生对知识的兴趣,形成强烈的探究科学的动机。教师的世界观、人生观和价值观,以及生活方式习惯,会影响和陶冶学生的思想品德和政治理想,内化为学生人格的一部分,在今后生活中长期起作用。所以说,高校教师的劳动是示范性很强的劳动。

(四)群体性

尽管高校教师的个人魅力会给学生留下深刻的印象。但是,任何一个高级专门人才的养成,绝不是一两个教师的作用,而是全体任课教师甚至包括教学管理人员和工勤人员共同劳动和影响的结果。高校教育的显性课程和隐性课程的完成,离开集体的协调与配合是不可能的。

四、高校教师的素养

教师具备怎样的素质结构,其具体的内容是当代教师问题研究中的一个重要课题。根据教师的角色特性、教师的劳动特点、教师在教育过程中的地位和作用,以及教师的职责对教师素质的基本要求,适应我国全面推进素质教育和培养创新人才的需要,新世纪教师的职业素质体现在高尚的职业道德、合理的知识结构、科学的教育观念、全面的教育能力、健康的身心素质等方面。

(一)高尚的职业道德

职业道德是从事一定职业的人们在共同活动中逐步形成的具有行业特点的行为规范。教师的职业道德,简称师德,是指教师在教育教学活动中应当遵守的道德规范和行为准则。2018年11月8日教育部颁发了《新时代高校教师职业行为十项准则》。教育部制定《新时代高校教师职业行为十项准则》的出发点是:为进一步增强教师的责任感、使命感、荣誉感,规范职业行为,明确师德底线,引导广大教师努力成为有理想信念、有道德情操、有扎实学识、有仁爱之心的好老师,着力培养德智体美劳全面发展的社会主义建设者和接班人。[①]

一般来讲,高尚的教师职业道德包括以下几个方面:

1. 热爱教育事业

教师热爱教育事业,是搞好教育工作的前提条件。因为只有热爱教育事业,才能对教育事业抱有执着的追求,才能摆脱名利的困扰,坚定自己的选择,在当前"追求经济利益最大化"的环境中保持一颗平常心,甘于寂寞,甘为人梯,才能在平凡而伟大的教书育人中寻找到人生的价值、生活的意义。教育事业需要的是教师对它的忠诚和无私奉献的精神,需要的是以献身教育为荣、为乐的思想情怀,教师有了这些,才能把自己的聪明才智充分发挥出来,在平凡的岗位上创造出不平凡的业绩。

2. 热爱学生

热爱学生是教师热爱教育事业的直接体现,是师德的核心内容,是被许多优秀教师的成功经验所证明了的重要教育原则。热爱学生就是要尊重和信任学生,在人格上平等相待,做学生的知心朋友,全面关心学生的健康成长。教师热爱学生,要面向全体同学,要客观、公正。当然,热爱学生并不是没有原则的"溺爱"和迁就,而是尊重信任与严格要求的有机统一。只有在尊重学生的基础上提出严格要求,并通过教育不断使之达到目标,才能使学生获得良好的发展。

---

① 教育部. 新时代高校教师行为十准则。

3. 热爱教师集体，尊重学生家长

处理好教师之间，教师与家长之间的关系，是师德的又一重要内容。现代人才的培养是一个系统的整体工程，学生在学校里获得德、智、体诸方面的发展，都不是单个教师的劳动所能奏效的，而是教师集体齐心协力、家长密切配合共同教育的结果。因此，对每位教师从职业角度来要求，就要有集体主义精神，在工作上要互相尊重、支持，要互通情况，团结协作。教师还要主动与家长取得联系，认真听取家长对教育工作的意见和建议，并对其中合理的成分予以采纳和实施，从而使学校教育和家庭教育形成合力，共同做好育人的工作。

4. 以身作则，为人师表

教师必须严于律己，以身作则，为学生做出表率。凡是要求学生做到的，自己必须首先做到；要求学生不做的，自己更不应该做。为此，就要求教师在政治思想方向，应该具有正确的世界观、坚定的信仰、崇高的生活目标和较高的马列主义理论修养；在个人品格方面应具有无私、善良、诚实、正直、谦逊、光明磊落、言行一致的美德；在治学方面应该具有勤奋好学、严谨求实、勇于探索的精神；在文明习惯方面，应谈吐文雅、举止文明、仪表端庄、朴素大方。

（二）合理的知识结构

现代社会正处于科学技术迅猛发展的时代，自然科学、社会科学和人文科学相互渗透、相互融合，新兴学科不断出现，这就向承担知识传递任务的教师，提出了严峻的挑战。当代教师只有具备合理的知识结构，较高的科学文化素养，才能适应信息化时代培养复合型、通识型人才的需要。这里合理的知识结构主要包括以下几个方面：

1. 精深的学科专业知识

精深的学科专业知识是教师担任教学工作的基础性知识，它要求教师要扎实地掌握所教学科的基础理论、基础知识以及相应的技能、技巧，牢固掌握本学科的基本概念、原理、公式，并运用自如，熟悉这门学科的历史和现状，了解其最新科研成果和发展趋势，懂得本学科的学习方法和研究方法，同时还要具备一定的与本学科相关的学科知识。

2. 广博的科学文化知识

面对科学发展既高度分化又高度综合的特点，仅具"一孔之见"的知识储备显然已不合时宜，更何况教育的对象是正在成长中的大学生，他们通过多种信息媒体，获得了大量的知识，同时也产生出各种各样的问题，需要教师去解答和引导。为此教师必须广泛地涉猎各学科知识，培养和发展自己多方面的兴趣，以"终身学习"的思想意识来构建自己合理的知识结构。只有这样，教师才能带领学生在知识的海洋里遨游，在更广阔的空间得到发展。

3. 丰富的教育和心理科学知识

要成为一名合格的教师,还必须具有教育、心理科学方面的知识修养,懂得教育教学活动的规律和学生身心发展的规律,树立起科学的教育思想观念,掌握行之有效的教育教学方法和手段,取得最佳的教育教学效果;有目的地总结自己的教育实践经验,反思和改进自己的教育行为,形成自己的教育追求和风格;破除陈旧的教育观念、模式的束缚,在教育实践与理论上有所创新、有所发展,从而摆脱匠人式的仅凭经验工作的状态,跃升为有思想、有理论的教育者,乃至最终成长为教育家。

(三)科学的教育观念

教育观念是人们基于对教育各种现象的认识所形成的系统化、理论化的观念体系。作为当代教育改革和发展主体者的教师,就必须剔除以往教育观念中陈旧过时的部分,而代之以根据时代要求和教育发展需要以及教育认识的新成果而形成的新的教育观念,并以此支配自己的教育行为,改造现有的教育实践。为此,需要教师对教育与社会发展的关系、教育与人的身心发展的关系有一个全新的认识,并在此基础上确立科学的教育价值观、学生观、教学观和教学质量观。

(四)全面的教育能力

教师除了具备现代人的基本能力素质之外,还必须具备从事教师职业所特有的从教能力,即从事教育教学工作的基本能力。教师全面的从教能力主要体现在以下几个方面:

1. 教学能力

教师要胜任教学工作,就必须具有分析处理教材,掌握各个教学环节,运用各种教学方法、技术手段和教学组织形式的能力;具有了解学生个性特点,有效指导学生学习的能力;具有根据教育对象和情境的变化,迅速捕捉教育时机的应变能力;具有创设轻松愉快的教育环境和和谐融洽的心理氛围,从而取得最佳教学效果的能力。

2. 思想品德教育能力

教师要根据时代的特点和学生思想品德发展的规律,摸清学生的个性特征和思想脉搏,有针对性地开展工作。要结合所教学科知识的特点,在授课时做到科学性和思想性的统一,寓思想教育于教学之中。要根据学生特点,组织丰富多彩的集体活动和课外活动,使学生的知、情、意、行诸方面得到全面的陶冶,把思想品德教育融合于学生的日常学习和生活活动之中。

3. 语言表达能力

对教师语言表达能力的要求相对于其他行业是比较高的。口头语言表达准确规范、简洁通俗、鲜活生动,富有逻辑性、感染力和说服力;书面语言表达观点正确、内容充实、行文严谨流畅、书写工整,板书和版画快、美、准等。

4. 运用现代信息技术的能力

以现代信息技术为支撑的现代教育技术已经并将在教育教学活动中发挥越来越重要的作用。这就要求教师不仅要具备利用现代信息技术获取最先进知识的能力,而且还应会运用现代信息技术进行教学和指导学生的能力。为此,教师必须了解多媒体计算机技术和网络教学媒体的表现形式及构成形式,掌握其基本的操作方法,学会各种课件的制作,以满足教学的需要。

5. 组织管理能力

教师工作经常面临的对象是班级集体、学校集体,而在集体中进行共同的活动,就需要教师有一定的组织管理能力。教师应具备的组织管理能力主要表现为:善于制订教育教学计划,组织课堂教学和课外文体活动;善于把不同个性的学生组成一个良好的班集体,从中培养学生自我管理和团结合作的能力;善于把任课教师,团队组织以及家长、社会力量调动起来,协调一致地教育学生。

6. 教育科研能力

具有科研的意识、知识和能力,是所有专业人员的共同特征。因此,拥有教育科研能力也是高质量的教育和教师职业专业化水平提高的要求。教师的科研大量的是结合自己的工作实践进行的,其研究能力具体表现为:发现教育过程中存在问题的敏锐性,解决问题的科学性和创造性,筛选、评价、运用教育科研成果的批判性,概括和升华自己教育实践经验的及时有效性,观察记录、积累资料的系统性和持久性,以及合理使用教育科学研究方法等。

(五)健康的身体和心理素质

健康的身体和心理素质是教师思想品德、知识、能力等素质得以建立和提高的基础。对于教师来说,健康的身体素质表现在两方面,一方面是教师对繁重的教学、紧张的工作、琐碎的家务具有较强的承受能力,能精力充沛、生机勃勃地从事工作;另一方面表现为反应敏捷、体格强壮、耳聪目明、声音洪亮。教师的心理健康主要表现为较强的社会适应性,能与现实保持平衡;有自知之明,正确对待自己,善于与人交往,理解、尊敬、信任别人;情绪乐观稳定,心胸开阔,能自尊自制;热爱生活,热爱教育工作,有追求成功的欲望。在现实生活中,由于教师劳动的繁重性和教师所扮角色的多样性,再加上竞争机制在教育领域中的形成,就使得教师的心理时常处于紧张、焦虑、压抑、烦闷和疲惫之中,不得安闲随意。据有关资料显示:与其他人群相比,教师的心理健康水平偏低,教师的心理如若经常处于不健康状态,不仅直接影响自己的身体健康,还会影响教育教学质量,有时还会干扰家庭生活,甚至影响到学生。因此教师的心理健康问题不容忽视,教师要增强自我心理保健的意识,注意学习一些心理保健和预防心理疾病的知识,采取适当的方法进行自我调适,以一种达观的人生态度对待自己周围的人和事,从而保持心态的平衡,塑造自己健康的心理品质。以上教师的五项基本素质彼此联系,相互影响,相互促进,在教师身上构成统一的整体。当代教师欲为国家为民族造就栋梁之材,就必须在以上方面不断提高和完善,使自己成为一名合格的人民教师。

五、高校教师的培养与提高

高校教育质量的保证在于教师。为了不断提高教师的劳动能力和工作效率,就需要教师不断地学习,不断地充实和更新知识技艺。因此,加强教师的培养,提高教师队伍素质、水平是发展高等教育的一项具有战略意义的措施。

高校教师的培养,是指专门教育机构为高校教师的补充更新而进行的一种专业性的学历教育。高校教师的提高,也称为高校教师培训,是指为提高在职教师的思想政治素质和业务水平而进行的一种继续教育。

高校教师的培养与提高统称为高校教师教育。当今社会要求在职教师的培训提高,应在任教期间不断进行,直到退休。培养与提高有业余、半脱产和全脱产等多种形式。其内容包括：教学工作所需要的新理论、新知识和新技术；教学和教育管理方面的知识及方法；提高教师文化科学修养的知识；发挥教师的特长,发展教师的个性等。许多国家举办教师培训提高,目的已不是单纯补足学历、补充新知识或改进目前的教学工作,而是改变教师教学的知识、能力、态度、行为等条件,以提高高等教育对社会和知识经济发展的总体适应性。比如"教师效能训练",根据人道主义的原则,不仅训练教师有渊博精深的专业知识,而且要使他们对学生有感情,能够给予学生更多的注意和期望,排除学生的孤寂感,组织以学生为中心的学习活动,从而建立与维护良好的师生关系。再如,强化"教师自我概念",使教师对自己的角色有稳定的观念,对所传授的知识有清晰的认识,对学生本性及如何学习有准确的识别,形成科学的教书育人的综合认识。

当前,我国高校教师的培养与提高主要抓好以下三件事情：

1. 加强青年教师的培养与提高

近些年,我国高校增加了一大批学历达标、精力旺盛的青年教师。为了使这批教师迅速成长,担当起高校教学与科研工作的重担,应特别加强对他们的培养与提高。具体工作有：① 既要制订总体的青年教师培养与提高计划,又要针对每个教师的特点,提出有针对性的要求；② 立足国内、着眼实践,坚持在职进修为主、脱产进修为辅；③ 鼓励青年教师报考在职研究生或博士,参加助教进修班、在职进修研究生课程班,拓宽知识面,练好基本功；④ 建立健全激励机制,对成绩突出者给予奖励,或提前晋升职务。

2. 选拔培养学术带头人和学术骨干教师

"水不在深,有龙则灵;山不在高,有仙则名。"要在每所高校都培养出一批高水平的学术带头人和学术骨干教师。一个学科有几名学术造诣深的教师,就能形成一个能力强、素质高的教师集体,从而提高学校教学与科研水平,学校的声誉也将不断上升。

学校要从多方面关心学术带头人和学术骨干教师的成长。要为他们提供必要的、充足的物质条件,并在政治上、思想上关心他们,在组织上选配老专家、教授当他们的"导师",使他们尽快成长,担当大任,为校争光,为国争光。

3. 要全面提高所有教师的素质

现在高校教师不仅要具备一个现代人的共同素质,还应具备高校教师职业要求的特殊专业素质。教师前述所提到的高尚的职业道德、合理的知识结构、科学的教育观念、全面的教育能力、健康的身心素质等各方面都应得到提高。

六、高校教师的结构与改革对策

(一)高校教师结构

高校教师结构是指高校教师队伍的构成状况。教师结构是否合理,直接影响着教师队伍整体作用的发挥,影响着高校教学与科研的整体质量。合理的教师结构可以使学校教师队伍的整体素质和适应能力处于最佳状态,提高学校人力资源的利用效率。高校教师结构主要有职务结构、学历结构、年龄结构和专业结构。

1. 职务结构

是指教师队伍内部各级职务的比例构成。高校教师的职务由低到高,依次为助教、讲师、副教授、教授。其比例构成反映了教师队伍的整体素质。职务结构不是学校组织人事部门随意决定的,它要依据高校的不同类型、承担的不同任务而定。一般说,以培养研究生和科研为主的大学,教授、副教授占的比例较大,职务结构是"倒金字塔型";以教学与科研并重的大学,高级职务与初级职务比例较小,中级职务"讲师"比例较大,呈"卵型"结构;以教学为主的专科学校,高级职务更少一些,职务结构呈"金字塔型"。

2. 学历结构

是指教师队伍的最后学历的比例构成。在一定程度上反映出教师队伍的业务素质,反映出教师的基础训练水平和教师发展的潜力。以前我国高校教师中,本科学历占多数,研究生学历的比例低于发达国家,近两年高校教师中的研究生学历在快速上升。

3. 年龄结构

指教师队伍的年龄比例构成,近两年我国高校教师队伍的年龄结构正在改善,一批中青年教师被评聘了高级职务。

4. 专业结构

指教师队伍中各专业教师的比例构成,高校教师的专业结构应当和高等教育的发展、社会政治经济的发展相适应。合理的专业结构对社会政治经济的发展有重要的反作用。我国目前的高校教师专业结构还不够合理、不够完善,新专业建设人才不足,老专业萎缩而人员富余。

(二) 建设合理的高校教师结构的对策

当前,诸多原因造成的高校教师结构不合理的现象,影响了教师的积极性,削弱了教师整体力量的发挥,带来了教师资源的浪费。因此,在深化高教改革中,应优化教师队伍结构、合理配置教师资源、激励教师进取精神,提高教师使用效益。根据高校目前的问题,应采取三条主要的改革对策:

1. 尽快建立、推行完全意义上的教师聘任制

现今高校的教师管理体制,不仅学校包袱过重、负担过大、管理烦琐,也造成教师流动的困难,引起了部分教师的不满。有些高校人满为患,人浮于事,效率低下;有些高校人才短缺,无法引进,人力资源浪费。问题的原因之一,就是学校没有建立和推行完全意义上的教师聘任制。

实行完全意义上的教师聘任制,就是要使教师和学校双方变人身依附关系为平等的合同关系,双方按合同各自行使自己的权利、义务,教师有应聘、辞聘的权利,学校有聘任和解聘的权利。通过聘任,教师能够找到合适的岗位,学校也能得到想要的教师,既增强了学校间对人才的竞争意识,又有助于尊重人才的良好风气的形成。

2. 运用宏观调控的行政手段和倾斜的经济优惠政策

鼓励和引导一批教师到薄弱而又急需教师的地区、学校、专业去应聘任职,促进教师的合理流动,形成教师结构的合理布局。

3. 改变高校"近亲繁殖"的问题

"近亲繁殖"是我国高等教育的弊病之一。它不仅不利于各学派、各校教学风格的交流与融合,也容易造成学术理论的守旧与退化,而且由于几代同室,论资排辈,容易阻碍优秀中青年人才的脱颖而出。为此,应做好四项工作:一是补充教师时尽可能选留不同学校毕业生或选调外校教师。如果选留本校毕业生,也应让其到外校进修或工作几年,以扩大他们的视野,改善他们的知识结构。二是实行教师定期流动制,提倡教师到外校、外单位兼职工作,创造条件让教师互换,聘请社会上学有专长的人才作本校的客座教授,等等。三是实行两校或数校

之间教师资源共享,形成制度。四是鼓励教师创造受学生欢迎的教学风格,培养独特的人格魅力,提高教学艺术,敢于向陈腐守旧的教育思想、教学观念挑战。

第三节　高等学校的师生关系

一、高校师生关系概述

(一)高校师生关系概念

高校师生关系是指教师与学生在教育过程中为完成一定的教育任务,以"教"和"学"为中介而形成的一种特殊的社会关系,是学校中最基本的人际关系。

高校师生关系是高校社会职能实现的基石,也是良好教育的内在要求与当然要素。在整个教育教学过程中,师生之间一直处在互动关系之中,是双向的交流和反应。一方面,教师通过知识的传授、道德精神的感染、日常行为的熏陶感化和影响学生,完成教书育人的使命;另一方面,学生对教师教学与日常行为的反馈,学生的文化知识与精神面貌也会影响和激励教师,使教师与学生之间"教学相长",从而促进教育教学活动的不断深化。

师生关系作为一种社会关系的反映,必然要带有社会性,在不同社会制度下有不同的反映。在封建社会,受封建等级制度的制约,并服从封建统治阶级的教育目的,师生之间是一种"师道尊严""师为生纲"的不平等关系。在新兴资产阶级思想家提倡资产阶级的"自由、民主、平等"和人的个性解放的思想旗帜下,学校倡导"以学生为中心"的师生关系。在社会主义条件下,人与人之间的民主平等的关系成为学校师生关系的社会基础。

(二)高校师生关系的作用

良好的师生关系是搞好高校教育教学工作的前提条件之一。良好的师生关系一旦形成,就会发挥十分显著和独特的作用。主要表现有三:

1. 有助于提高教育教学效果

教育活动是最能体现人与人关系的社会活动。师生关系本身既是人与人的关系在教育领域中的体现,更是师生作为人而存在和发展的特殊方式,具有巨大的教育力量。师生双方各有主要任务,为了实现任务,双方既要致力于工作和学习,更要相互交往、相互促进、相互理解和支持。交往的结果,教师更倾心于自己的教育教学工作,努力做到学为人师,行为示范;学生更努力地去学习知识技能,提高自己的思想品德,增长自己的才干。实践已证明,提高学校教育教学效果,不仅仅在于教师的渊博知识和高超的教育艺术,也在于师生关系的和睦融洽。有时,良好的师生关系会对教育教学效果起主导性的作用。"爱其生而尽其力,亲其师而信其道"就是这个道理。

2. 有助于提高教师的威信

教师的威信对学生成长有重要作用。教师威信的形成受多种因素的影响,但却深深扎根在良好的师生关系之中。良好的师生关系有助于提高教师的威信。

3. 有助于学生健康成长

良好的师生关系能使学校、班级产生温馨和谐的气氛和奋发向上的生机,使师生心情舒畅、心理相容、携手并进,而不良的错误的思想行为则得到抵制和克服。所以,有助于学生完整人格的形成,身心健康成长。

二、高校师生关系的表现

高校师生关系的具体分析,是指在学校教育过程中,师生之间发生的直接交往和联系。这是十分复杂的关系,包括工作关系、人际关系、教育关系、道德关系、组织关系、心理关系、正式关系、非正式关系,等等。而其中又可以再分解,如心理关系中有认知关系、情感关系等。我们将重点分析三组师生关系。

(一) 工作关系和人际关系

这是互相联系、互相影响的一组师生关系。

1. 师生之间首先是工作关系或称教学关系

它是为完成一定的教育任务而产生的关系,具有工具性的目的。这种关系,一般说来,不为教师和学生的主观态度而转移。不是因为教师喜欢哪些学生,或学生喜欢哪个教师而产生的工作关系。它是社会角色的规定,是工作的分配,对教育效率产生直接的影响。师生之间一旦形成工作关系,教师就要认真执行教学计划、教学大纲的要求,保质保量地完成授课任务。而学生则要按规定学好课程,并取得合格成绩。良好的工作关系取决于师生双方,取决于教师的专业知识、教学艺术、思想品格和人格魅力等,也取决于学生的学习态度、学习方法和对待教师的态度。

2. 师生之间又存在着人际关系

人际关系不是学校教育客观条件决定的,它的目标是指向于满足人的交往需要。交往需要是作为人的一种独立的主观需要而客观存在的。师生在相互作用中,不仅可以完成教学工作,也可以使人的交往需要得到一定的满足。在某种情况下,人际关系在师生关系中占据着重要位置,并对师生工作关系起着重要的影响。学生为博得教师喜爱,获得与教师交往的满足,而去努力完成学习任务;

教师也会因为学生对他的爱戴和尊敬,而更加勤奋地工作。情感是人际关系的主要调节器,良好的师生人际关系表现为情感的理解和融洽。

3. 师生之间的工作关系和人际关系密切联系

没有工作关系,谈不到人际关系的建立;而没有良好的人际关系也难以建立良好的工作关系。良好的师生人际关系,意味着师生双方心理上的趋近和趋同,表现为师生之间交往时间的延长、交往频率的增加、交往空间距离的缩短;也易于使学生模仿教师的思想言行,接受教师的暗示,有利于学生形成教师期望的某种行为习惯,并对学生个性发展、价值倾向的形成发挥重要作用。

在高校教育工作中,需要特别强调的是,良好的师生人际关系应以巩固和发展良好的工作关系为重要前提。

(二)组织关系和心理关系

这是一组贯穿教育活动始终的关系。

1. 师生的组织关系

这是由组织和制度决定的,教师和学生在教育过程的结构中各自占有不同的位置,履行不同职责。几乎在一切社会制度和各级各类学校中,师生组织关系都表现为:教师是施教者,学生是受教者;教师在教育活动中是领导者,学生在教育活动中是被领导者;教师在教学中具有控制学生活动的权威和权力,学生要听从教师的指挥,服从教师的要求。当然,这种师生组织关系在不同社会制度、不同教育观点指导下,在教师的不同修养和个性影响下,会有所差别。比如,封建社会的师道尊严,德国赫尔巴特宣扬的教师中心论,以及专制型、放任型、民主型等教师类型的划分。

2. 师生的心理关系

这是指师生之间心理反应互动的关系。它贯穿于教育的全过程,渗透于一切师生关系之中。心理关系又分为认知关系和情感关系。

师生的认知关系是师生心理关系的基础。高校师生之间的认知同人类认识规律一样,经历着从感性到理性、从现象到本质的过程。缺乏经验的教师,往往从表面现象上去认识学生,容易对学生做出错误的判断;对于学生外显行为的对错容易判断,而对内隐的思想变化难以作出及时、准确的分析。学生对待教师也是这样,常凭教师的外表言谈举止作武断结论,导致师生关系走入误区。所以,注意研究认识论的一般规律,是处理好师生心理关系向良性互动的首要原则。

师生的情感关系是师生心理关系的核心。任何一个人总要为他所热爱的对象所控制,任何一个人也总要为他所喜爱的对象所吸引,师生之间也是这样;任何一个人都会厌恶和疏远对他轻蔑和怀疑的人,师生之间还会这样。因为师生都是有思想感情的人,而思想感情从来都是双向互动的。你有献芹之意,他有琼瑶之报,这种投桃报李的情感互动是当代高校师生心理关系的主流特点。

师生的组织关系需要心理关系来支撑,没有健康的心理关系就谈不上良好的组织关系。而师生的心理关系又需要组织关系来保证,没有良好的组织关系就建立不起来健康的心理关系。

(三)正式关系和非正式关系

这是高校师生关系中最值得注意的一组关系。

1. 师生的正式关系

是指教师和学生在学校组织中发生的关系,即各自在学校中的地位、任务、义务、权利、责任等。正式关系是学校的规定,其指向目标是学校的教育目的。

2. 师生的非正式关系

这是指学校正式组织之外的,师生之间自然形成的关系。非正式关系形成的原因很多,有因兴趣、爱好的相同而促成的,有因地域观念而形成的,有性别之间的关心形成的,也有特别事件的触发而形成的(如突发事件的处理、严重事态的影响等)。在高等学校里,非正式关系的形成可以带来多种结果:如朋友情,这是应当提倡的;如忘年交,这是两代人的朋友情,是值得珍惜的;如生意簿,只讲利益不讲责任和感情,这是要警惕和防止的;如仇敌恨,记恨于心,挟嫌报复,这是要彻底否定的。根据2018年11月8日教育部颁发的《新时代高校教师职业行为十项准则》规定教师"不得与学生发生任何不正当关系,严禁任何形式的猥亵、性骚扰行为"。因此,教师要明确并掌握判断师生非正式关系的正当标准。

三、高校师生关系的特点

高校师生关系是一种社会关系,当今,这种关系与中小学的师生关系和过去高校师生关系相比,具有以下不同的特点。

(一)"一对多"师生关系

高等教育正逐步从精英教育转向大众教育,高校招生规模逐步扩大,师生比例进一步加大。在这样的背景下,高校师生关系形成了"一对多"的新特点,即一个老师可能面对不同类型、不同专业、不同层次的整个大课堂的百名学生。

(二)虚拟与现实相结合的关系

随着远程教育、网络教育的发展,教师与学生越来越多地在传媒和网络中发生关系,形成师生间的虚拟关系。在大学校园中,学生可以充分地利用校园网,从教师提供的电子教案中学习,教师可以在网上布置作业、批改作业、安排研究课题及进行与教学有关的各项活动。这种网络教育的开放性是传统教育中无法比拟的。许多大学在教学中充分利用网络功能,在多媒体教室和多媒体阅览室中利用电子教案、多媒体教学演示、远程教学、电子邮件,建立各种专业特色数据库,为学生提供了广泛获取知识的条件,把传统教学中的以"教"为主改变为以"学"为主。在传统教育教学中,教师给学生教什么,学生就只能学什么,教师决定教学内容、教学进度和教学手段。而在网络中则不同,学生学习充分体现了自主性。网络可以使知识的来源和内容多样化,学生可以根据自己的兴趣、需要、特点、进度等,从网上选择一种适合自己个性化的学习方式,实现自己的学习计划。在整个学习过程中,学生可以根据自己的需要选择求教对象,确定适合自己的学习时间。

(三)平等与互动更明显

由于网络的出现,师生之间在知识占有量和前瞻性上的差距正在缩小,对于一些新知识的掌握,有的教师还不如学生。网络的无限性使师生都可以最广泛地参与到教学中去,师生之间的交往日趋平等和开放。师生之间,可以平等地讨论、双向地学习,既是学习上的朋友,也是课题的研究伙伴。

(四)"两权"转移,即教师权威削弱,教师权力转移

在传统教育中,高校教师凭借其年龄、学识、经验的优势,具有"传道授业解惑"的权威。由教师向学生传递知识和价值观,由教师来塑造学生,是天经地义的事。现在,网络教育却给传统教育带来了从未有过的冲击,教师的权威受到网络教育空前的挑战。在网络教育中,知识的学习不分彼此先后,学生可以跨越学校、城市、国界,可以在世界范围的任意一个数字图书馆检索资源,与任意一个专业权威直接对话。因此,教师在学生面前的固定权威和权力正在被削弱。

四、如何建立良好的师生关系

良好的师生关系是高效地开展教育教学活动的重要前提。由于在教育活动中,教师是组织者、领导者,所以良好师生关系的构建主要靠教师的努力。

(一)教师要转变教育观念,明确自己的角色定位

随着网络教育在高校的广泛应用,教师的角色正在发生着明显的变化。高校教育改革对教师的要求越来越高,观念的转变和角色定位直接影响着教学质量。教师要认识到,教师不再是知识的垄断者和单纯的传播者,教师角色应该定位在以"导"为主,而不是以"教"为主。导即引导、疏导、启导,也就是把学生引导进知识的海洋,带领他们学会学习。在教育教学过程中,教师是组织者、合作者和研究者,教师要起督导作用、促进作用和示范作用,教育教学的主要任务应

由传授知识为主,转变到以提高获取知识的能力为主。

(二) 要树立正确的学生观

正确的学生观包含四个方面。

1. 学生是人

学生是具有潜在的无与伦比的创造价值的人,要尊重学生做人的尊严和做人的权利。

2. 学生是成长发展着的人

学生会有不足、有弱点、有缺点,所以他们才是学生,但是他们改正得快、提高得快、发展得快,对新事物接受得快,具有新生力量的一切特质。

3. 学生是完整的人

学生具有作为人的完整的需要,如生物需要、社会需要、物质需要、精神需要,教师要全面分析和正确处理他们的各种需要,而不是像社会各具体行业面对和解决的只是某一种需要。

4. 学生是在教师指导下以学习为主要任务的人

这是学生的根本特性,这是他们之所以获得学生身份的必要前提,一个完不成学习任务的学生就不能称之为合格的学生。明确了学生观的四个层面,既可以防止教师中心论,也可以防止学生中心论。高校教师树立了正确的学生观,才能有科学的指导意识、服务意识、民主平等意识和教学相长意识,高质量地搞好教育教学工作。

(三) 加强师生之间的理解与沟通

建立良好的师生关系,需要双方对各自的角色规范有明确的共识与认同。由于高校活动的特点,加之我国正处在社会转型时期,因此更要注意避免出现高校师生缺少交流,关系趋于表面化,各自的角色规范没有达到明确的共识与认同;师生之间缺乏朋友情,常吟"生意经",感情淡漠,交往不多等现象。上述不良表现不仅避免出现在课堂教学中,也应避免出现在课后活动中。为了改善师生关系,加强师生的理解与沟通,教师应当有主动精神,主动深入到学生中间,主动延长交往时间,主动增加交往频率。尽管高校教师实行的是不坐班制度,可以上课来、下课走。但是,高校教师不应有雇佣观点,不应忽视学生渴求与教师交流的愿望。

(四) 教师要不断更新知识结构,在与学生的互动中教学相长

随着信息化程度的不断提高,知识更新的速度加快,知识老化周期缩短。尽管教师已经有了多年的知识积累和教学经验,有的基本已经成了某一领域的专家,但是如果不能坚持终身学习、不能始终坚持站在本学科的最前沿,就无法很好地引导和组织学生学习。学生的特点是年轻、思维敏捷、接受新事物快,在某些知识的掌握上容易捷足先登。教师要学会与学生平等相处,善于在共同讨论研究过程中获取新知识,保持知识与能力优势。

思考题

一、名词解释

教师　职务结构　学历结构　高校师生关系　师生的组织关系　师生的正式关系

二、问答题

1. 简述高校教师劳动的特点。
2. 简述构建高校合理教师结构的对策。
3. 简述高校学生的基本社会特征。
4. 联系实际论述高校师生关系及其影响。
5. 联系实际分析高校师生的工作关系和人际关系。
6. 如何看待我国高校师生的正式关系和非正式关系的现状?怎样才能构建良好的师生关系?

第六章 高等学校的专业与课程

内容摘要

专业设置和人才培养是高校的教学基础,专业设置要有明确的指导思想,人才培养要有清晰的定位。本章主要阐述了高等学校的专业设置和人才培养,介绍高校课程体系以及相关的建设要求。

学习目标

1. 了解高校专业、专业设置及其调整的原则。
2. 熟悉课程体系和课程建设的基本理论。
3. 掌握高校教材的特点和编写方法。

第一节 高等学校专业设置

高等学校培养的人才是否受到社会欢迎,是否能在社会进步中起到应有的作用,关键在于高等学校的专业设置、培养人才的规格和质量。所以,合理设置专业和制定人才培养目标是高校教学活动的起点,也是检验高校教学活动社会效果大小的主要指标之一。

一、专业及专业设置

(一)专业的概念

专业是指高等教育培养学生的各个专门领域,是根据社会专业分工需要和学科体系的内在逻辑划分的学科门类。高等学校据此制定培养目标,制订教学计划,进行招生,实施教学,进行毕业生分配等项工作;学生按专业进行学习,形成自己在某一专门领域的专长,为未来职业活动作准备。

（二）专业的形成

高等教育是一种专业教育。在欧洲中世纪大学就开始分专业进行教学，培养专门人才了。但中世纪大学的专业要比今天高校的专业划分得粗略，显得非常宽泛，基本上以一级学科为专业，如医学、法律、神学。从一级学科发展到二级、三级学科成为专业，经历了一个漫长的发展过程。其中既有学科发展方面的因素，也有社会分工方面的影响。专业的形成有其内在的必然性。

首先，专业的出现是以一定的社会分工为前提的。以18世纪末为界，之前的很长时间里由于社会分工不发达，大学的专业设置极简单。之后由于工业发展引起社会结构深刻变化，一系列新兴产业涌现，迫切需要相应专门人才，于是，大学便陆续增设了各种专业。

其次，专业的出现与自然科学、社会科学的不断分化与综合的发展趋势密切相关。18世纪，自然科学从哲学中分化出来，很快又分化为几个领域，出现了一系列学科门类。到19世纪上半叶，自然科学的分化已经达到相当精确的程度。20世纪初，自然科学又出现了既高度分化又高度综合的鲜明特点。这期间，社会科学也出现了繁荣发展的局面。第二次世界大战后，各原有学科的边缘部分相互撞击、连接、融合、交叉，形成了许多新的学科。与之相适应，高校的专业设置也新陈代谢、转换更替，发生了新的变化。

再次，专业的发展变化还与高等教育自身的发展变化密切相关。中世纪之前，学校教育还没有真正意义上的大学，也没有严格的专业划分。到了17世纪后，近代大学出现，伴随着资本主义工商业的发展，直到20世纪初，高等教育在形式和内容上逐步完善，从只重文科到兼重理科，从单一性到多样性，数量也有很大增长。20世纪40年代后，高等教育出现的突出特点是重视现代科技教育，教学与科研的联系日益密切。因而，也相应地建立了现代科技方面的专业门类。

二、专业设置与调整的原则

当前，我国高等学校的专业设置与调整，应遵循以下原则：

1. 要适应经济社会发展的需要和人才培养的规律

专业设置与调整既要适应教育的外部环境，把专业置于整个经济社会的大循环的动态系统中去考察，又要遵循教育的内部规律，符合学科发展需要和人才培养规律。使之具有前瞻性和科学预测性，充分发挥专业的社会效益与经济效益。

2. 要考虑学科、专业本身发展变化的现实

学科是专业的基础，专业的内容和发展方向要与学科的形成、发展、变化相适应。根据毗邻学科间网络状结构的"结合点"是新专业的"生长点"这一当今学科的发展特点，高校各专业要加强学科之间的综合交叉，以新的综合和组合方

式培养新的专业。据此,应将一些细窄、重复和相近专业进行调整合并,以培养具有宽厚知识的高级专门人才。

3. 要从实际出发,随时调整专业结构

外部世界是发展变化的,高校专业设置也应发展变化,形成一个动态的、开放的专业结构。一是利用新理论、新技术不断地更新专业内容;二是拓宽专业知识结构,增强学生的适应性。拓宽专业知识结构的方向是,加强学科基础建设,着重专业内涵结构的发展与变革,模糊专业界限,调整与优化专业培养目标规格与社会功能。在具体调整中,还要注意处理好需要与可能、当前与长远、通用与新兴、基础与应用等方面的关系。

4. 要按学科基础或服务对象的范围划分专业,专业必须有明确的主干学科

按学科体系设置专业,能使培养的学生举一反三,触类旁通,具有较大的知识迁移性和思维的灵活性与广阔性,从而增强学生的应变能力。

主干学科是指一定范围的服务对象所涉及的众多学科中起主导作用的学科。对于高校具体专业来说,不能没有主干学科,也不能都是主干学科。通常情况下,一个专业应有一个或两个主干学科。有无明确合理的主干学科是能否设置专业的重要依据。

5. 专业范围要有较宽广的覆盖面

根据高校专业覆盖面的大小,可分为三个级别的专业,一级专业是指在同一系科类别中有明确的相对独立的主干学科和相应宽度覆盖的基本专业;二级专业是指在一级专业的覆盖范围内有相对独立的、比较宽的覆盖面或有特性的主要专业;三级专业是比二级专业覆盖面更窄的专业。专业设置与调整的总的原则是:拓宽专业口径,增强人才适应性。除特殊职业要求外,一般不应设置三级专业。

6. 专业设置要考虑布局的合理性

人才培养具有长期性和迟效性,为了更好地适应社会对专业人才的需要,提高专业设置的社会效益和经济效益,考虑到高校毕业生求职应聘的自主性和流动性的加大,国家和地区应在人才预测的基础上作出整体规划,对专业设置进行统一的合理地布局。在全国统一布局的前提下,照顾到各地的特殊需要,鼓励地方高校根据实际情况设置一些特殊的专业。

7. 专业设置应考虑学校的办学条件

专业设置需要有一个完整的专业课程体系,而一个完整的专业课程体系需要课程设置、教材建设、教学设施和教师队伍配备等各个方面的条件组合,任何方面的缺欠和薄弱都会影响专业的质量。所以,学校在设置专业时,一定要从实际出发,不可盲目利用专业设置的自主权一拥而上,造成专业的拥挤和浪费。学校的专业设置要力求稳定,并形成一些特色专业。对一些老专业进行调整改造

时,要考虑自身条件,不做勉为其难的事情。

三、专业设置与调整的措施

1. 拓宽专业面,增强学生适应能力和职业迁移能力

在市场经济条件下,产业结构调整和工作环境变化的速度加快,专业知识和技能过窄很难适应这样的变化。因此,拓宽专业面,变专才教育为专才之上的通才教育,使人才模式由"I"型和"一"型向"+"型转变,成为立体交叉型的人才,才能增强学生毕业后的适应能力,并在市场经济条件下比较容易地转换自己的职业岗位,以求在社会需要的情况下最大限度地满足个人的发展。

2. 改变专业培养的方式

考虑到科技的发展和市场经济变化的需要,高等学校可以按专业大类招取学生,前两年学生不分专业,统一进行基础课和专业共同课的学习。后两年由学生个人根据社会人才市场的需求预测,选择专业方向,进行专业化的教育培训。学生在就学期间实行学分制和弹性学习制度,学满规定的总学分并成绩合格,随时可以毕业。学生也能以学习—工作—学习的方式交替进行,根据工作需要和个人兴趣的转变,改换专业学习,直到毕业。

四、规划专业设置要避免几种倾向

(1)避免不问社会需要,只考虑学校有什么师资和设备,就盲目办什么专业的倾向。

(2)避免为提高学校声誉,不顾社会需要和学校条件,主观随意设立和扩大研究生硕士点、博士点的倾向。

(3)避免为了学校升格、更名而任意扩大学科专业设置的倾向。

(4)避免学校为了多得经费而盲目扩大某些专业招生人数的倾向。

(5)避免为了节省学校经费而忽视教师进修学习、忽视校外科技交流、忽视更新仪器设备,而造成专业封闭老化的倾向。

第二节 高等学校的课程体系与建设

一、课程概述

(一)课程定义

课程是个不断发展变化的概念。人们对课程概念有着不同的理解,有人说,

课程是指一种经验,包括知识、技能、价值观念和行为规范等。有人说,课程是指一种选择,是指根据社会发展的要求和受教育者身心发展水平对众多知识信息作出评价,进行必要的取舍。也有人说,课程是一种组织,是对知识、技能、价值观念、行为规范等按照一定的规律和原则加以组织,这种组织包括了教育内容的安排、进程、时限和管理等。还有人说,课程是一种形式,是以课程目标、课程计划、教学大纲、教材、课程评价等具体形式体现出来的。由于人们对课程有着不同的理解,所以,课程是一个具有多义性的概念。

我国学者比较一致的看法是,课程有三层概念,即狭义课程、广义课程和更广义的课程。

1. 狭义课程

狭义课程是指实现各级各类学校培养目标的教学设计方案。它是一整套以教学计划的具体形式存在的知识、技能、价值观和行为规范。

2. 广义课程

广义课程是指由学校生活质量、教师态度、教学活动的道德背景等传递的内容,这个内容既包括教学计划、大纲及教材所阐明和安排的信息,也包括潜在的或隐性的内容。

3. 更广义课程

更广义课程是指学校内教育和学校外教育的全部内容,还包括各种非正式的教育内容,体现了终身教育的思想。换言之,是指贯穿了人的一生的家庭教育、学校教育、社会教育的总和。

(二)影响课程发展的主要因素

1. 社会的要求

社会的经济、政治、科学技术、认知方式、文化传统等对课程的发展有特定的作用,其中,经济对课程的发展起着主要影响。现代各国的学校课程,从门类、结构到内容都在持续发生变化,这种变化并不是简单地与社会要求直接对应,它往往还要通过许多中间环节,如国家制定的方针、政策,领导人的战略思想,社会知识经验的存在形态,人类认知的方式和能力,各国特有的民族文化传统,教育发展的水平及其内部各种因素所构成的课程实施条件,等等。其中任何一个因素都不可能孤立地对课程的发展起作用。这种综合的作用是极其复杂、极具个性的。所以,即使是经济、政治结构相近似的国家,其课程模式也会有很大的差异。

2. 科学的发展

科学发展对课程的影响主要表现在三个方面:

(1)科学发展的水平影响着课程的选择、组织及其存在形式的性质和特征,影响着课程设计者的课程观。

（2）科学领域中各门学科分类发展的状况决定着学校课程分类的基本面貌。

（3）各门科学的新发现、新发展对课程方向、内容、范围、分量、进程、结构和形式等的发展变化都有重要的影响。

3. 个人发展的需要

课程不仅是为社会的延续和发展而设计的，也是为促进受教育者的发展而设计的。因此，个人发展的需要对课程发展具有制约作用。一般讲，个体之间有六种共同需要，即认识活动的需要、价值定向活动的需要、操作活动的需要、社交活动的需要、审美活动的需要和体力活动的需要，这六种共同需要构成了课程中的相对稳定的因素。此外，个体的自身发展由于受先天的、后天的、生物的、社会的多种因素的影响，在能力、兴趣、爱好、需要上存在着个体差异性，所以，在设计共同需要的课程时要充分考虑不同学生之间的个别差异，同时，还应开设各种形式的选修课，以满足不同学生发展的特殊需要。

（三）当代课程设计的发展趋势

1. 课程结构日趋合理

主要表现在四个方面：

（1）坚持以科学基础知识为主干，保持课程的稳定性，使之建立在扎实、深厚的基础上。

（2）加强对学生的综合训练，把教学同生产劳动、社会实践结合起来，帮助他们更好地了解周围世界，提高实际能力。

（3）关注智力以外的其他教育因素，例如情态性的、身体技巧性的因素。

（4）课程结构除了知识领域之外，还包括运动和身体机能领域及学生的情感领域等。

2. 课程内容日趋综合化

传统的课程主要是按照学科分化的状况确定的，各门学科都有其独立的、严密的学科范围和体系。现代科学的发展逐步打破了学科之间壁垒森严、相互割裂的状态，科学知识综合化和一体化的趋势明显加强。这种科学发展的趋势，一方面要求现代人具有一种综合的科学素质和全面认识能力，另一方面也要求课程内容实现综合化，按照科学综合发展的本来面貌提供一个合理的知识结构，以利于学生创新能力的培养。当代各国的教育实践已为课程综合化提供了多种形式，如不同学科概念的相互借用，不同学科科研方法的相互交融，以及形成新的交叉学科，等等。

当然，课程内容综合化的发展并不一概地否定分科，只是反对那种认为完整的事物可以通过孤立地研究其中的每一部分而得以把握的陈旧观念。

3. 课程形式日趋多样化

传统的课程主要是按每门学科自身的发展规律形成的,没有充分考虑学习者的条件、需要和兴趣。现代学校课程除了以学科为本的结构形式外,还提供了个别化、处方化的课程形式,构成多种可能的组合。学习者可以根据自身的情况,如能力、兴趣、需求及原有的知识基础,选择不同的课程组合。对于教师来说,这种课程形式也便于发挥自己的创造性,有利于对学生进行因材施教,提高教学质量。

4. 在课程标准的规定上也有了较大的弹性

由于增大了选修课,实行了学分制,在课程标准的规定上有了较大的弹性,学校和教师可以根据不同学生的发展水平和需要,自主决定课程的广度和深度,还可开设各种类型的选修课等。有的必修课也根据学生的兴趣、爱好和需要进行了适当的调整。

二、高校课程体系

(一)课程体系概述

1. 概念

高校课程体系也称课程结构,是指学校或专业为实现培养目标所设置的课程,及其相互间的分工与配合。

实现专业的培养目标,不是仅靠一门或几门课程所能达到的,而是要靠全部开设课程的协调与补充。高校课程体系是否合理,直接关系到所培养的专门人才的质量。

2. 高校课程类别

(1)按课程的侧重点划分。把重点放在认识客体方面,放在文化遗产和系统的客观知识的传授上,是"学科课程";把重点放在认识主体方面,放在学生的经验和自发需要上,是"经验课程"。

(2)按分科型还是综合型的观点划分。注重系统知识的传授,以专门学科为中心的称为"学科并列课程";旨在解决社会生活问题的综合经验为中心内容,辅之以边缘学科的称为"核心(中心)课程"。

(3)按层次构成划分。可分为公共基础课程、专业基础课程、专业课程。

(4)按课程对某一专业的适应性和相关性划分。有不能选择的必修课、必选的限选课、自由选修的选修课。

(5)按课程规模大小划分。可分为大型课程、中型课程、小型课程、微型课程。

（6）按课程主要是传授科学知识还是操作技能划分。可分为理论型课程、实践型课程。

（7）按课程是否有明确的计划和目的划分。可分为显露课程（显性课程）、隐蔽课程（潜在课程）。

（8）其他课程类别。可分为学问中心课程与人本主义课程、先行课程与后继课程、收束型课程与统合型课程、相关课程、融合课程和广域课程，等等。

（二）我国高校课程体系的若干关系

1. 我国高校课程的三个层次

（1）第一级课程为普通课程，也称基础课程。包括政治课、外语课、体育课、军训课等，这是任何专业都必须开设的课程。它既是今后进一步学习的基础，也是全面培养人才的必须课程。

（2）第二级课程为专业课程，是集中体现某一专业特点的课程。这里又分专业基础课程和专业应用课程。前者是学习某一学科或某一专业的基础理论、基本知识和基本技能训练课程，后者则带有较明显的职业倾向。

（3）第三级课程为跨学科课程，也称通识教育课程。它是建立在其他课程学习的基础之上的，以促进学生在高度专业化基础上的高度综合，不至于学习专业课程后偏怀浅戆，而能横跨几科，融会贯通。这类课程常在文学与艺术、历史与文化、社会与哲学、数学与逻辑、物理科学、生命科学、应用科学与技术等基本范畴中开设选修科目。这是我国高校课程发展的重点。

2. 必修课程与选修课程

当今时代，科技迅猛发展，市场经济日趋活跃，人才竞争日益激烈。这就要求高校的教学内容跟上时代的发展。然而，高校的主要课程总有一定的相对稳定性，难以适应社会要求。因此，将高校课程分为必修和选修，并不断加大选修课，便可以较好地解决这一矛盾。

必修课把本专业必须掌握的基础内容教给学生，以保证培养人才的基本规格和质量；选修课比较迅速地把科学技术的新成就、新课题反映到教学中来，有利于学生扩大知识领域，活跃学术气氛。

目前我国高校开设必修课与选修课的比例差距较大。有的学校选修课占30%，有的学校仅占5%以下。不重视或因教师原因造成的选修课过少的问题必须解决。

3. 理论课程与实践课程

当前我国高校中，轻视理论、轻视书本知识的倾向和轻视基本技能训练的倾向都不同程度地存在着。前者多表现在高职（专科）的课程设置上，后者多表现在一些综合性本科的课程设置上。造成的原因很多,办学者的短视行为是其中一个重要原因。高等学校是培养基础扎实、知识面宽、具有创新能力的高素质专门人才的场所,必须摆正理论课程与实践课程的位置与关系,并且把理论与实践的结合贯穿在整个教学的全过程。

从社会现实来看,社会用人单位对高校毕业学生理论知识不宽不深和实际动手能力不强都有反映。高校应在深化课程改革上尽快加以解决。

4. 显性课程与潜在课程

多年来,高校都存在着重视显性课程、忽视潜在课程的问题。

显性课程,过去也称为"官方课程""正式课程""公开课程",是正式列入学校教学计划的各门学科以及有目的、有计划、有组织的课外活动,按照编制的教学计划和教学日历实施,具有明确的任务性和可操作性。高校教育工作的许多评价指标都是建立在显性课程上的。

潜在课程,过去也称为"非官方课程""非正式课程"。它不在教学计划中反映,不通过正式的教学进行,却对学生的知识、情感、意志、信念、行为和价值观等方面起着潜移默化的作用,促进或干扰教育目标的实现。通常体现在学校和班级的情境之中,如物质情境(如学校建筑、设备、场地)、文化情境(如教室布置、校园文化、各种仪式活动)、人际情境(如师生关系、同学关系、学风、班风、校风)等。

我国各高校之间培养人才的质量差距,有显性课程的原因,但更主要的是潜在课程在起作用。一些名校的优秀传统和良好校风就是潜在课程积累的结果。社会上常讲的学校声誉,即知名度和美誉度,也主要是靠潜在课程得来的。因此,可以说不重视潜在课程的学校是没有社会号召力和影响力的,在未来的高等教育的竞争中将自食苦果。

5. 大、中、小、微型课程

在课时结构上,大型课程为100学时以上,中型课程在50学时到100学时之间,小型课程在50学时以下,而30学时以下的为微型课程。一般说,大型课程比重过大,会给课程组合和自我调整增加难度,也会加剧总学时数的膨胀。当前国外大学课时规模较少,不同课程的课时分布峰值多集中在40学时左右,而我国则在60学时到80学时之间。因此,我国高校应提倡课程的小型化。这样,在不增加课时总量的前提下,可以相应地增加课程门数。

要关注30课时以下的微型课程的开发,比如专题讲座课、师生讨论课等,及时地把学科发展前沿的信息,以及教师自己从事科研的成果转变为教学内容传输给学生。

我国高校课程体系的建设,还有一些问题应当研究和解决。但是,上述五个方面的比例关系,是实现培养目标,制订教学计划的核心问题。

三、高校课程体系的优化

(一) 关键因素

教学计划是以其整体来体现教育目的和专业培养目标的。因此,优化课程体系,就要从目标出发,调整各方面的比例,并以最后是否达到目标要求作为衡量的标准。全体教师都应严格执行教学计划,并服从依据教育目的和培养目标的变化而修订的教学计划。有些教师出于多种原因,不问培养目标是否变化,也不管本课程在课程体系中的位置,认为"要我上这门课,就需要这些课时、这些内容,不能削减。"如果听任这种观点及其做法,高校课程体系就不会优化。

(二) 指导思想

要从剖析专业所需的结构和能力结构入手,削枝强干,建立科学的课程体系。课程设置不是盲目的,是为建立学生完整的知识结构和能力结构服务的。按知识结构设计课程,要体现加强基础理论,突出主干学科和一定的知识面;按能力结构设计课程,要注意培养学生的自学能力、思维能力、实验研究能力和组织管理能力等。要形成树状结构,树干代表主干课程,树权代表拓展课程,树干、树权有机组合,形成合理的课程结构。

(三) 设计思路

(1) 某一方面知识、技能重要性的程度,可通过向用人单位的广泛调查及模糊统计,获得在制订专业教学计划时的权重(课程重要程度)。因为课程是分层次的,所以权重也是分层次的。

(2) 通过调研获得各科知识的综合相关度。有些知识虽然对实现培养目标没有或很少有直接的支持作用,但对培养目标有重要的间接支持作用,这在制订教学计划时应予以重视。

(3) 知识的重要性和知识的综合相关度是确定课程要求掌握度的两条基本准则,通过这两条基本准则来推算各门课程的掌握度。

(4) 运用科学有效的方式推算出各门课程的学时数或学分数。

(5) 调整课时数或学分数时,要注意整体连锁反应,保持课程体系的学分和掌握度的匹配。同时,掌握度只允许在一定范围内变化,不能因此而引起课程性质的改变。

上述五点设计思路是课程体系的"微调",目的是使课程体系能多方面地适应社会发展的需要和人的发展需要,使教学计划呈现出多样性。

四、高等学校课程建设

（一）课程建设的意义与实施

1. 课程建设的意义

高校课程建设不仅是深化高校教学改革,提高教学质量的一项重要措施,也是高校教学工作中一项具有深远意义的基本建设。抓住了课程建设,就能带动教材建设、实验室建设、教学法规建设以及教学手段的更新,从而带动师资队伍的提高。具体意义有以下几点。

（1）使教学工作有章可循,为进一步提高教学质量提供可靠的保证。

（2）从整体上认识课程建设,可以推动教学的其他各项工作,使各项工作在更深的层次上优化组合。

（3）有助于教学管理,推动教学管理制度化。

（4）能促进教学思想的转变,改变旧的落后的教学理念,接受新的先进的教学理念,从而建立正确的教学质量标准。

（5）有助于教学人员素质的提高,使师资队伍建设登上一个新的台阶。

2. 课程建设的内容和目标

（1）课程建设的五方面内容:

第一,课程教学团队建设;

第二,课程教学内容、体系的改革;

第三,课程教学设施、实验设施的建设;

第四,课程教学方法、手段的研究与装备;

第五,课程教学的组织与管理的建设。

（2）课程建设的七条准则和目标:

第一,有特色的教学大纲;

第二,有合适的教材;

第三,有完整的教学资料;

第四,有科学的考核手段;

第五,有结构合理的教学工作团队;

第六,有科学的启发式的教学方法;

第七,有比较先进的能满足教学要求的教学手段和实验设施。

3. 课程建设的实施

（1）课程建设应在学校和学院领导下,由各系主任对本系所开设的课程直接负责。学校成立课程建设评审小组。课程建设评审小组负责审核各系申请的重点课程建设规划,并决定课程建设基金的分配。

(2)发动广大任课教师查找所教课程的现状与问题,并提出整改意见。这是课程建设的中心工作。

(3)校、院、系三级分层组织力量,分期分批对比较成熟的课程建设进行课程评估,积累经验推动工作。

(4)课程建设要伴随高校发展的全过程,是学校教育的永久性工作。不能有临时思想,也不能搞任务突击,机构设置也不能徒有虚名。课程建设不是为了应付上级的检查,也不是外来的工作负担,而是学科、专业自身发展的必需,是社会发展的必然要求。

(二)教学计划、教学大纲和教材

1. 教学计划(课程规划)

(1)概念。高校教学计划是按照高等学校培养目标制定的指导教与学活动的规范性文件,体现了社会对某一种专门人才培养规格的基本要求,是高校组织和管理教学工作的主要依据。简言之,高校教学计划是高等学校各系科、专业培养学生的方案。

(2)高校教学计划的构成如下。

第一,专业培养目标和基本规格。培养目标是本专业学生要达到的总要求;基本规格是具体描述专业学生要达到的各项要求。这是教学计划首先要描述的。

第二,课程设置与开设顺序。它是指本专业为达到培养目标应当学习的基本内容,由基础课、专业基础课、专业课和通识教育课程组成。每学科之间,依据内在联系和逻辑关系,以及学生的接受能力,确定开设的先后顺序。

第三,教学时数。规定各门学科的教学时数或学分数。包括每门学科授课的总时数、一学年或一学期授课时数、每周授课时数和各年级的周学时数等。

第四,主要教学活动。教学计划中除了课程设置外,还规定出其他各种教学活动的内容及时间安排,如军事训练、公益劳动、社会实践、生产实习、教学实习、毕业论文或毕业设计,以及考试与考查等。计划中还标明必修课程与选修课程的要求。

第五,学年编制。按学年阶段划分,各学期的教学周数,其他教育教学活动的周数,起止时间,以及假期、节日的规定等。

(3)学分制教学计划。现代高校普遍实施学分制,为此应制订学分制教学计划。学分制教学计划比学年制教学计划突出了课程板块,通过板块调整学生知识结构。整个课程体系由普通教育、基础教学和专业教学三大板块构成,总学分在170学分左右。每个板块不限定课程,只规定学分。

第一,普通教育为50学分左右,是各专业必修的课程。有"政治理论""品德与修养""军事与体育""语言与技能""综合知识"五个系列。

第二,基础教学为70学分左右,由专业基础课和沟通邻近学科的课程构成。

第三,专业教学为50学分左右,由专业课程和社会实践、生产劳动课程构成。

学分制教学计划对学制和年限不做严格规定,弹性很强,使整个学习过程更符合学生的需求,但也为学校管理带来一些新的课题和问题。为此,学校的教学管理、学籍管理等要做出相应的变革。

2. 教学大纲(课程标准)

(1)概念。高校教学大纲是以系统和连贯的形式,按章节、课题和条目叙述某一学科的主要内容的教学指导文件。它根据教学计划,规定学生必须掌握的理论知识、实际技能和基本技能,也规定了教学进度和教学方法的基本要求。

教学大纲是学科教学的指导性文件。无论是教科书、教学参考书的选择,授课计划的制订,还是成绩考核、教学检查及课程评估,都要以此作为依据。教学大纲不仅是教师教学的讲授大纲,还是指导学生自学和培养学生能力的纲要。

(2)教学大纲的形式。教学大纲一般分三个部分,即说明、文本和附录。

第一,教学大纲的说明部分,阐明本门学科的教学目的、要求及教材选择的依据、教学方法的提示。

第二,教学大纲的文本部分,根据学科本身的逻辑,系统地安排全部教材主要课题、要目或章节,规定每个课题的讲授内容、基本论点和教学时数。有的还规定练习、作业、实验等主要教学环节。文本部分是大纲的基本部分。

第三,教学大纲的附录部分,列举各种教学参考书和资料,以及相关的附录、附表等。

(3)编写教学大纲的基本要求。

第一,具有明确的目的性。这是编写教学大纲的首条要求。目的不明确,教学大纲便失去了指导意义。为此,教学大纲要明确本门课程在整个课程体系中的地位和作用,以及规定本门课程的教学要求和基本教学任务。

第二,具有前沿性。根据高校的特点和任务,为培养高级专门人才,教学大纲应把本学科领域的最新科学成果、最新技术引入教学内容,同时,不断提高基础理论的起点,削除陈旧内容,修正不科学的内容。

第三,具有思想性。我们是社会主义高等学校,要坚持社会主义的办学方向。为此,教学大纲要以马克思列宁主义、毛泽东思想和邓小平理论为指导,用历史唯物主义和辩证唯物主义的观点和立场阐述学科内容,使学生在获得科学知识和技能的同时,获得科学的世界观、人生观和价值观。

第四,具有启迪性。在选择教学内容时,一般内容删繁就简,关键部分阐述透彻。不仅要向学生教概念、教结论,更要展示学习、研究问题的思路和方法,以启发学生触类旁通、一通百通。此外,教材还应不断更新,落实本学科的最新成果。

第五,具有教学适用性。教学内容的选择和编排要符合教学规律,要按照一定的程序把完整的知识教给学生,以保证教学的系统性和顺序性。学科内容应以有关科学的体系为基础进行编排,使学生获得系统而准确的知识。此外,教学的适用性还表现在教学内容要符合学生的认识规律,以及与相关课程内容的衔接与配合上。

3. 教材

(1)概念。教材是教师和学生据以进行教学活动的材料,是教学的主要媒体。

教材包括文字教材(如教科书、讲义、讲授提纲、图表和教学参考书等)和视听教材(如幻灯片、录音带、录像带、电影片、计算机软件等)。

教科书也称为"课本",是教材的主体。是根据教学大纲编写的教学用书。它不仅是师生教学的主要材料,也是考核教学成绩的主要依据,还是学生扩大课外知识领域的重要基础。

一套完整的教材,除教科书或讲义之外,还应包括配套的辅助教材。

(2)高校辅助教材种类如下。第一,教科书之外的相关的学术专著与学术文章。可供学生在与教材比较中,拓展思路,深化认识,获得最新的、广阔的甚至是有争议的前沿知识,对培养高校学生的创新能力关系极大。

第二,与教科书配套的习题集、思考题集、习题解答等各种教学辅助材料,供学生训练以加深对教科书的理解和应用。

第三,相关的视听教材和自学指导书、实验指导书、课程设计指导书,以及教法参考书、外文读物、文献等,用以帮助学生逐渐独立地去获取知识。

(3)高校教材编写的基本要求如下。

第一,高校教材是从一般书籍中分化出来的教学服务的专用书籍。不仅要为教师服务,也要为学生服务。与普通学校不同,高校教材分统编教材和自编教材两类。各校根据自己的条件和要求,以及学生的意见,可以自编教材。高等学校鼓励教师编写不同风格的与现实需要密切结合的教材。自编教材可以有自家之言,可以介绍相关的不同学派。即使对于统编教材,各校也可以根据教学情况酌情删节与补充。从某种意义上说,有无高质量的自编教材是衡量一个学校学科教学水平和学术水平高低的主要标志之一。在编写和修订教材时,务必使学习者理解学科的基本结构。这种基本结构不仅是学科的基本原理、定义、概念、法则、公式的描述,更主要在于体现各种原理、定义、概念、法则、公式之间的内在联系与认识特点,使学习者对某学科有一个整体的了解,并提高认知能力,激发学习兴趣,举一反三,增强知识的迁移作用。

第二,高校教材应当是一部学科思想发展史。一部好的教材,不但要反映科学知识与结论,还要反映知识获得的过程,这有利于提高学习者的素质。为此,高校教材应尽可能强调那些构成现在认识基础的观察、实验和历史上的变迁,介绍目前那些证据不足或相互矛盾的假说,激发学习者的想象力和预测能力。

第三,注意反映学科面临的生产与社会中提出的实际问题,具有针对性、科学性,并有创见性。在教材编写中,尽可能加强基础知识部分的比重,反映科学本身发展的新理论。在阐述本专业领域的理论时,要结合现代生产的发展态势,把与本学科有关的生产知识结合起来。文科教材要尽可能联系我国社会主义建设的实际,关注人们关心的社会问题,对有争议和敏感的问题作科学的分析和解释。

第四,高校教材的编排要新颖活泼,有一定创新性。防止单调、陈旧、老套的封面与版式设计。从形式上体现高等教育思想的与时俱进。内容要尽可能图文并茂,有精选的插图、照片和图表,语法要规范,逻辑要清楚,词义要准确,文字要简洁、明快,有一定的文采。

第五,高校教材的编写,要统筹安排,综合平衡。为避免相关教材内容的过多重复与交叉,相关教材的编写人员要相互了解和合作,对交叉内容的叙述要有所侧重和互为补充。在一本教材内,篇、章、节、目之间应防止重复标题和内容,概念定义也要一致。特别是多人合编的教材,要防止风格多变、词义多变、前后矛盾、内容重复等问题。主编必须严格行使主编的权力,编委会必须是干实事的队伍。

思考题

一、名词解释

专业　狭义课程　广义课程　潜在课程　高校教学计划　高校教学大纲　教科书

二、问答题

1. 简述制定专业人才培养目标和规格的原则。
2. 简述当代课程发展的趋势。

3. 评述泰勒课程研究、布鲁纳结构主义课程论、"潜在课程"论的贡献与不足。
4. 简述我国高校课程体系的几个比例关系。
5. 简述学分制教学计划。
6. 简述编写教学大纲的基本要求。
7. 联系实际,谈谈你对高校教材编写的意见。

第七章　高等学校的教学活动

内容摘要

教学是高等学校的中心工作。高校所有的教学活动都要依据教学过程的基本规律,遵照一定教学原则来进行。教学最基本的组织形式是班级授课制,随着教学改革的不断深入,班级授课制也在不断进行改革和完善。高校教学要遵循基本的环节,其中备课是教学先决条件,上课是教学的核心,其他活动是完成教学活动的补充。此外高校中还要进行实验课教学和社会实践,进行科研训练、毕业论文和毕业设计,实行学分制等。

学习目标

1. 掌握高等学校教学过程的特点,认识高校教学过程的基本阶段,掌握必要的教学原则。
2. 了解教学组织形式的概念、掌握基本的教学组织形式。
3. 重点掌握教学工作的基本环节。
4. 了解高校毕业论文和毕业设计的过程以及要求。
5. 正确认识学分制。
6. 掌握教学方法的概念、高校常用教学方法、高校教学方法的选择与组合。

第一节　高等学校教学过程

高校教学同其他学校一样,都是由教师、学生、教学内容和教学媒介四个要素构成的。教师是管理者,是各种学习条件的安排者,也是各门课程内容的选择者和教学信息的主要提供者;学生是整个学习活动的中心,是学习活动的主体,是一切教学活动的作用目标,同时也对教学系统具有反作用,是学习成果的体现者;教学内容,无论是知识、技术还是价值准则,都是被传递的信息,是学生社会化发展的依据;教学媒介,不管是教学方法还是教学手段,都是信息传递的工具。

因此,教学的概念可以界定为:教师和学生在教学系统中通过媒介进行的传递信息的双边活动。

一、高校教学过程的概念和特点

(一)教学过程的概念

教学过程是师生在共同实现教学任务中的活动状态变换及时间流程。教师和学生是教学过程中的两个主体。双方在统一的教学活动中相互牵制、互为动力。其中,教师是"教"的主体。这既是社会赋予教师的神圣使命,又是教学效果的重要保证。学生是"学"的主体,因为教学价值最终要体现在学生身上,使学生获得知识、增长才干、身心得到发展。

活动状态变换,是指空间的变化和利用。教学过程是在一定空间中进行的,或是课堂教学,或是工厂实习,或是社会实践,等等。

时间流程,是指教学时间的变化和程序。教学过程是动态过程,每一课时、每一天、每一学周、每一学期、每一学年都依据教学任务、教学内容、教学对象的变化而变化。

(二)教学过程的特点

1. 教学过程是教师和学生共同参与活动的过程

在整个教学过程中,学生是学的主体,教师对学生起指导作用;教师是教的主体,学生对教师起制约作用。教师要根据一定的教育目的和特定的培养目标,引导学生系统地学习各种知识,发展创造能力,形成良好的思想品质和科学的世界观、人生观。同时,教师又要充分考虑学生的基础、身心发展特点和对教学活动的要求,有效地通过教学媒介,与学生进行双向的信息交流。

2. 教学过程是学生以掌握间接知识为主的过程

这些间接知识是人类社会长期实践经验的总结,是人类历史上的优秀文化成果,是高校学生走向社会的必要准备。特别是在以知识经济为主要特征的当今社会,高校的理论教学显得尤为重要。学生学习间接知识就是高校理论教学的主要任务。学生所以要以掌握间接知识为主,原因有二:一是学生要完整系统地掌握知识,不可能、也没有必要事事都去亲身实践;二是人类千百年积累起来的知识,学生不可能、也没有必要一律从头学起,只有通过间接知识的学习,才能在较短时间内,抓住规律、抓住关键,迅速而有效地了解和掌握知识。

3. 教学过程是学生获得全面发展的过程

教学是德、智、体、美、劳五育开展的途径。在教学过程中,学生通过社会实践与生产劳动,熟悉了社会,掌握了职业技能;通过体育锻炼,增强了体质;通过审美活动,净化了心灵,陶冶了情操,提高了生命质量;通过理论知识学习,扩大了视野,丰富了知识,发展了智力;通过思想政治教育活动,提高了思想,树立了科学的世界观。所以说,教学过程是学生获得全面发展的过程。

在学生获得全面发展的教学过程中,智育活动起着基础的作用。可以说,不以智育为基础的教学过程,很难完成教育任务。因为智育是学生掌握系统科学文化知识与技能、发展智力的教育。任何人的全面发展,都要以一定的知识技能和智力发展水平为基础。但是,决不能把教学过程等同于智育过程。教学过程是为学生全面发展服务的,它是由德育过程、智育过程、体育过程、美育过程和劳动技术教育过程综合构成的总过程,是学校工作的中心表现。

4. 高校教学过程是学生由学习活动向职业劳动过渡的过程

高校教学过程是学校教学全过程的一个阶段,尚未完全变为学校教学过程之外的活动。但是,高校教学过程又是学校教学全过程的最后阶段,是由学校这一特定环境下的认识过程向社会职业劳动过渡的阶段。因此,高校教学过程是学校教学全过程中带有部分质变的过程。这种转变主要是由高校教学自身内在的价值和功能决定的。中小学教育的内在功能是为学生个体的深造、为个体的社会化打基础,而高校教学的主要功能是培养社会所需要的各方面高级专门人才。

二、高校教学过程的主要关系

(一)间接经验和直接经验的关系

这是高校教学过程中一对基本的矛盾关系。在教学中,学生主要不是探求新的真理,而是学习和继承人类已有的认识成果,是把他人的认识转化为自己的认识,把人类的认识转化为个体的认识。学生要把这些知识转化为自己的东西,转化为理解的和能够运用的东西,就必须有一定的直接经验做基础,有一定的感性认识做基础。只有在这个基础上,经过自己的独立思考,把间接经验与直接经验结合起来,把理性认识与感性认识结合起来,学生才能理解所学的书本知识,获得运用知识的能力。

即使到了高年级的毕业实习、毕业设计和撰写论文阶段,表现出来的创造才能,也主要是对获得的间接知识的新理解、新组合,是再造想象的反映。

(二)掌握知识和发展能力的关系

知识是能力发展的必要条件,能力的发展离不开知识和经验。但是,知识不等于认识能力,知识的多少并不标志能力发展的高低。研究高校教学过程可以看到,从知识的掌握到能力的发展是一个极其复杂的过程,它不仅与掌握知识多少有关,与所掌握的知识内容和用来掌握知识的方法有关,还和社会实践的时间、方式、内容有密切关系。一定的认识能力又是掌握知识的必要条件,发展能力是顺利开展教学、提高教学质量的有效保证。

三、高校教学过程的基本阶段

根据教育理论研究的新成果,本书把教学过程分为三大步骤、四个阶段。即:第一个步骤是明确教学目标,第二个步骤是展开教学活动,这里又分感知、理解、巩固、运用四个阶段,第三个步骤是教学过程的评定与调控。下面进行简要分析。

(一)明确教学目标

人的全部活动所表现出来的本质特征就是目的性。目标是目的的一种,是指想要达到的境地或标准。教学活动必须有目标,因为教学目标对教学活动的顺利进行具有规范功能、选择功能、激励功能和评价功能。没有目标的教学活动是没有成效的活动。

明确教学目标是对师生双方提出的。在教师方面,明确教学目标就是要掌握教学的目的和任务,并在研究教学系统的特点的基础上,把教学目的和任务具体化。在学生方面,就是要求学生明确自己的学习目标,引起学习动机,激起学习兴趣,集中学习注意力。

(二)展开教学活动

这是教学过程的基本阶段。一般来说,分四个具体阶段:

1. 感知教学内容

感知教材,形成表象,是学生学习知识、形成概念的基础。因此,在教学过程中,教师要善于激发学生对感知的兴趣,引导学生积极自觉地进行感知。教师在使学生感知教学内容之前,要了解学生已有的知识经验,以便在教学过程中启发学生已有的知识经验去学习新教材。在教学中,教师要注意语言清楚、概念准确,多教思路和方法。还要通过社会实践培养学生感知的能力、扩大学生感知的范围。

2. 理解教学内容

教师要在学生感知教材的基础上,引导他们深刻理解教材,形成科学的概念和科学的思维方式。科学概念的形成是一个复杂的思维运行过程,教师要善于运用分析、比较、综合、概括、归纳、演绎等方法,引导和组织学生的思维活动,把新旧知识联结起来,形成新的知识体系,并养成良好的逻辑思维能力。

3. 复习巩固知识

知识的巩固贯穿于教学过程的始终。学生对教材的感知、理解,对知识的实际运用,都对知识的巩固起着重要作用。但是,为了牢固地记住知识,防止遗忘,仍然需要做复习巩固知识的工作。只有经过复习,才能使知识在记忆中的痕迹得到巩固和强化。复习巩固知识要结合高校学生特点,采取多种有针对性的方式方法,如纲要法、解意法、联想法、编组法等。根据记忆规律,要特别强调及时复习和分散复习。

复习巩固知识是展开教学活动的重要一环。对学生来说,是对知识感知和理解程度的检验,也是学习新知识,将知识运用于实践的前提条件。正因如此,美国教育家杜威说:"比较聪明的教师,注意系统地引导学生利用过去的功课来帮助理解目前的功课,并利用目前的功课加深理解已经获得的知识。"德国教育家第斯多惠也说:"牢固地记住某些已学会的或记熟过的东西,比再学某些新的东西而忘掉以前所学的东西还要重要些。"

4. 运用知识

学习的目的全在于应用。通过运用知识,可以形成技能、技巧,可以进一步检验和巩固已学的知识,可以丰富经验,深化认识,提高分析与解决问题的能力,同时,也体现了高等学校服务社会的职能。

(三)评定和调控教学过程

这个步骤是对教学过程中流动的信息进行收集、反馈、加工的过程。教学过程中,教学要素不断变化,有很多情况无法预测。教师应当通过各种渠道,如学生的语言、表情、考核测试的结果、社会实践的反映等,收集反馈信息,限制偏差的累积,适应环境的变化,调控教学活动,以保证和提高高校的教学质量。

当然,教学过程中的三个步骤、四个阶段不是僵化的、固定不变的。它们之间的关系,会随着教学任务的变化、教学过程中各要素的变化而有所改变。特别是教学过程的评价与调控,不一定要发生在教学的终结阶段,它可以以灵活的方式伴随在教学活动的全过程。

第二节 高校教学原则

一、高校教学原则的概念及制定依据

(一)教学原则的概念

1. 一般概念

教学原则是在总结教学实践经验的基础上,根据一定的教育目的对教学过程规律的认识而制定的指导教学工作的基本准则。

2. 高校教学原则

高校教学原则是在总结高等学校教学经验的基础上,依据高等教育教学目的,反映高校教学规律,制定的指导高校教学工作的基本要求。

高校教学原则是与高校教学任务密切相关的,其目的就是促进教师自觉地按照教学规律进行教学,从而不断提高教学质量。

教学原则作为教学规律的反映,具有客观性。违背了教学规律,教学原则就不能有效地指导教学活动。但是,任何规律又都是受一定条件制约的,人们可以通过控制条件来影响规律的运行。在高等教育中,人们通过教学原则的制定和运用,使高等教育教学规律向着有利于实现高校培养目标的方向发展。所以说,教学原则是教学规律与教学目的的统一。

(二)制定高校教学原则的主要依据

第一,高校教学原则是根据一定的教育目的提出来的,应当反映一定的社会需要。

第二,高校教学原则必须依据高校教学过程的规律。只有揭示高校教学过程的内部矛盾运动的联系,制定的教学原则才有科学的指导作用。

第三,高校教学原则的制定必须考虑高校学生身心发展的特点。因为师生是构成教学活动的两个主体,忽视学生对教学活动的制约影响,不会收到好的教学效果,也达不到制定教学原则的目的。

第四,高校教学原则的确立必须符合高校的教学特点,必须与高校的基本任务相联系。忽视高校教学过程的专业性、研究性、自主性的特点,忽视高校特定基本任务(培养高级专门人才),高校的教学原则也就失去了指导作用。

第五,制定高校教学原则必须注意吸收宝贵的历史遗产和国外的先进经验。我国历史上不少教育家提出的教学原则仍然可以为今天的高校教学活动所采纳。国外的先进经验,从历史到现实,都有许多值得我们学习和借鉴的内容。

第六,注意在众多的高校教师的教学经验中抽取本质的、反映高校教学规律的经验,经过总结上升到教学原则,丰富高校教学原则体系。

二、高校主要教学原则

高校的教学原则很多,学者间的看法也不尽一致。有的原则是覆盖教学全过程的,称为总原则;有的原则是指导某一过程、某一环节、某一阶段的,称为分原则。分原则发展变化较大,内容比较丰富,学者间的分歧认识也比较突出。本书主要讲五条覆盖高校教学全过程的总原则。

(一)科学性与思想性相统一的原则

1. 含义

科学性与思想性相统一的原则是指在高校教学过程中,以马克思列宁主义、毛泽东思想和邓小平理论、"三个代表"重要思想、科学发展观、习近平新时代中国特色社会主义思想为指导,向学生传授文化科学知识的同时,培养学生辩证唯物主义世界观和良好的思想品德,以及科学的思维方式和价值观念。科学性是思想性的前提和基础,思想性是科学性在社会现象中的具体落实,是教育社会性的要求。

2. 提出的根据

这条原则是根据我国的教育方针和教育目的提出来的。我国的《高等教育法》也对此有明确的规定。高等学校培养的人,不仅要掌握较高的科学文化知识和专业技能,还应具有良好的思想品德和科学的价值观念,成为德智体美全面发展的社会主义事业的建设者和接班人。因此,教学活动必须把传授知识与培养思想品德结合起来,做到既教书、又育人。事实上,正如德国教育家赫尔巴特指出的"教学具有教育性",任何教师在讲授任何一门课程的时候,教师的思想观点、治学态度、课程形成的科学基础、价值体系都会在教学中表现出来,给学生以直接影响。

3. 贯彻的基本要求

一是教师应不断钻研业务,努力提高自己的学术水平。在向学生传授正确无误的、系统的科学知识的同时,不断更新知识,随时把本学科最新的科学成果反映在教学内容中。二是在文化科学知识与技能的教学中,要坚持用社会主义方向、用马克思主义观点统帅教材,深入挖掘教材的思想性。三是应把科学性与思想性统一的原则贯穿在教学的各个方面、各个环节。不仅在传授知识时贯彻这条原则,而且在教学方法、教学组织形式和检查评定学生学习成绩等方面也要注意贯彻这条原则。同时,还要注意教师自身言行举止对学生的影响。四是教师要不断提高自己的思想理论水平,自觉学习马克思主义理论、学习党的方针政策,关心时事,关心政治,忠诚于人民的教育事业。

(二)传授知识和发展智力、培养能力相统一的原则

1. 含义

传授知识和发展智力、培养能力相统一的原则是指教师在向学生传授文化科学知识的同时,要有目的有计划地发展学生的智力,培养学生的能力,使学生既获得了知识,又增长了智慧和才能。

2. 提出的根据

一是根据知识、智力、能力之间的密切联系和差异性。知识是智力发展的基础,是能力形成的重要因素;而智力和能力又是掌握知识的必备条件。但三者又是有区别的。三者之间虽有联系,却不同步增长,也不可能自然而然地结合,必须在教学过程中有目的有计划地进行工作,才能使三者同步增长,相互促进。二是根据高校教学工作的实际需要。高校特别强调创新精神和实践能力的培养,实际上却做得还不够。"高分低能"的现象还存在,死读书、读死书的问题还

时有发生,一些学生的自学能力、知识迁移能力、专业的实际操作能力,以及生存能力、社交能力、表达能力还较薄弱。为此,应当重视高校教学过程中对传授知识和发展智力、能力相统一的原则的贯彻。

3. 贯彻的基本要求

一是在教材编写上,既要注意"双基",又要考虑发展智力、培养能力,任何一个方面都不能忽视。高校教材应有一定的探索性。二是教师备课时,既要深入钻研教材,又要深入了解学生,真正做到备课备人,从而在学生已有的知识和能力基础上,有目的有计划地发展学生智力、培养学生能力。三是在教学组织形式、教学方法上也要体现对这条原则的贯彻。授课时,多讲思路、讲方法、讲学科发展方向,培养学生思维的独立性、广阔性、深刻性和流变性。多组织学生的讨论课、自学辅导课,适当开展辩论课,积极创造条件使学生的知识、智力、能力同步增长。四是考查和评定学生学业成绩不能单纯看知识的记忆,还要看对知识的理解和运用,特别是要关注学生对知识的新理解、新运用。在闭卷考试上,多用论述题,强调理解、运用、发挥,联系实际,而且不强求统一的标准答案。要提倡开卷考试,并允许学生带书、带一定的资料卡片进入考场,主要考核学生运用基本理论解决现实问题的能力。

(三)教师主导作用与学生主动性相结合的原则

1. 含义

教师主导作用与学生主动性相结合的原则是指在教学过程中应正确处理好教与学的关系,既要发挥教师的主导作用,又要充分调动学生的积极性,把两种积极性很好地结合起来。

2. 提出的根据

一是根据教学过程是一个双边活动过程这一特殊规律提出来的。正确发挥教师主导作用是充分调动学生积极自觉性的前提,而学生积极自觉性的发挥又是教师主导作用发挥的重要标志。两者相辅相成,对立统一。二是根据教学过程是一种特殊的认识过程提出来的。在教学过程中,学生要在教师引导下逐步认识客观世界,实现由感性认识到理性认识、再由理性认识到社会实践的飞跃。教学过程如果没有学生认识上的主观能动性是不可能完成的。教师的努力工作代替不了学生的积极思维。所以,必须把教师的主导作用同学生的主动性结合起来。

3. 贯彻的基本要求

一是明确教与学的目的,端正教与学的态度。这是发挥两个积极性的前提。教师不仅要明确自己为什么而教,还要让学生懂得为什么而学。二是激发学生兴趣和求知欲。这是学生自觉学习的重要条件,也是取得良好教学效果的保证。

为此,教师除了做到课堂教学内容丰富、富有启发性和趣味性外,还要采用灵活多样的教学方法,组织相关的社会实践来培养和激发学生学习的兴趣和求知欲。三是培养学生自学能力,教给他们科学的学习方法,使学生感受到科学美对心灵的震撼。四是教师要在整个教学过程中发挥主导作用,对学生的学习进行有效的、正确的组织与督促,帮助和鼓励学生完成各项学习任务。

(四)面向全体与因材施教相结合的原则

1. 含义

面向全体与因材施教相结合的原则是指在教学过程中既要充分考虑大多数学生的实际水平,在课堂上坚持按照大纲的要求进行教学,又要对不同的人采取不同的要求和方法进行学习指导,使优秀学生充分发展,使学习困难的学生得到有效的帮助。

2. 提出的根据

该原则是根据我国高等教育的目的和高校学生身心发展的差异性提出来的。高等教育目的反映了国家对高等学校培养人才的统一规格和要求,高校教学必须遵循。而高校学生尽管知识基础和认识能力大体一致,但由于智力优势、品质、兴趣、性格的差异,思维的广度、深度、灵活性、敏捷性以及意志品质的不同,又必须坚持"因材施教"才能取得最佳的教学效果。

3. 贯彻的基本要求

一是坚持按照教学大纲的要求和大多数学生的实际水平开展教学,不在集体授课中随意迁就学习上有困难的学生,也不随意更改大纲要求、增加课程的深度和难度。二是推行学分制,为学生提供更多的选修课程,使学生针对自己的特点有选择的余地和发展的空间。三是了解每一个学生的特点,通过多种途径帮助他们进行自我设计,扬长避短,不断进步;对于学习上有暂时困难的学生,要多关心、多做实际工作,帮助他们迅速赶上大多数同学的进度。四是实行导师制度,一名导师带若干名学生,从各方面爱护学生、帮助学生,使每个学生的德智体美都得到全面发展。

(五)理论与实践相结合的原则

1. 含义

理论与实践相结合是指在传授书本知识和理论时,不仅要使学生掌握系统的科学知识和理论,而且要和客观实际结合起来,培养学生具有分析问题和解决问题的能力;并能将所学知识运用于实践,把读书与实践、思想和行动统一起来。

2. 提出的根据

一是根据辩证唯物主义认识论提出来的。教学过程实质上是一种认识过程,因此,必须遵循辩证唯物主义认识论关于实践的观点是第一的和基本的观点的论述,坚持从生动的直观到抽象的思维,并从抽象的思维到实践的认识路线来学习知识。学生学习的内容主要是书本知识,只有在教学过程中贯彻理论联系实际,才能解决好间接经验与直接经验、感性认识与理性认识、学与用的关系,从而获得比较完全的知识。二是根据我国的教育目的提出来的。因为我国高等教育培养出来的人,不仅要掌握较高的科学文化知识和专业技能,而且要将这些知识和技能运用于实践,为社会主义现代化建设服务,为人民服务。要做到这一点,就必须在教学过程中贯彻理论联系实际的原则。

3. 贯彻的基本要求

一是要重视书本知识的讲授。理论联系实际,首先要学好理论,没有理论就谈不上联系实际。为此,在教学过程中必须按照教学大纲的要求和教科书的内容开展教与学的活动,因为教学大纲和教科书比较精确地规定了学生所应学习的知识和技能的范围,是学生全面系统地掌握知识和技能的重要保证。二是要根据各科教学要求,组织学生参加各种社会实践活动。不仅能使学生通过实践来验证、运用书本知识的内容,而且还能丰富学生的直接经验,补充书本知识的不足,掌握比较完整的知识。三是提高学生对理论联系实际的认识,养成理论联系实际的学风,形成良好的学习和工作习惯。既善于运用已知的科学理论去指导学习和工作,保证学习和工作的顺利进行;又善于总结学习和工作中的经验教训,并把其上升为理论,补充和丰富已有的科学理论。如此循环往复,把自己锻炼成勤于学习、善于思考、富有创新精神和实践动手能力的社会栋梁之材。

第三节　教学组织形式

一、高校教学组织形式的概念与类型特点

(一)教学组织形式的概念

教学组织形式,也称教学形式。它是指为了有效地完成教学任务而形成的教学活动的一定结构方式。表现为教学活动的各要素如何组合和表示,即在教学中如何控制教学活动的规模,如何安排教学活动的时间,如何利用教学活动的场所等问题。

高校教学组织形式受学科性质、教学任务的制约,其发展变化反映社会生产方式的要求,也反映受教育者的要求。按组织结构划分,有全班的、小组的和个别的三种形式;按师生交往划分,有师生直接交往和师生间接交往两种形式。两种分类常常交织在一起,很难分开。班级教学、分组教学和个别教学都属于师

生直接交往；学生的各种学习小组活动、计算机辅助教学和电视、广播、函授等，以远距离教学为特征的个别学习活动都属于师生间接交往。在现实高校教学中，师生直接交往与间接交往和全班的、小组的、个别的教学组织形式相互配合运用，不再有绝对意义上的独立存在。

（二）教学组织的基本类型与特点

高等学校的教学组织，仍然以班级授课、分组教学和个别教学为基本类型。其中，班级授课是最基本的类型。

1. 班级授课制

也称班级教学制，或称课堂教学。由于高校放宽入学年龄，加之成人高校的特点，学生年龄比之中小学校差异较大，所以，高校班级授课制的概念应该是：将学生按大致相同的知识程度编成有固定人数的班级，教师根据各门学科的教学大纲规定的教学内容，依据固定的教学时间表，在班级里进行教学的教学组织形式。

班级授课制是近代社会才出现的教学组织形式。由于近代资本主义的兴起，工商业的发展和科学技术的进步，社会要求普及教育、扩大教育规模、提高教学效率和质量，于是在16世纪的欧洲一些学校里开始采用班级授课制。1632年，捷克教育家夸美纽斯在其发表的《大教学论》中，首次对班级授课制作了理论说明，确定了课堂教学在学校教育中的地位。18世纪，以德国教育家赫尔巴特为代表，提出教学过程的形式阶段论，进一步设计与安排了班级授课制。后来，以苏联教学论为代表，提出了课的类型与结构的理论，使之在体系上进一步完善。中国最早于1862年在北京京师同文馆（北京大学的前身）采用。1901年清政府宣布废科举、兴学堂，逐步在全国实施。

班级授课制的优点有三：① 教师按照一定的教学时间表有计划地、同时对几十名学生进行教学，可以经济有效地培养人才；② 学生在教师有目的、有组织、有计划的指导下进行活动，有利于发挥教师的主导作用；③ 学生在集体组织的形式中进行学习，彼此间程度相近，学习内容相同，易于互相讨论、切磋，共同提高，发挥集体教育的作用。

班级授课制的缺点是：难以适应学生的个别差异，不利于发展学生的个性与独创性。

高校的班级授课制又分单班课、合班课和多班课三种具体形式。单班课指一个班级基本上在自己的教室里上课；合班课指两个班级在基本上固定的合班教室里上课；多班课指三个以上的班级在大教室里上课。班级越大，教师的教学效率越高，但教学质量不一定能得到保证，而且也不利于学生个性发展，不利于教学管理。有些高校由于管理和师资的原因或教学物质条件不足的原因，合班课或多班课的教学组织形式过多,这种情况须及时改变。

高校的班级授课制与普通学校的课堂教学一样,有单一课和综合课两种类型(简称课型)。单一课是指一节课内主要完成一种教学任务,如传授新知识的课、巩固知识的课、培养技能的课、检查学生知识或技能的课等。综合课也称为混合课,是指在一节课内完成两种以上教学任务的课。不论单一课还是综合课,一般都由几个组成部分构成,这就是课的结构。一般学校的课的结构有五个组成部分,也称为课堂教学五个环节,即组织教学、检查复习、学习新教材、巩固新教材、布置课外作业。但不是每节课都必须有这五个环节。在高校教学活动中,一般常说三个环节,即开课、讲课、收课。

2. 分组教学制

也称多级制或不分级制。它是按学生智力水平或学习成绩,以及学生的兴趣和需要分成人数不等的不同小组进行教学的教学形式。

在高校,分组教学制有校、院、系三级分组制和班内分组制。前三级分组是在学校、学院和系内划分的年限长短不一、教学内容相同的教学组织;后者是在一个班级内按学习成绩和兴趣需要划分的内容不同、进度各异的教学活动小组。20世纪中期后,分组教学制成为世界各国高等学校关注的教学组织形式,并且在形式和内容上比之传统意义上的分组教学制有了较大的变化。

分组教学制被高等学校重新认识和启用,一是对班级授课制的改进和弥补,二是适应了社会科技高速发展的需要。现在,高校实行的新型分组教学制的形式很多,主要有专门组、讲习班、讨论班、研讨会等。还有一些分组教学形式在创造和总结过程中。

(1)专门组,也叫选修组。它是根据科技发展和培养专门人才的需要,在高校某些专业内部设置的培养学生不同专门方向的分组教学组织形式。一般是学生在学习一定专业课后,根据个人的兴趣和需要,分别选习不同的专门组课程,以接受本专业某一方面更专门的训练。

(2)讲习班。在较短时间内,集中进行某一专题的学习和讨论的分组性的教学组织形式。参加者是对某一专题感兴趣的学生,可以来自不同专业、不同年级和不同班级。比如邓小平理论讲习班、心理卫生讲习班等。

(3)讨论班。是学生在教师指导下,就一门课程或一个研究领域的内容,在钻研有关文献、著作和资料的基础上,有计划地组织一系列报告和相应的讨论。报告常由学生分工轮流主持。一般是高校本科高年级学生或研究生开展分组教学的形式。

(4)研讨会。就某一专题请专人宣读论文(作报告);或由参加者分别宣读论文(作报告),并进行相应讨论的带有学术会议性质的分组教学组织形式。一般在高校本科学生或研究生中举行,很受学生欢迎。活动前发布公告,学生可以跨系、跨年级参加。

随着我国高校全面实行学分制,扩大选修课的发展趋势,在改革班级授课制的同时,分组教学组织形式会出现一个新的阶段。

3. 个别教学制

个别教学制是教师分别对个别学生进行传授与指导的教学组织形式。古代教学基本采用这种形式。这种形式有利于教师在教学中因材施教,并能够充分发挥学生的自主性和积极性。但教师教学效率低,相应的学生学习效果差。这种教学组织形式在班级授课制产生之后,不再成为学校教学的基本形式,但在研究生教育、中医、音乐、美术等教学领域还在继续采用。

当代,伴随着新知识、新技术的大量涌现,知识的更新周期越来越快,社会价值多元化越来越明显,高校个性化的教育越来越受到重视。所以,个别教学作为班级授课制的补充,在高校教学活动中有了新的发展,出现了导师制、个别化教学、合同教学、录音指导式教学等个别教学制的新形式。

(1) 导师制。它是高校实行的一种由教师对学生的学习、品德和生活等进行个别指导的教学制度。一个导师负责几名或十几名学生不等。导师的含义及职责在各校不尽相同,有的主要负责帮助学生选择专业和制订学习计划,指导课外阅读,实施道德教育,解决学生的生活问题;有的主要负责教学,每周给学生上几次专门的导师指导课。我国北京大学在2002年下学期率先在全国实行本科生导师制试点,并在2003年的新招本科生中全部实行导师制。

(2) 个别化教学。它是高校为满足每个学生的需要、兴趣和能力而设计的教学。根据学生的个别差异提出一些具体而有效的因材施教措施。其中,20世纪60年代中期,由美国心理学家凯勒依据行为主义学习原理首创的"凯勒计划",又称"个别化教学体系"最为突出。个别化教学不需要讲课环节,由学生掌握自己的学习进度。教师有时进行某些讲授,仅为启发和激励学生学习或进行总结,而非讲授学习内容。该计划的主要特点是:强调学习书面材料,高度掌握学习内容,允许学生自定学习进度等,20世纪70年代后期,美国有700多所高校两千余门课程采用此计划。研究成果表明,这个计划有利于发挥学生学习的主动性,有利于因材施教,更适合学习能力较强的学生。但也有一定的局限性,如给学校教学管理带来困难、使教师负担激增等。[①]

(3) 录音指导式教学。它是以利用有关录音指导学生个别学习的一种高校个别化教学形式。1961年波斯尔思韦特等在美国珀杜大学教授植物学课程

---

① 李求真.凯勒."个人化教学系统"述评[J].现代教育论丛,1999(4):41-44.

时首创。学生平时各自安排时间到一个全天开放的学习中心学习。中心备有供个人学习的小隔间,内有指导学习的录音带、教材、实验指南及其他视听材料与视听设备。学习以1周为1单元。学生按录音指导学习后,以集体活动的形式结束1周的学习。此种教学有利于学生根据自己的实际情况自定进度、主动学习。据70年代中期调查,约25%的美国高校本科生上过录音指导式课程。

二、班级授课制的发展、变化趋势

班级授课制从诞生之日起就显露了其不利于对学生因材施教的缺点。为克服这个缺点,各国高校都在不断地对班级授课制进行改革。其发展变化趋势有三个方面。

(一)教学活动展开的小规模化

作为对大课教学形式的一种弥补和配合,以小班形式进行的习题课、辅导、答疑、讨论等灵活多样的教学正在高校课堂出现。大课的任务是突出重点,清晰而系统地对重要定理、典型方法进行分析和论证,对难点进行剖析,对教学内容、教学目标作统一讲解和规定。而小课的任务,不仅是消化、巩固大课的内容,而且要在大课的基础上,在如何应用这些知识解决问题方面作适当的深化和补充。

(二)教学活动展开的时间间隔短学程化

近几年来,随着学分制的广泛采用,长学程的教学安排逐渐不能与教学要求相适应。有些高校为了适应日益增多的选修课和实践课,将原来的一年两个学期改为长短不一的三个学期。在短学期内更多地设置全校范围内的选修课及需要相对集中的生产实习课。虽然课程门数多,但每门课程的课时数却相对减少,相应的教学内容高度浓缩,教师在处理教学内容时也比较灵活。这种短学程化趋势,有利于促进教学活动各环节的衔接,使学校的班级教学显得更为紧凑、合理,教学效率更高。

(三)教学活动出现了课堂内外相结合的形势

高校教学活动立足校园、走出校园,利用多样化的教学场所,是发展的必然趋势。有些高校打破院系界线,统一使用教室、实验室等教学场所;有的学校还灵活处理学校午休时间,教师和学生午间分班串休,食堂、后勤保证服务,从而歇人不歇教室、实验室,提高了教学设施的利用率,也保证了小班上课,避免了合班上课的弊病。此外,高校还充分利用社会环境和条件,走出校园,变单一的课堂教学为课堂内外相结合的教学。诸如:学校和企业的"合作教学""现场实践教学""社会案例教学"等等,使高等学校的班级授课制既坚持了高效率教书育人的优点,又减少了它的缺点,变得生动活泼、富有成效。

有学者认为高校教学活动走出校园、非课堂化是一种发展大趋势。本书不赞同这种看法。作为学校的本质特征之一,就是有一个完整的校园,师生在课堂中开展教学活动。高校教学走出校园要以立足校园、充分利用校园资源为基础;而且校园内的教学活动永远是高校的主要教学活动。高校教学的非课堂化也不应是高校教学的发展方向,高校应以课堂教学为主,这是高等学校教育的一个特点。以课堂教学为主,不是课堂化。所以,不能讲高校教学课堂化,而是讲高校教学以课堂教学为主,辅之以走出课堂,与社会实践相结合。而走出课堂,与社会实践相结合,也绝不是高校教学要"非课堂化"。如果"非课堂化"了,高等学校教育也不会存在了。

三、高等学校教学工作的基本环节

高校教学工作的基本环节有备课、上课、课外作业、课外辅导答疑、学业成绩检查与评定五个环节。上课是中心环节,备课是上课的准备,课外作业是上课的延续,课外辅导答疑是上课的补充,学业成绩检查与评定是对上课效果的反馈,五个环节在教学工作中缺一不可。

(一)备课

1. 备课的概念与必要性

(1)概念:备课就是上课前的教学准备。备课是教师对所讲授的内容加以深刻理解,并对讲授内容的结构进行安排,设计课堂教学的方案,然后以书面方式形成课时教学计划。备课是上好一堂课的前提条件,直接影响课堂教学的效果。

(2)备课的必要性:为什么要备课?因为每个负责任的教师在接到教学任务之后,直到走到讲台之前,都有七个问题要自我回答清楚。这七个问题是:熟不熟?忘不忘?准不准?新不新?活不活?听不听?苦不苦?

熟不熟?这是教师接到教学任务、拿到教学大纲和教材之后出现的第一个问题。新教材,整体都不熟悉;修订再版的老教材也有部分章节内容不熟悉。不熟悉就必须备课,哪怕是一个概念、一个公式、一个图表都不可能马虎放过,必须把它弄懂弄通,完全熟悉。熟不熟还有个对学生的问题。教师要熟悉学生,了解学生,才能讲好课。

忘不忘?这是每个教师每天都会遇到的问题。按照遗忘规律,不复习的识记材料一天会遗忘33%,两三天会遗忘44%。有的是暂时遗忘,有的可能是永久遗忘。所以,教师必须备课,防止遗忘。

准不准?对于教师来讲,识记了的材料,由于身体健康状况、情绪的变化、教学场地的变化、记忆时间的延长,以及其他识记材料的干扰,会在脑海里发生量和质的变化。已识记的材料会发生简化、模糊、添加,甚至是扭曲、替代。所以,必须反复备课,注意讲授知识技能的准确性和完整性。

新不新?当今时代,知识陈旧越来越快,新概念、新认识、新知识、新提法像大海波涛,一波一波涌来,令人目不暇接。高校作为培养社会高级专门人才的地方,理应站在科学技术和社会发展的前沿。所以,教师要把本学科最新的知识和动态不断地充实到教案里去,搞好备课,满足社会和学生的需求。

活不活?是讲教师的教学方式方法是否生动活泼。备课包括备教法。现在的高等学校,不仅要求教师讲授知识有科学性和思想性,还要求教师的教学方式方法生动活泼,富有感染力和趣味性。所以,教师备课时要认真考虑采用什么方式方法把教学内容讲活,使课堂气氛活跃,让本已正确的知识更为学生乐于接受。

听不听?备好课是为了上好课。而上好课的一个重要标志是学生积极性高,爱听课。所以,教师在备课时,要心理位置互换,从学生角度来评论自己的备课内容,备课选定的教学程序与方法会不会受到欢迎。学生不爱听的课,归根结底是教师没有备好的课。

苦不苦?现在讲"愉快教学",教师要由过去的"苦教"转变为现在的"乐教";学生要由过去的"苦学"转变为现在的"乐学",这种教学境界是最高的境界。"愉快教学"不仅师生双方都感到轻松愉快,教学效果好,而且有助于教师热爱本职岗位,愿为教育事业奉献终生。

2. 备课的基本要求

有三个方面,首先是备好教材,其次是备好学生即了解学生,第三是备好教学方法,简称为"三备"。

(1)备好教材。要达到备好教材,必须抓住三条线,进入三个境界,上好三个台阶。

第一,抓好三条线,是指抓好明线、暗线和虚线。

教科书里的章、节、目是明线,是教材的"骨架",反映了课程内容的逻辑关系。吃透明线,教科书的轮廓就在教师的头脑里建立起来了。教师在形成自己的教案时,对哪些地方删减,对哪些地方增补,便可做到心中有数。

暗线是指教科书章、节、目之间的内在联系,书中概念、定理、公式等形成的原因、规律及构成的要素,各章节内容的重点、难点和关键,可以引申发挥使教学内容亮起来的"课眼"等,是教材的"经络"。这些,由于教科书知识逻辑的原因,一般不写在书面上,要靠教师去悟。而且,由于每个教师的悟性不一,对教科书暗线的领悟也不一样。这也是高校教学特点和风格所允许和提倡的。

虚线是指本门课程涉及的相关学科知识。事实上,讲好任何一门学科知识,仅凭熟读死记一本教科书是不行的。比如要讲好《高等教育学》,要涉及哲学、心理学、社会学、文化学、教育史、比较教育等多门学科知识。这些多学科的知识,就是教师要掌握的虚线,是教材的"血脉"。

第二,进入三个境界,是指教师和教材之间形成的三种关系:一是"我和它相识",二是"我请它跳舞",三是"它在我心中"。

"我和它相识",是说教师接触了教材并认识了教材。

"我请它跳舞",是说教师在备课期间犹如男舞伴,一直掌握着主动权,而不是被教材牵着走。哪些地方要详讲,哪些地方要略讲,教材的体例顺序要做什么改动,都由教师根据教学目的和学生要求灵活决定。

"它在我心中",是说教师有了自己的带有个性的教案之后,可以不看教材、甚至不看教案在课堂上讲课,但这种讲课绝不是信马由缰、想什么就讲什么。教材和教案仍在教师心中,制约和影响着教师课堂上讲授的内容和进度。任何背离教学大纲和教科书的备课与讲课,都是高校教学目的所不允许的。

第三,上好三个台阶,是指教师对教材的掌握程度要达到"懂、透、化"。

"懂"是第一个台阶,就是要求教师对教材的基本思想、基本结构、基本概念,以及各章节的重点、难点,关键要学懂弄清,甚至每个字、每一句话的发音、字形、语法逻辑都要弄明白,不能似懂非懂、含混不清。

"透"是第二个台阶,是在"懂"的基础上,对教材知识融会贯通,成为自己的知识体系。不仅教案内容丰富准确、行文明畅,而且讲起来也得心应手、运用自如。

"化"是第三个台阶,是在"透"的基础上,使教材的思想性、科学性与教师个人的知识价值观、思想感情融化在一起,成为教师灵魂的组成部分,讲起课来随心所欲、出神入化,到了这时,才算备好了教材。

(2)备好学生(了解学生)。学生是授课的对象,教师为了使自己的讲课能切合学生实际,有的放矢,备课时必须备学生,做好了解学生的工作。"备课备人"这是当好教师、搞好课堂教学的原则。备课不备人,教学丢了神。学生会因教学内容脱离了他们的实际需要,而涣散注意力,无法聚精会神地学习。

备好学生,就是要求教师要了解学生原有的知识基础、思想状况、学习态度、学习能力、学习方法、学习习惯、身体健康状况等,还要了解班集体的学习纪律、学习风气。对学生在学习中可能感到的困难,可能提出的问题,教师在备课时都要心中有数。教师还要考虑在编写教案时如何面对全体学生,注意全面照顾、区别对待,让学生各有所得,从而充分调动全体学生学习的积极性。学生学习的积极性高,主动性强,教学才能收到良好的效果。

（3）备好教学方法。是指在备课时,要做好组织教材,确定有效的教法,提供给学生必要的学法。

组织教材,是对教材作教学法的加工,使之成为学生便于接受和乐于接受的东西。

确定有效的教法,首先要贯彻启发式指导原则,避免注入式的授课方式。然后,依据教学任务、教材特点和学生的实际情况,选择恰当的教授方式方法。

根据高校的特点,教师备课时还应特别注意为学生提供必要的学法。教师的备课观念要由"教学生学会什么"向"教学生会学什么"转变。学生学习得法,就会"师逸而功倍,又从而庸之"。

3. 备课的表现形式

教师的备课在完成"三备"之后,要形成三种计划:

（1）学期（或学年）教学进度计划。这种计划应在学期或学年开始前制订出来。由所有的任课教师及教研室有关人员集体参与制订。内容有三项:① 学生基本情况的简要分析,本学期或本学年总的教学任务和要求,教学指导思想和教学改革措施;② 课序、课题、教学目的、教学周次和教学时数,课内外实践性教学环节的安排;③ 教学参考书和教具准备。

（2）单元（课题）计划。这是在学期教学进度计划制订之后,在教师上课前,由教师本人对教材的一个单元或一个章,进行全面考虑而制订的教学计划。内容有四项:① 单元名称、目的及单元重点;② 课时划分,备课时要着重解决的问题;③ 本单元各课时上课的类型,选用的教学方法和必要的教具;④ 本单元在整个学科知识体系中的地位,以及与前后单元的联系,与课程教学相配合的其他教学形式的运用。

（3）课时计划（教案）。在单元计划制订后,由教师本人撰写的一个完整课时教学的具体方案与教学材料。内容有十一项:① 上课班级;② 学科名称;③ 授课时间;④ 课题;⑤ 教学目的;⑥ 课的类型（简称课型）;⑦ 重点、难点及关键;⑧ 教学方法;⑨ 教具;⑩ 教学进程（步骤）;⑪ 备注。

第10项,教学进程（步骤）是课时计划（教案）的重点和主体,里面包括教学内容的安排,教学方法的具体运用和教学时间的分配。

第11项,备注,也叫课后总结。是课时计划（教案）中不可缺少的部分,一般在授课后填写。课后总结要从主、客观两个方面分析。在主观上,教师要分析这堂课的课堂结构安排是否合理,教学方法的运用是否恰当,教学的口头语言是否清晰、流畅,有无要改进和提高的地方,教学的板书设计是否科学合理,层次是否清楚,重点是否突出,等等。在客观上,要把调查得来的学生意见和要求,以及肯定的评价,如实写上。积累每堂课的课后总结,不但有助于教学水平的提高,而且也是高校教师教育科研的重要素材。课后总结,既有益于其他教师的教学工作,又是对教育科研内容的丰富和发展。

课时计划(教案)有详略两种,主要区别在教学进程(步骤)和备注的详略上。一般说,新教师或接手的新课程要写得详细些,老教师或老课程可以写得简略些。这也和教师的教学意识、科研意识有关。教学意识和科研意识强的教师特别关注课后总结,课后总结写得比较详细,从中能找寻到提高教学质量、开展教育科研的方向。

(二)上课

1. 上课的概念与意义

(1)概念:上课就是师生在规定时间里进行教学。上课是教师在规定的时间里,遵循教学原则,根据教学目的,选择有效的教学形式和教学方法,使学生循序渐进地掌握教学大纲所规定的知识和技能,并获得多方面的能力。

(2)上课的意义:

第一,上课是教学工作的中心环节,对其他教学环节起支配和决定作用。教师充分利用课堂教学时间上好每一堂课,是提高学校教学效率,取得高质量教学效果的关键。

第二,上课是最基本的教学活动。教学计划、教学任务、教学内容、教学原则和教学方法最终都具体落实在每一节课的教学上。所以,上好课是学校教学活动良性运转的标志。

第三,上课是教师能力最直接、最主要的表现"窗口",集中反映了教师的思想业务素质。考察一个教师的师德和业绩,主要通过教师上课的态度和效果来评定。

第四,上课是学生获取系统知识和技能、发展智力、提高能力,形成良好个性品质的基本途径。所以,上课的效果好坏,对学生成长发展有极其重要的作用。

2. 上课的基本要求

上好每一堂课,除了应当遵循教学规律、全面贯彻教学原则外,还必须达到六点基本要求,即目的明确、内容正确、方法恰当、组织得当、积极性高、语言生动。

(1)目的明确是指每一堂课都要有明确的目的。目的是想要达到的目标和结果。现在高校课堂教学的目的主要有三个,一是思想品德教育目的,二是知识技能教育目的,三是心理卫生教育目的。三个目的在一堂课里都应有程度不同的恰当的体现。目的不是帽子硬戴到教学内容上的,也不是在讲课中说出来的。目的要揉在教学内容里,含在教学方法上,甚至是通过教师的多种非语言信号表达出来的,起到"细雨润无声"的效果。

每堂课的目的都要符合教学大纲的要求,符合教材和学生的实际。课堂上的活动都要围绕目的进行。衡量一堂课好不好的首要标准,就是看教学目的定得是否全面、恰当,教学目的实现的程度如何。

(2)内容正确就是要保证知识的科学性和思想性。教师对概念、定义的表述,对观点的论证、事实的描述,都应准确、客观。高校教师可以讲述不同意见,也可以表达自己的倾向性,但要完整准确、客观公平,不能违背事实的本来面目。教师也可以在学术问题上独树一帜、标新立异,但要有严肃的科学精神,有全面的资料积累、严谨的逻辑推理,绝不能管窥蠡测、予智自雄。

对于教材中的重点、难点和关键,学生学习中发生差错的地方,教师要在课堂讲授过程中准确标出,清楚讲明。教师还要深入挖掘教材的思想性,抓住"德育点",有的放矢地向学生进行思想品德教育。但不能借口高校的思想解放、学术自由,宣传各种非无产阶级思想。

(3)方法恰当是说教学方法的选择和运用要恰当。事必有法,然后可行;教学有法,教无定法。教师要根据教学目的、教材内容和学生实际情况,恰当地选用多种多样的教学方式方法,使学生能够生动活泼地主动学习,融会贯通地掌握科学知识,发展创新思维和创新能力,养成良好的学习品质,同时,也有利于学生思想品德的提高。

(4)组织得当是指课堂教学有高度的计划性和严密的组织性。课的结构紧凑,疏密有致,各个教学环节与教学步骤之间有机衔接。教学的节奏与学生智力活动的节奏相适应,能以有限的时间和精力取得最好的教学效果。

对于课堂上发生的影响教学的偶发事件,教师要运用教育机制快速而妥善地处理,保证教学活动顺利进行。

(5)积极性高是指课堂教学中,教师和学生都充分发挥主观能动性,都处于积极的思维和情绪状态。双方相互配合、相互照应、相互支持、相互促进。教师把授课作为一件乐事来做,讲课时充满热情活力,倾全部智慧于讲台上;学生真正成了学习主人,听课全神贯注,随讲课内容思潮澎湃。听者被讲者吸引和感动,讲者被听者激励和感染。课堂上师生保持着亢奋的良性互动,这是积极性高的典型表现。

(6)语言生动。讲课中,教师要运用生动感人的语言传达自己的智慧,指导学生在知识的海洋里畅游。教师在课堂上的语言,主要有口头语言、板书语言和形体语言。

第一,口头语言。要清晰、流畅、准确、生动,富有感染性、趣味性和启发性。语速要快慢适中,音调要抑扬顿挫,避免啰嗦句和口头禅。还要运用好短暂的"默语",起到"无声胜有声"的效果。

第二，板书语言。要写规范字，字迹清楚，避免错别字。板书设计要有条不紊，层次分明。运用光学媒体的字迹和版面，要精心设计，并注意字号、字体的变化。

第三，形体语言。要文雅得体，恰到好处。特别是把手势语的作用发挥好，可以收到口头语言事半功倍的效果。形体语言很多，除手势语言外，还有脸部表情语言、身体动作语言等。语言学家把这些形体语言连同语速、语调、时间空间的利用等统称之"非语言信号"。这些都是教师上课时应当关心和注意的。为此，苏联著名教育家马卡连柯说过："我认为，高等师范学校应当用其他的方法来培养我们的教师。如怎样站、怎样坐、怎样从桌子旁边的椅子上站起来、怎样提高声调、怎样笑和怎样看等等'细枝末节'。在我的实际工作中，对于我和对于你们这许多有经验的教师一样，是具有决定意义的。……如果没有这些技巧，那就不能成为一个好教师。"

（三）其他教学环节

1. 课外作业

课外作业是课堂教学的延伸，也是教学工作的有机组成部分。它是学生根据教师的布置和要求，在课外进行的、没有教师直接指导的一种独立的学习活动。对于巩固和完善学生在课内学到的知识技能，培养学生独立工作的能力和习惯，发展学生智力和创造才能具有重要意义。

课外作业的种类多种多样。按布置时间分，有预习作业、课后作业；按内容分，有书面作业、口头作业、实践活动作业、阅读作业等，按课程结构分，有基础课作业、专业课作业、必修课作业、选修课作业等。

教师布置和批改学生课外作业应遵循下列要求：

（1）作业内容要符合教学大纲和教科书的要求，有助于学生巩固、加深所学的知识，并形成相应的技能、技巧。

（2）作业量要适当，难易要适度。要按本学科上课与自习时间的比例确定作业量。作业难易程度以学生的一般水平为准。但也要照顾少数学习成绩突出或学习困难的学生。各科教师要相互协调作业量，防止学生课外作业忙闲不均或负担过重。

（3）教师要明确对作业的要求，规定完成的时间。对难度较大的作业可以进行必要的指导。

（4）要认真批改学生作业，注意学生作业错误的数量、性质，并分析产生的原因，以便在课堂授课时作及时讲评，提高学生理解和分析的能力。

（5）教师批改学生作业，要有统一标准，给分要公平合理。写评语要明确具体，实事求是，富有启发性。

2. 课外辅导答疑

课外辅导答疑是课堂教学的必要补充,也是教学工作的必要环节。它是教师帮助和指导学生学习的活动。包括答疑、指导学生课外作业、给缺课或学习基础差的学生补课、为成绩优秀的学生进一步学习作指导,以及帮助学生明确学习目的,指出学习的优缺点,教授正确的学习方法等。其中,答疑是针对学生提出的疑难问题进行辅导。

课外辅导答疑有个别进行和集体进行两种形式。个别辅导答疑是根据学生学习上的具体情况进行的个别指导;集体辅导答疑是以班级为单位或对学习情况相近的一些学生所作的辅导。

教师的课外辅导答疑应遵循下列要求:

(1)必须在深入调查了解学生学习情况的基础上,确定辅导答疑的内容、重点及采取措施,使课外辅导答疑能收到好的效果。

(2)课外辅导答疑应给学生较大的选择自由,允许学生自愿参加。

(3)辅导答疑要注意启发性,拓展思路,调动学生学习的积极性,不要简单重复上课的过程。

(4)对学习差的学生辅导,可以组织学习好的学生协助教师工作。这样,不仅能收到好的辅导效果,还能促进学生之间的团结友谊,有利于形成好的班风。

3. 学业成绩检查与评定

学业成绩检查与评定是对课堂教学的反馈,是教学工作的重要环节。它是检查、评定学业成绩和教学效果的一种方法,对提高教学质量有特殊重要的意义。

其意义有三个:一是能够促使学生经常地复习功课,巩固和加深所学的知识技能,发现自己学习中的优缺点,明确努力方向,养成良好的学习习惯;二是可以帮助教师了解自己的教课效果,总结教学经验,不断改进课堂教学;三是可以使学校了解教与学的情况,不断改进学校对教学工作的领导。

学业成绩检查的方法有两种:考查与考试。平时检查一般用考查,考查课结束时也采用考查;总结性检查一般用考试,考试课结束时必须用考试。

学业成绩的评定采用记分和评语两种方式,也可以两者结合使用。一般考试采用百分制记分法,考查多采用等级制记分法(优、良、中、及格、不及格五个等级,或及格、不及格两个等级)。

教师对学生学业成绩检查与评定应遵循下列要求:

(1)要坚持科学性、有效性和可靠性。科学性就是要坚持评分的客观标准,防止主观随意性;有效性是指任何检查与评定都应当有效地检查出学生的学习情况,能正确地反映出学生对有关学科内容掌握的程度和能力发展的水平。可靠性是指学业成绩检查与评定能反映学生比较稳定的学习水平,不要因偶然因素影响检查与评定的可靠性。

(2)命题内容要紧扣教学大纲,既全面又突出重点,既有广度又有深度。题型要多样化,既有考查"双基"的记忆和技能性试题,更要有考查智能的理解性和创造性的发挥题。答题的要求的指示语要明确,考分分布要合理。

(3)学业成绩检查的方法要灵活,考试的次数要适当。要从一切有利于提高教学质量、有利于调动学生学习积极性出发,不断改革高校的考试考查方法。

(4)要教育学生明确考试目的,端正考试态度,严格遵守考试纪律。教师评分时,要正确掌握评分标准,客观、公正地给分。阅卷后要做试卷分析,以改进教学与试卷命题工作。

四、实验课教学与社会实践

高校的实验课教学与社会实践,都是高校重要的教学形式,是实现高等教育目的不可缺少的教学活动。

(一)实验课教学

1. 实验课教学的概念和意义

(1)概念。实验课教学是实践性教学的一种组织形式,是学生在教师的指导下,运用仪器设备或其他手段,进行独立操作,人为地引起事物或现象的变化,通过观察、测定和分析,获得知识与发展能力的教学活动。

直观性、操作性以及学生在实验中的主动性、探索性和创造性,是实验课教学的主要特点。

(2)实验课教学的意义。第一,验证书本知识,获取新的知识。

第二,培养正确使用仪器设备,设计实验方案和编写实验报告的能力。

第三,发展学生的科学素养,提高学生科学研究意识,为未来职业的需要奠定良好基础。

2. 实验课教学环节

实验课教学有验证性实验、探索性实验和设计性实验三种形式。无论哪种实验形式,在教学中都由四个环节组成。

(1)实验课的准备。实验课之前,师生要做好相关准备。

教师要做五件事情:① 研究实验内容,确定实验方案并准备讲义;② 检查实验室设备和实验器材的准备情况;③ 准备实验中要求学生的各项事宜;④ 给学生布置要预习的实验内容;⑤对参加实验的学生进行分组。

学生要做两件事情:① 认真预习实验教材,了解实验的仪器设备;② 写好实验预习报告。

通过上述师生准备工作,保证实验开始后的顺利进行。

(2)实验课的组织与课堂控制。实验开始前,教师要检查学生实验预习的情况,并作简要讲解,交代注意事项;还要对实验仪器设备完好情况做进一步检查。

实验开始后,要求学生按操作规范和顺序准确操作,边做边思考边分析边记录。

在实验过程中,教师要对学生随时指导。指导要有计划性、针对性、启发性。发现问题及时处理、及时总结,以点代面,全体受益。

同时,教师要掌握好实验教学各环节的进度,控制好课堂气氛,保证实验井然有序地进行,提高实验课的效率。

(3)撰写实验报告。实验结束后,要求学生立即对实验数据进行处理,并通过分析讨论得出结论,撰写实验报告。实验报告可以集体研究讨论,但必须由每个参与实验的学生独立完成。实验报告要写明:实验名称,学生简况,实验目的、要求,实验原理,实验方法、步骤和条件,实验的数据处理与实验结果,实验现象的分析、讨论,实验结论,主要参考文献。

(4)实验课总结。实验课结束,师生应一起从四个主要方面来总结。

第一,讨论和检验实验结果是否达到了目的。

第二,对实验中好的做法及存在的问题进行归纳分析,肯定成绩,指出不足。对学生实验中共性的错误,教师要用解答或示范操作加以纠正。

第三,对实验中学生的思想认识、道德品质、科学素养等方面反映出来的好人好事与问题,要全面客观的分析,树立良好风尚,批评错误倾向。

第四,要求树立良好的实验室工作作风,做到人走场地清,仪器设备完好整洁。经师生共同检查后,一起撤离实验室。

(二)社会实践

1. 社会实践的概念和意义

(1)概念。社会实践是高校重要的实践性教学组织形式,是指高校学生有目的、有计划地深入现实社会,参与具体的生产劳动和社会生活,了解社会、增长知识技能、养成正确的社会意识和人生观的教学活动。

国家多次明文规定,高校应根据不同学科、不同年级的特点,采取不同的内容和方法组织学生参加社会实践。参加社会实践的时间,本科生四年中不得少于四个月到六个月,研究生也要参加必要的社会实践,做到不脱离社会,不脱离实际。

(2)社会实践的意义。① 有利于促进知识的转化和知识的拓展。② 有利于增强高校学生的社会意识和社会技能。③ 有利于发展高校学生的创造才能和组织才能。④ 有利于高校学生陶冶感情,提高修养,完善良好的个性品质。⑤ 有利于培养集体主义精神和热爱劳动、热爱劳动人民、立志为人民服务的思想品德和能力。

2. 社会实践的内容与类别

(1) 社会实践的内容分以下五个方面。

第一,政治思想教育。这是高校学生社会实践的重要内容,它主要包括四项基本原则教育(坚持社会主义道路,坚持人民民主专政,坚持中国共产党的领导,坚持马克思列宁主义、毛泽东思想)、邓小平理论和"三个代表"重要思想的教育、党和国家方针政策的教育,以及共产主义理想和社会主义道德的教育。这些方面涵盖了我国新时期高校学生应具备的基本政治素质。虽然这些内容也在课堂上灌输,提高着学生的理论认识,但是,要把认识真正转化为价值观念和行为习惯,不经过实践环节,难以充分实现。因此说,社会实践对高校学生的政治思想教育有着特殊的重要作用。

第二,国情、民情教育。这是高校学生社会实践的另一个重要内容。了解基本国情、民情,是学生树立正确的民族自尊心、自豪感、自信心的基石,是爱国主义情感的源泉,是为祖国、为人民奉献青春的根本动力。社会实践是高校学生接受国情、民情教育的绝好方式,这种方式比理论教学更直接、更生动、更有感染力。

第三,社会规范和社会角色教育。社会规范是群体成员共同遵循的行为准则,包括法律、道德、职业规则、民俗习惯等,有助于增强群体的凝聚力。高校学生在社会实践中,能体验到社会规范的约束作用、理解社会规范对社会和谐的意义,并使自己符合社会规范的行为得到强化,最终变成行为习惯;而那些不符合社会规范的行为习惯得到纠正,为新的文明行为所代替。社会角色是个人在特定的社会环境中相应的社会身份和社会地位,以及履行的相应社会职责。高校学生承担一定的工作责任,体验一定的社会角色,有助于轻松地向社会人转化。

第四,人际关系技能和自我完善的教育。人际关系技能是在社会生活中与他人有效地进行交往以及处理人事关系的能力。包括咨询技巧、管理技能、讨论技能、合作技能、销售技能等。这些技能的养成,主要靠学生的社会实践。自我完善是学生个体在认识自我、悦纳自我的基础上,自觉规划行为目标,主动调节自身行为,积极改造自己的个性,使个性全面发展以适应社会要求的过程。自我完善是个体自我教育的最重要方式,既是一个合理确立理想自我、努力提高现实自我的过程,也是一个主动改变现实自我以达到理想自我的过程。社会实践比之课堂教学,更有利于学生的自我完善。

第五,劳动和专业技能教育。这里既包括基本的劳动意识和劳动技术教育,也包括与未来职业相关的基本技能、生产工艺和规范教育。劳动是人类社会赖以生存和发展的基础,是人的基本需要之一。培养高校学生尊重劳动、热爱劳动,并具有基本的劳动技能,是高校学生走入社会并获得生存和发展的基本条件。社会实践在这方面的作用是课堂教学难以达到的。

(2)社会实践的类别。高校学生的社会实践活动,内容广泛,形式多样,并且随着社会实践活动的深入开展,新的内容、新的形式还会不断地涌现。当前,高等学校普遍采用的、比较稳定的社会实践活动形式有:军事训练、教学实验、专业实习、毕业设计、生产劳动、社会考察、科技服务、勤工俭学、参观访问等。根据活动组织的规模、计划性、稳定性及组织者的不同,可以划分为六种类型。

第一,列入教学计划,通常是由教务处组织并配合一定的教学过程进行的。有教学实验、专业实习、毕业设计、军事训练、生产见习、公益劳动、社会调查、基层工作等。

第二,教学计划外,通常由团委、学生会组织;有时也由学生个人自发组织的。有社会考察、科技文化服务、智力扶贫、勤工俭学、社区活动、公益劳动等。

第三,有较为固定的对口实践单位或场所的"基地化"社会实践。有工厂企业实践基地的社会实践,老少边穷地区实践基地的社会实践,行政特区实践基地的社会实践,爱国主义教育基地的社会实践等。

第四,没有固定的活动基地,而是根据实践活动主题临时确定的"非基地化"社会实践。有临时的公益劳动、特殊的社会调查、紧急的社会服务、流动性的社会咨询等。

第五,结合专业特点和课程进行情况而组织的专业实践活动,又称专业实习。专业实践活动因专业不同而有多种的形式和内容。专业实习都列入教学计划,由教务处统一组织,全体学生都要参加,是教学过程的有机组成部分。

第六,与专业内容没有直接联系的非专业实践活动。有智力扶贫、抗灾救灾、公益劳动、科技服务、文艺演出等。非专业社会实践活动的组织者、活动主题和场所的选择比较机动灵活,多以思想政治教育和社会服务为主要内容。

3. 高校社会实践的组织原则

(1)坚持教育效益为主,兼顾社会效益和经济效益的原则;

(2)点面结合、以点带面的原则;

(3)系统规划、分层进行的原则;

(4)因地制宜、勤俭节约的原则。

(5)发挥学生自主性、主动性和教师指导相配合的原则。

五、科研训练与毕业设计

在高校的教学活动中,科研训练和毕业设计是不可缺少的教学形式,在实现高校教育培养目标上起着重要的作用。

(一)科研训练

1. 科研训练的概念及安排

(1)概念。科研训练是高校重要的教学形式之一。它是旨在使学生掌握科学研究方法,培养运用所学知识分析和解决实际问题能力的教学活动。

(2)科研训练安排。专科教育一般不专门安排,可结合课堂教学和实验课进行。本科教育的低年级通常也不专门安排,可吸收他们参加课外科技活动小组,培养他们对科学研究的兴趣。高年级一般安排科学研究训练课,包括毕业论文、毕业设计等,使学生接受从收集资料、选择课题、制订研究计划、进行研究设计、采集和分析处理数据、作出科学结论,直至撰写科研报告(或论文)等一整套研究方法的综合训练。研究课题多为生产实践或社会实践中的实际问题。本科生高年级学生也可参加教师或研究生的研究项目。整个科研训练过程需要在指导教师的指导下进行。在研究生教育阶段,科学研究在教学计划中占主要地位,课时比重很大。

2. 科研指导

(1)结合日常教学活动进行科研指导。在课堂教学中进行的科研指导:教师在授课时要有计划地进行科研内容、科研方法的介绍;要把与教学内容有关的学术观点、学术动态向学生作引导性讲解,启发学生的科研意识;要结合科研课题,让学生综述科学文献,并进行研究性实验;要鼓励学生独立选择实验题目、制订实验方案、实行实验操作,从中培养学生的科研能力。

还有,在实践教学中进行的科研指导:鼓励学生参加各种学术报告会、讲座或研讨会;鼓励学生参加教师的科研课题,参加各种课外科研小组或学术研究团体;鼓励学生在参观、调查、实习和社会服务中自觉进行科研训练,寻找科研课题,等等。科研活动要建立在学生兴趣和爱好上,不一定限制在所学的专业和课程里。

(2)结合学生的学年论文或毕业论文进行科研指导。学年论文也称课程论文,是本科学生在教学计划规定的某一学期内,在教师指导下就给定的课题独立进行研究写出的小论文。毕业论文是本科学生集中进行科学研究训练后,在毕业前撰写的论文。学年论文和毕业论文对于培养学生各种初步的独立科研能力和创造性有重要作用。

教师在进行指导选题时,要考虑学生的专长、兴趣和能力,并征求学生的意见,进行有针对性的指导。选题要和学生所学专业与课程相结合,并能反映一定的实际问题,既不能太难,也不要太容易。

选题之后,教师要指导学生查阅文献资料,制订写作计划或设计计划,然后审定学生写出的论文大纲,按照计划检查督促学生论文写作的进展情况,及时解决学生遇到的问题。

学年论文和毕业论文是学生从事独立科研工作的起点,也是学生从学校学习过渡到实际独立工作的关键环节。教师通过对论文的指导,使学生的科研意识和科研能力有较大的提高。

(二)毕业设计与毕业论文

这是高校学生毕业前夕总结性的独立作业,是实践性教学的最后一个环节。学生只有在完成教学计划所规定的理论课程、课程设计与实习,经考试、考查及格后才能进行。学生通过毕业设计或毕业论文答辩,成绩合格后才能准予毕业。

1. 毕业设计(论文)的概念和作用

(1)概念。毕业设计多在理工科院校或专业进行,而毕业论文多在文科院校或专业进行。它们都是旨在培养学生综合运用所学理论、知识和技能解决实际问题能力的高校教学活动的最后环节,是评定毕业成绩的重要依据。

(2)作用。① 全面检查学生掌握基础理论的情况、技能的熟练程度、分析和解决问题的能力。② 培养、锻炼学生实际工作的能力,为职业劳动需要作好准备。③ 对学校教学起检查、巩固和提高的作用。④ 促进指导教师科研能力和组织能力的提高。

2. 毕业设计的一般过程和要求

毕业设计一般安排在第四学年的第二学期进行,教学时间为18周,整个过程大体有四个阶段:

(1)文献资料的收集与阅读阶段,2周时间,要求学生收集阅读有关文献资料,写出文献综述,作为本阶段的总结。

(2)毕业设计的准备阶段,2周时间,要求学生独立拟定出完成设计任务的具体方案,并以教学小组为单位进行开题报告,对方案进行必要的论证,确定完成毕业设计的具体计划。

(3)设计制图和实验研究阶段,12周时间,毕业设计的主要工作都要在此阶段内完成。

(4)撰写设计说明书或论文阶段,2周时间,要求按统一规格式样撰写。

在这四个阶段中,教师要做好三个检查:一是初期检查,一般在学生完成资料查阅、文献综述和课题报告之后进行;二是期中检查,安排在第9周或第10周,主要检查学生毕业设计进展情况;三是结束前检查,检查和评阅毕业设计的成果,合格后由指导教师签字,答辩前再由教研室组织人员最后审查、评阅。

毕业设计答辩时,系里组织由五人以上具有讲师以上职称的教师组成的答辩委员会。先听取学生20分钟左右的毕业设计陈述,之后由答辩委员会成员及有关人员提出问题让学生答辩。答辩结束后,学生退场,答辩委员会根据学生毕业设计的质量与学生答辩的情况,并听取指导教师的意见,作出集体评定。评定以多数人的意见为准,但要标明少数人的不同意见。评定成绩分优秀、良好、中等、及格和不及格五个等级。然后,请学生进场,当面宣读集体评定的结果。

3. 撰写毕业论文的步骤与方法

(1)选择课题,确定题目。
(2)查阅文献,搜集资料。
(3)全面思考,拟定提纲。
(4)撰写初稿,修改定稿。
(5)论文答辩,评审质量。

六、高等学校的学年制与学分制

(一)学年制与学分制的概念及特点

1. 学年制概念及特点

(1)概念。学年制是按学年或学期排定的课程进行教学,以学年规定学生达到的水平的教学制度。

(2)特点。教学以学年划分阶段进行管理,学生一律编属一定的班级。同班学生均按同一进度学习同一课程。每学年结束,成绩不合格或因其他原因不能随班进入高一年级者予以留级,延长学习一年。允许留级的次数可加以限定。

实行学年制,有统一的教学计划,各课程有统一的教学大纲和教科书,还有一套具体的规章和办法,比较容易管理,也利于保证教学秩序的稳定和一定的教学质量。但是,它不利于新的学科较快地进入高校,也不利于学生按其不同的发展水平、兴趣和专长主动地进行学习。

2. 学分制概念及特点

(1)概念。学分制是以学生取得的学分数作为衡量其学业完成情况的基本依据,并据此进行有关管理工作的教学制度。

(2)特点。一般是将学生毕业时应掌握的知识、能力的总体分解成各"小单元",并分别确定为必修和选修两大类,规定每门课程的学分和取得该专业毕业应修满的总学分,把取得的总学分作为学生毕业或获得学位的业务标准。

实行学分制,允许学生在一定范围内根据自己的基础、特长、兴趣选修一些课程,还可以跨年级、跨专业、跨院系选修课程;毕业要求不作修业年限的规定,只要总分数达到要求,可以提前毕业,也可以推迟毕业。但是,它的最大缺点是容易造成教学秩序的混乱和教学资源的浪费。

(二)我国高校实行学分制的意义及完善学分制应注意的问题

1. 实行学分制的意义

过去在我国计划经济体制下,为加强高级专门人才培养的计划性,要求高校采用学年制。随着市场经济的建立,学年制的弊病日益显露。为顺应社会主义市场经济的发展,高校在深化教学改革中,纷纷推出学分制教学制度,并不断完善学分制的管理工作。当前,实行学分制对我国的高等教育有重要的现实意义:

(1)有利于促进高校教学思想的转变,充分贯彻因材施教的教学原则。

(2)有利于高校的人才培养主动适应社会主义市场经济的发展和加入WTO后经济形势的变化,增强人才培养的灵活性和机动性。

(3)有利于人才的全面发展和个性发展,最大限度地发挥学生的学习潜能。

(4)有利于促进高校教学改革的深化,促进高校教学组织形式的变革和新课程的增加,推动高校教学管理制度的综合改革。

2. 完善学分制应注意的问题

(1)完善学分制必须在如何适应市场经济和加入WTO后我国经济的变化上多做文章,搞好课程结构,选准课程内容,积极开展国际间教学制度的交流,吸收国外先进的教学管理经验,建立国内院校间相互承认学分的制度,并逐步建立国际间相互承认的学分标准与管理制度。

(2)学分制改革必须与高校教育制度整体改革的深入发展相适应。只有在高校的学制、学位制度、招生就业制度和教师聘用制度的深入改革中,学分制才能不断完善。

(3)学分制改革还要和高校管理体制与运行机制的改革相适应。高校办学的自主权和法人地位的落实程度直接关系到学分制实行的广度与深度。

(4)完善学分制还必须与其他教学改革相配套,逐步建立学分制与主辅修制、双主修制、双学位制及工读交替制、弹性学习制度等教学制度相结合的教学管理制度。

(5)完善学分制还必须重视学分课程的质量要求,并科学设定不同课程的学分差别。

第四节 高等学校教学方法

一、教学方法概述

（一）概念

教学方法有广义和狭义两种概念。广义概念，是指某种教学理论、原则和方法及其实践的统称。狭义概念，是指师生为完成一定教学任务，在共同活动中所采用的教学方式、途径和手段。通常教育学理论提到的就是这个狭义概念。

教学方式是教学方法的活动细节，是指教学过程中具体的活动状态，表明教学活动实际呈现的形式。同一教学方式可以用于不同的教学方法，不同的教学方式也可包含于同一教学方法之中。教学方式能使教师工作方法形成独特风格，赋予教学方法以个人特征，也能影响学生掌握知识的个人特点。

（二）教学方法的意义

第一，是实现教育目的，传授教学内容的重要手段。毛泽东曾指出："我们不但要提出任务，而且要解决完成任务的方法问题。我们的任务是过河，但是没有桥或没有船就不能过，不解决桥或船的问题，过河就是一句空话。不解决方法问题，任务也只是瞎说一顿。"[①] 教学内容的传授，教学目的的实现，没有教学方法是不可能的。

第二，直接关系教学工作的效率。先进的、科学的教学方法，将促进更多更快地培养人才；反之，则阻碍教学质量的提高。

第三，教学方法不仅指教师教的方法，也指学生学的方法。学生掌握科学的学习方法，对于提高学习质量，发展创造能力具有极为重要的作用。

（三）高校教学方法特点

第一，由教师直接控制转变为师生共同控制信息的传递。高校教学强调发挥教师的指导作用和学生的主体作用的互相结合，通过教学方法的转变与组合，充分调动学生学习的主动性和积极性，发挥学生的独立精神和创造才能。

第二，由于高校学生学习独立性的增强，使组成教学法的双方在整个体系中的比重发生较大的变化，教师教的成分逐渐减少，学生自学的成分逐年增加。教师教的概念也发生了变化，即由简单地传授、灌输知识转化为对学生学法的指导

---

① 毛泽东.关心群众生活，注意工作方法（1934年1月27日）[A].毛泽东选集（第1卷）[M].北京：人民出版社，1991：139.

和启发,由教"书"向教"学"转变,出现了课堂讲授的课时数大幅度下降,而课堂讨论、质疑、练习、实验等的课时数量显著增加的现象。同时,由于高校学生有多样化的信息渠道,学生从教师那里获取信息量的比重也在降低。

第三,教学方法与研究方法相互渗透和结合。高校教师不再以让学生掌握前人积累的知识为满足,而是竭力使学生了解科学发展的最新情况,并在教学中逐渐把人类探索、研究客观世界的方法与教学方法结合起来,训练学生初步掌握科学研究的方法。

二、高校的几种主要的教学方法

高校的教学方法很多,可以分为五类:① 运用语言向学生传授知识技能的方法,如讲授法、问答法、讨论法等;② 指导学生通过直观感知获得知识技能的方法,如演示法、实验实习法、参观法等;③ 教师指导学生独立获取知识技能的方法,如自学指导法、练习法等;④ 以探究知识技能的发展过程、发展规律和发展态势为目的的方法,如发现法、案例分析法等;⑤ 以情感陶冶来体验和获取知识技能的方法,如欣赏法、情感陶冶法、榜样示范法等。为了便于分析,下面重点讨论三种常用的教学方法。

(一)讲授法

1. 概念

讲授法也称口述教学法,是教师通过口头语言系统连贯地向学生传授知识,提高学生思想认识的教学方法。讲授法包括讲述、讲解、讲演、讲读四种具体方式,是高校最普遍采用的教学方法。其优点是:成本低,教学效率较高,通用性强,能寓思想教育于讲授之中。但其缺点是:容易造成学生思维和学习的被动;不能使学生直接体验课堂讲授的知识;较长时间的听课容易使学生产生抑制并遗忘许多内容。

2. 讲授法适用范围

(1)内容上,最适合于讲授与事实有关的知识,特别是新近发生的、尚未形成书籍的知识。也适合于抽象程度高、学科内容复杂的课程。对于事实以外的内容,讲授时必须借助教具、实验仪器及电化教学手段。

(2)对象上,最适合于需要给予更多指导的学生。一般高校低年级比较喜欢讲授法,而高年级特别是毕业班,更适合于自学或讨论课教学。

(3)教师上,最适合于充满自信、思路清晰、知识丰富、口语流畅并富有感染力的教师。其他教师通过锻炼也可以较好地运用讲授法,或者采用其他教学方法和方式弥补自己讲授法上的不足。

(4)环境上,最适合于规模较大的班级。但场所过大,要配备扩音设备,以保证教学效果。

3. 基本要求

（1）讲授内容要准确无误，并注意科学性与思想性的结合，做到"教学具有教育性"。

（2）讲授要注意系统和逻辑性。既系统全面，又主次分明、条理清晰，重点、难点突出。

（3）讲授要有启发性和情感性。要善于设疑、激疑和解疑，引领学生的思绪与感情同教师授课同步进行，使教师提出问题、分析问题、解决问题的过程，成为学生积极开展认识活动、自觉领悟知识的过程。

（4）讲授时要讲究语言艺术。吐字清晰、准确，语速、音量、音调适宜，语句精练、易懂、生动形象。并配之恰当的表情语言、手势语言和体姿语言，使讲授过程富有感染力。

（5）讲授要善于运用板书相配合。板书设计要合理，书写层次要条理分明，字迹要规范、工整。副板书要写在黑板两侧，随写随擦，既能及时点出知识要点，又不至于造成学生视觉的混乱。

（二）讨论法

1. 概念

讨论法是指以加深对所学内容认识、辨明是非或获得新的结论为目的，把学生组织起来，激发思维，各抒己见以取得共同提高的教学方法。

讨论法是高校教学中很受学生欢迎的方法。它能比较充分地发挥学生学习的主动性和积极性；有利于培养学生的独立思考能力、口语表达能力和创造精神；也有利于促进学生灵活地运用知识和提高分析问题、解决问题的能力。由于讨论是一种多向信息交流活动，学生在听取不同发言时可进行比较，取长补短，共同提高。但其缺点是，常常在教学中表现为明显的无计划，甚至杂乱无章；教学目的和任务常常难以完整地实现。教师如果指导不当，还会造成学生间不必要的矛盾和争执。

2. 讨论法适用范围

（1）内容上，最适合于应用概念和学会解决问题的技能，也适合于旨在改变学生学习态度的教学。

（2）对象上，高年级学生比低年级学生更适合采用讨论法；班风活跃，集体团结融洽的班级适合于讨论法教学。

（3）教师上，思路清晰、思维敏捷、知识丰富、具有民主精神的教师最适合于组织讨论课。

（4）环境上，要有适中的场所，座位可以按照讨论需要进行安排，通常采用椭圆形的座位排列,增加学生的平等气氛和交流需要。

3. 基本要求

（1）出好讨论题目。首先,讨论题目应当是学生深入掌握所学知识中具有关键意义的问题,或者是教材中的重点、难点,以期通过讨论加以解决;其次,讨论题目要有启发性,能引起学生发表不同意见,开展争论或辩论。为此,教师在出题时要考虑知识的需要和学生的基础。

（2）讨论前师生都要作好准备。讨论题目确定后,要提前向学生布置,便于学生查找资料,准备发言提纲;教师也要围绕讨论题目做多方面的知识准备,并制订讨论计划和讨论规则。

（3）讨论中,教师要善于引导。教师不能包办讨论,也不应作长篇发言。但要在关键时刻善于启发引导,把讨论引向深入。要倡导民主的空气,鼓励发表不同意见,并要求不同意见有较为系统、中肯的阐述。防止多数压制少数的讨论作风。

（4）讨论中,教师要注意发言的全面性。善于调控讨论进程,争取让每个人都有机会参与到讨论中来。

（5）讨论结束,教师要及时总结。简要复述讨论的观点,对争论较大没有统一的问题发表自己的意见;并把争论的本质问题梳理清楚,指导学生课后进一步思考。

（三）自学指导法

1. 概念

自学指导法也称自学辅导法,是学生在教师指导下,自学教材或进行实验而获得知识、掌握技能、发展能力的教学方法。

自学指导法是高校教法改革关注的问题之一。目前看,其优点是:能增强学生学习的责任感,提高学生学习的主动性;有助于培养学生学会学习,尤其是学习新知识和创造性学习的能力;也有助于养成学生独立思考的习惯。但缺点是,可能由于学生自制力不强会流于形式;教师对学生的学习成果难以科学测定。

2. 自学指导法适用范围

（1）内容上,更适合于各种专业课程,尤其是处理特别专门的问题时更倾向于使用自学指导法。高校政治课的一些内容和文学艺术类的课程也适合用自学指导法。

（2）对象上,更适合于具有强烈学习动机、自信心强的学生,但并不一定都是智力和学业出众的学生。

（3）教师上,能充分信任学生并且对学法有所研究的教师最适合采用自学指导法。

（4）环境上，只要有独立学习的环境即可。可以在寝室、图书馆、阅览室，也可以是在校外教育机构，还可以在校园树荫下和公园的安静处。对于自制力强的学生，吵闹的环境也一样能专心致志地自学，古语云："缠脱只在自心，心了，则屠肆糟糠居然净土。"[①]

3. 基本要求

（1）在学生确定自学题目前，教师应向学生介绍一批选题，并围绕这些选题提供有关资料和背景。学生选定题目后，教师要逐个审阅，对不适当的选题要与学生交换意见后，由学生另选。

（2）教师要帮助学生制定自学的近期计划和远期计划，并把计划变成学生内在的学习动机。

（3）教师对学生的自学能力要耐心培养，对学生自学中的发现，及时鼓励并在学生中间介绍推广。

（4）采用自学指导法，师生的教学观要有明确的转变。教师要由教学的主导者变为学生学习的辅导者和推动者。学生也由教学的接受者变为教学的参与者和学习的主动者。从广义上理解，自学指导法也包括教师对学生课前预习和课后复习的指导。教师要及时检查学生预习和复习的进度与效果，并针对学生提出的问题给予个别指导和集体指导。

（四）案例教学法

案例教学是指以案例背景材料为出发点，在教师培训者的引导与组织下，教师在熟悉案例材料的基础上，调研并查阅相关资料，对案例材料所明示和隐含的问题进行思考、分析、讨论和交流，以加深教师对课程中基本原理和基本概念的理解和掌握，提高学习者发现问题、分析问题和解决问题能力的一种教学方法。[②]

1. 案例教学的特点[③]

（1）明确的目的性。在案例教学中，无论是案例的编写与选择，还是案例教学中每一个环节的设计，都是围绕着一定的教学目标和实现一定的教学任务来进行的。一般来讲，案例教学中，主要通过一个或几个独特而又具有代表性的典型事件，让学生在案例的阅读、思考、分析、讨论中，建立起一套适合自己的完整而又严密的逻辑思维方法和思考问题的方式，以提高学生分析问题、解决问题的能力，进而提高学生的素质。

---

① 洪应明.菜根谈[M].成都:巴蜀书社,1991:62.
② 钟波兰,崔志峰.走出案例教学的误区[J].职业教育研究,2008(5):126-127.
③ 张家军,靳玉乐.论案例教学的本质与特点[J].中国教育学刊,2004(1):48-50.

（2）客观真实性。在前面介绍案例的定义时，我们曾把案例界定为：案例就是为了一定的教学目的，围绕选定的一个或几个问题，以事实为素材而编写成的对某一实际情境的客观描述。从这个定义中不难看出，案例具有客观真实性。案例教学中的案例所描述的事件基本上都是真实的，虽然有时为了某种需要而虚拟一些情节，但基本事实都是真实的，并且在案例描述中一般都不加入编写者的评论和分析，编写者原原本本地描述事实发生的情节和过程。由于案例的客观真实性，决定了案例教学的真实性。在案例教学中，学生在老师的指导下，根据自己所学的知识，对案例进行分析和思考，进而得出自己的结论。

（3）较强的综合性。案例教学中的综合性可从两个方面来理解：一是案例教学中的案例较之一般的举例内涵丰富。这在前面我们已经讲过，并比较过案例教学与举例教学的区别，这里不再赘述。二是在案例教学中，案例的分析、解决过程也较为复杂，它不仅需要学生具备基本的理论知识，而且还应具有审时度势、权衡应变、果断决策的能力。因而，案例教学的实施，需要学生综合运用各种知识和灵活的技巧来处理不同的案例问题，不断地提高分析问题和解决问题的能力。

（4）深刻的启发性。我们知道，在案例教学中，不存在绝对正确的答案。案例教学的目的就在于运用案例，启发学生独立自主地去思考、探索，注重培养学生独立思考的能力和分析问题、解决问题的能力，而不在于让学生死记硬背什么东西。通过案例教学，启发学生建立一套思考问题的方法和分析问题、解决问题的思维方式，使他们能够站在一个较高的视野和角度来看待问题。

（5）突出的实践性。在案例教学中，它没有直接简单地告诉学生一个真实的社会组织在干什么，而是让学生在社会生活方面发生过的案例中充当角色，学生运用已有的知识，通过自己的分析、思考，得出自己的判断，作出自己的决策，实现从理论到实践的转化，从而使学生在校园内就能接触并学习到大量的社会实际问题，弥补实践的不足和实际运作能力匮乏的缺陷。

（6）学生主体性。在案例教学中，学生是案例教学的主体。教师的职责是精心选择、编写案例，并指导课堂讨论，防止课堂讨论的气氛过于激烈或冷漠；学生在教师的指导下，积极参与进来，独立自主地深入案例，在案例所描述的情境中，充分体验案例角色，对案例进行分析、讨论，并在此过程中相互学习。

（7）过程动态性。案例教学与传统教学最大的不同就是整个教学过程一直是动态的。在教学过程中，不仅存在着老师个体与学生个体的交往，而且还存在着老师个体与学生群体、学生个体与学生个体、学生群体与学生群体的交往，也就是师生互动、生生互动，整个课堂一直处于动态的过程之中。

（8）结果多元性。案例教学的答案或结论，往往不是固定唯一的，而是具有多元性,它不刻意去寻找一个唯一的答案,事实上也不存在绝对正确的答案。对同一案例,学生们虽然了解的是同样的情境和信息,但对同一问题,每个人都会有不同的见解和不同的解决方法。因此,案例教学中不存在什么标准答案。在一般情况下,教师通过引导学生讨论,可从多种答案中得出一个大家公认的最佳答案。案例教学主要是培养学生在一定的情境和条件下,分析问题、思考问题和解决问题的能力,进而提高他们的决策水平。在现实生活中,由于条件的限制,没有也不可能有一成不变的答案,而只能是受时间、空间、人力、物力等各种条件限制的多种选择。

2. 实施案例教学的基本程序[①]

(1)案例准备。编写和选择好的案例是成功进行案例教学的前提和基础。案例是案例教学的核心和灵魂,同时也是案例教学区别于其他教学模式的关键所在。从某种意义上说,一个好的案例意味着案例教学已经成功了一半,它不仅使课堂变得生机盎然,而且会使学生记忆深刻,甚至会影响学生一生的选择和定位。那么究竟什么样的案例才算是一个好的案例呢?它必须具备以下几个基本条件:

第一,实在性。案例应该取材于鲜活的生产生活和工作实践,是指向现实事例的,而不是"摇椅上杜撰出来的事实",或者"从抽象的、概括化理论中演绎出的事实",更不是凭借个人的想象力、创造力和小聪明所随意编造出来的文字产品。

第二,趣味性。案例应该贴近学生的生活世界,或者就是从他们的日常生活中发生的事件所进行的一定程度的加工和概括。这样的案例才能吸引学生,促成他们不断思考,也才能使学生有话可说,激发他们探究的热情。

第三,完整性。案例的叙述与表达要有一个从开始到终结的完整过程,其中要有一些戏剧性的冲突,或者说应该面临一些两难困境,从而引发学生探索、反思。

第四,典型性。案例是实际情境的叙述与表达,在这个具体情境中,包含有一个或几个疑难问题,同时也可能包含有解决这些问题的方法。它们应该内容完整,情节具体详细,具有一定代表性。

第五,启发性。教学中所选择的案例是为一定的教学目的服务的,我们不能因选择好案例而背离教学目的,这样就是舍本逐末了。因此,每一个案例都应能够引人深思,启迪思路,进而为理解教学内容服务。

(2)案例的分析与讨论。组织学生对案例进行分析和讨论是案例教学的核

[①] 唐世纲. 论案例教学的实施及功用[J]. 教学与管理,2005(2):3-6.

心环节。这主要包括分发案例材料,学生个人阅读分析案例(内含学生查找相关资料、搜集有关信息进行佐证、概括提炼自己的观点等),学生代表发言、小组讨论、全班讨论、学生撰写案例分析报告和教师总结等具体程序。根据多年的教学实践,我们总结出来的大体做法是:

第一,学生个人阅读分析案例。这一步是基础性的工作,也是很艰苦的探究历程。它进行得怎样在很大程度上决定着后续步骤展开的广度和深度。换言之,这一步做得好坏决定着课堂教学在多大程度上逼近教学目标。因此,教师在上课之前就必须着重强调。假如教师在已经确定了案例教学的具体内容并编写或者找好案例材料的情况下,最好提前一周甚至两周将案例材料发给同学们,并对案例教学过程提出具体要求。比如案例分析的重点、分组的规模、发言时间的长短、案例分析报告的撰写等,然后由学生自主阅读、分析案例材料。

第二,小组讨论分析案例。在个人初步阅读和分析案例材料后,进行小组讨论。小组讨论由小组长负责。主要探讨老师布置给自己这个小组的有关问题和任务。小组讨论一部分在课堂上进行,大部分在课下(即业余时间)进行。这个阶段关键在于要求每个小组成员都必须积极主动地甚至创造性地参与讨论,并保证人人都有发言时间,在每个人都畅谈自己的想法和意见的基础上,各小组推荐一名代表,把大家的主张集中起来,并加工整理,代表本组在课堂上发言。

第三,代表发言。各个小组推荐出来的代表在课堂上的发言集中体现了本小组的基本观点和相应的建设性意见,也反映了该小组成员思考的深度和拓展的广度。同时,他们的发言也为全班同学的深入讨论提供了材料和主题。

第四,大班课堂讨论。以教学大班为单位,在课堂上对案例进行分析和展开讨论,甚至班上各个同学也可以进行激烈的辩论,这一过程是案例教学整个流程的关键和中心环节。师生双方都应予以高度重视。对于学生来说,课堂讨论既是学习别人长处、吸取别人经验的好机会,也是锻炼自己思维能力和演讲辩论的好机会。对于教师来说,应特别注意的是,课堂讨论应该让学生唱"主角",教师只是"导演"。"导演"要充分调动学生的积极性、主动性和创造性,让学生踊跃发言,畅所欲言,相互争论,相互启发。

(3)撰写案例分析报告。案例分析报告的撰写主要以小组为单位进行。它既是上几个阶段的全面总结与反思,同时又是后续课堂教学的起点和基础。总的来说,在这一阶段,主要是要求学生进行认真总结。一方面,完善本小组对案例分析的观点和方案,并积极借鉴其他小组的建设性意见和观点,为我所用;另一方面,对本小组在案例阅读、小组讨论、课堂发言等方面解决了哪些问题,还有哪些问题尚待解决等做全面总结。如果这个(或几个)案例在整门课程中占有非常重要的位置,那么我们可以以教学大班为单位进行更为全面的总结,以深化同学们对该教学内容的认识,促使教学目标的优质达成。

(4)教师的点拨与总结。由于学生还处在成长期,因此对许多问题的看法可能比较片面,甚至还会走极端。对此,老师要专门抽取时间进行开导、点拨和总结。这主要是在课堂讨论结束、各小组撰写完案例分析报告后进行。任课教师就本次案例分析情况做出小结和点评。小结的主要内容包括:归纳学生讨论的观点,结合案例进一步阐明相关的理论知识和方法,肯定案例讨论中同学们取得的成绩和优点,指出在讨论中存在的不足与问题,并可以向学生谈谈自己对这些问题的看法,以供学生参考等。

三、高校教学方法的改革与发展

统观我国和世界各国教育发展史和近年来的教学方法的改革,主要有三个共同的趋势:

(一)在指导思想上,提倡启发式,反对注入式

启发式和注入式是历史上两种对立的教学方法的指导思想。上千年来,注入式所以在中外流行,一是因为科学发展水平的限制,教育者不懂得教学过程的客观规律;二是因为统治阶级越是走向反动,就越是害怕改革前进、害怕真理,越需要培养循规蹈矩的人才;三是师道尊严和抱残守缺的观念的影响。但是,在教育的历史发展过程中,也总有些思想家、哲学家和教育家提出启发式的教育思想。我国的孔子就讲过:"不愤不启,不悱不发";古希腊的苏格拉底也用"问答法"(也称"产婆术")激发学生独立思考以探求真理;古印度的释迦牟尼提出"标月之指"的教授方法,让他的信徒循着他指出的方向自己去发现真谛。1929 年,毛泽东在《中国共产党红军第四军第九次代表大会决议案》的十大"教授法"中,明确指出要提倡启发式(废止注入式)"。[①]

启发式是指从学生的实际出发,采用各种有效的方式启发学生积极思维,使他们自觉地完成学习任务。注入式也叫"填鸭式",是指教师不顾学生的学习积极性和理解能力,只向学生灌输知识,要求死记硬背。两种教学指导思想的主要差别是:

(1)在教学目标上。注入式重知识的传授,忽视学生的能力培养;启发式强调在传授知识的同时,重视学生能力的培养和非智力因素的发展。

(2)在教与学的关系上。注入式将教师权威绝对化,将学生视为被动接受灌输的知识仓库和存储器,忽视学生学习的积极性,不重视学生的独立学习和对

---

① 毛泽东.毛泽东同志论教育工作[M].北京:人民教育出版社,1992:3

学法上的指导;启发式在肯定教师指导作用的同时,强调学生既是受教育的对象,又是具有主观能动性的认识主体,教学成果最终要从学生的变化来体现。

（3）在教学方式上。注入式喜欢采用单向的"填鸭式"的强制灌输,满足于教会学生模仿和最大限度的记忆,教学方式单调死板;启发式着眼于推动学生的学习积极性和主动性,注重学生学法和研究方法的指导,不断提高学生学习的独立性,并注意采用多种灵活的教学方式配合先进的教学手段,生动活泼地开展教学。

当代各种教学方法的改革实验,如发现法、问题教学法、局部探求法、研究法、范例教学法、程序教学法、暗示教学法等,虽然理论基础各异,改革主体也不完全相同,但在指导思想上都属于启发式。

启发式是一种教学指导思想。有时人们提启发式教学方法是对教学方法的广义理解。

（二）在教法功能上,由教给学生知识向教会学生学习转变

传统教学的首要目标是传授知识。在这一目标制约下,教学方法的主要功能是知识的传递和灌输,轻视对学生进行方法论的教育和能力的训练。随着当代社会的进步和科技的迅猛发展,为提高高等教育人才培养的适应性,各国都普遍强调在传授知识的同时,发展学生的能力,特别是学生的自学能力、创造能力,还要培养学生良好的人文精神,保持心理健康。为此,我国在1999年6月召开的第三次全国教育工作会议上,通过发布深化改革全面推进素质教育的决定,明确要求"积极实行启发式和讨论式教学,激发学生独立思考和创新的意识,切实提高教学质量。要让学生感受、理解知识产生和发展的过程,培养学生的科学精神和创新思维习惯,重视培养学生收集处理信息的能力、获取新知识的能力、分析和解决问题的能力、语言文字表达能力以及团结协作和社会活动的能力。普遍提高大学生的人文素养和科学素质。加强学生的心理健康教育。"

（三）在教学方法的整体结构上,强调教学方法的多样灵活与相互配合

当今社会,各国学者普遍认为,教师在教学活动中应更多地采用积极的教学方法,发挥学生学习的主体作用,提高教学质量。比如,在高校教学中,更多地运用课堂讨论、实践作业、辩论会、模拟生产环境和实际情景开展情景教学等教学方法。同时,组织高校学生多参加与学业有关的社会实践活动,并尽可能多地采用现代化教学手段。在课堂讨论中,鼓励学生敢于和善于提出问题,既能坚决捍卫自己的观点和信念,又能从善如流、虚心听取别人正确的意见、勇于改正自己的错误认识。

四、高校教学方法的选择与优化组合

教学方法的改革趋势和各种新的教学方法的不断涌现,使得高校教学方法的选择与优化显得越来越重要。教师要在具体的教学过程中,根据需要与可能,把有效的教学方法与教学手段优化组合,才能更好地完成教学任务,实现教学目标。选择教学方法的依据有以下几方面。

1. 依据具体的教学目标和任务

要依据每堂课的教学目的和任务选择教学方法。教学目的和任务不同,选择的教学方法也不同。如要使学生获取新的理论知识,一般要选用讲授法;要训练学习和技能、技巧,就应选用练习法、实习法等。如果一堂课要完成几个教学任务,就应该采用几种教学方法,或者以一种教学方法为主,配合使用几种其他的教学方法。

2. 依据高校的教学目标和教学原则

高校教学目标是为社会培养高级专门人才的。所以,在选择教学方法时,必须注意在使学生获得扎实雄厚的专业知识和技能的基础上,使学生独立学习、独立工作的能力有所发展。特别要运用恰当的教学方法培养学生的科学意识和创新能力。教学原则是根据教育目的和教学规律,在教学经验的基础上制定的,对教学实践、教学方法的选用有指导作用。比如,无论采用什么教学方法都必须体现教师的主导作用与学生主动性相结合的原则和面向全体与因材施教相结合的原则,还有传授知识与培养能力相统一的原则,等等。原则在胸,方法可以灵活采用,也可以创造。

3. 依据学科专业和教材的特点

高校是培养专门人才的场所,学科专业很多,不同学科专业对教学方法的要求有所差异。因此,选用教学方法必须考虑本学科专业的教学特点。教材是贯彻学科专业培养目标的教学材料,带有明显的学科专业特点。比如,文科类教材多采用讲授、讨论和社会调查等方法,而工科类教材除讲授外,多采用实验、实习和参观法,等等。

4. 依据学生特点

高校学生既有青年中后期向成年期过渡的共性特点,又有不同年级的典型的心理特征。比如,一年级新生还没有完全脱离高中时代的习惯和意识,缺乏自治和自主能力,专业思想还不巩固;而高年级毕业班的学生,思想较为成熟,自主支配意识很强,学习紧迫感和社会责任心突出,关注毕业的去向。所以,不同年级要采用不完全相同的教学方法和方式,以取得最好的教学效果。

5. 依据教师自身的条件

高校教师的气质性格、经历背景、知识水平、思想水平、教学理论水平、教学经验、语言表达能力等各有不同。在选择教学方法时,要充分考虑自身条件,扬长避短,形成自己的教学风格。别人的好经验、好做法要学,但不能照抄照搬。向别人学习一定要和自身的条件结合起来,在自身上形成既不等同于别人、又不是旧我的、不断更新发展的教学经验和教学方法。

6. 依据教学时间、设备和条件

任何好的教学方法都不是一成不变的。即使名称不变、形式不变,内容也要改变。所以,高校教师要不断研究社会的发展变化、学生的发展变化、学校设备和条件的发展变化。要顺应这些发展变化,调整和改进原有的教学方法。过去有效的教学方法,几年后由于学生的变化,可能成效不大了;现在认为比较先进的教学方法,由于设备的更新、学校条件的改善,可能会变得陈旧保守了。所以,教学方法必须依据教学时间、设备和条件的变化而变化。时间是影响和改变一切的重要变量。一年四季气候的变化,一天之中的上下午变化,一堂课中的开始和结束,教师和学生的注意力、记忆力和思维力都会有所变化,教师要在这些变化中选用恰当的教学方法,保持和提高自己与学生在教学过程中的积极性,以提高教学效率和质量。

思考题

一、名词解释

教学过程　高校教学原则　教学组织形式　教学方法　讲授法　学分制　案例教学法

二、问答题

1. 联系教学实际,谈谈备课的基本要求。
2. 联系教学实际,谈谈如何写好教案。
3. 联系教学实际,谈谈上课的基本要求。
4. 简述教师对学生学业成绩检查与评定应遵循的原则。
5. 简述实验课教学的环节。
6. 简述社会实践的意义。
7. 简述高校学生毕业论文或设计的内容、过程和要求。
8. 简述高校实行学分制的现实意义及完善学分制应注意的问题。
9. 简述高校教学方法的特点。
10. 联系实际,谈谈运用某种教学方法的基本要求。
11. 试论高校教学方法改革与发展的趋势。

12. 浅议选择教学方法的依据。
13. 简述教学过程的特点。
14. 论述高校教学过程的基本阶段。
15. 简述制定高校教学原则的主要依据。
16. 联系教学实际,谈谈对某个教学原则的理解和运用。

第八章 高等学校德育

内容摘要

德育是全面发展教育的重要组成部分,它在促进学生全面发展方面起着主导的、决定性的作用。德育不仅有对学生的育德功能,促进学生个性的全面发展,而且通过育人发挥着重要的社会功能,促进社会的发展。高校德育目标、高校德育内容、高校德育原则、高校德育方法与德育途径是高校德育实施的重要内容。

学习目标

1. 理解德育的内涵。
2. 熟悉德育目的及德育内容。
3. 理解高校德育原则。
4. 掌握并能够初步运用高校德育方法。
5. 掌握高校德育途径。

第一节 德育概述

一、德育及德育的历史发展

(一)德育的概念

"德育"是近代以来才出现的名词。就西方而言,在18世纪七八十年代,德国哲学家康德就把遵从道德法则培养自由人的教育称为"moralsche erziehung"(道德教育,简称德育)或"pratische erziehung"(实践教育)[①]。裴斯泰洛奇也使

---

① I. Kant, Uber Padagogik, 1804。

用过"道德教育"一词,认为道德是"整个教育体系的关键问题"[①],这表明西方社会于18世纪后半叶已经形成了"德育"这一概念术语。到19世纪中叶,斯宾塞发表《教育论》,把教育明确划分为"智育""德育"(moral education)"体育",从此,"德育"逐渐成为教育领域中一个基本概念和常用术语。

从中国文献记载看,虽然古代学校教育的主要构成内容就是德育,但是并无"德育"之名。"德育"一词于20世纪初传入中国。有学者认为,1902年《钦定京师大学堂章程》最早使用"德育"一词。[②]1904年王国维以"德育""智育"和"美育"三词,介绍叔本华(A.Schopenhauer,1798—1860)的教育思想。1906年,他在《世界教育》第56期上发表《论教育之宗旨》,提出要"培养智育、德育、美育和体育四育"全面发展的"完全人物"。1905年,陈宝泉等编著的《国民必读》第四课标题为《说德育》,提出"体育、智育、德育必须并重"。1912年,蔡元培撰文阐述新教育思想[③],提出"军国民教育""实利主义教育""公民道德教育""世界观教育""美感教育"并举。在"五育"并举思想影响下,当年国民政府颁布了"注重道德教育,以实利主义教育、军国民教育辅之,更以美感教育完成其道德"的教育宗旨,标志着"德育"一词已经成为我国教育界通用术语。[④]

在今天,尽管"德育"一词尽人皆知,但是对于什么是德育,很多人并没有很清晰的认识,这严重影响了德育的实施,且难以取得令人满意的效果。因此,有必要对德育的概念进行界定。

德育主要指学校德育。学校德育,一般来说,是指学生在教师的教导下,以学习活动、社会实践、日常生活、人际交往为基础,同经过选择的人类文化,特别是一定的道德观念、政治意识、处世准则、行为规范相互作用,经过自己的感受、判断、体验,从而生成道德品质、人生观和社会理想的教育活动。

在理解德育概念过程中既要避免把德育及德育实践的外延窄化,也要避免泛化。[⑤]根据当前的研究成果,可以认为德育主要包括道德教育、思想教育、政

---

① 吴式颖,任钟印.外国教育思想通史.18世纪的教育思想:第六卷[M].本卷主编朱旭东、王保星.长沙:湖南教育出版社,2002:394.
② 班华.现代德育论[M].合肥:安徽人民出版社,2003:9.
③ 蔡元培.对于教育方针之意见[A]//陈学恂主编.中国近代教育文选[C].北京:人民教育出版社,1983:322-328.
④ 黄向阳.德育原理[M].上海:华东师范大学出版社,2000:2-3.
⑤ 窄化德育及德育实践的人认为:只有德育课、政治课以及科学文化课中加上一些道德说教是德育,只有"做好事"、义务服务、政治活动是道德行为。泛化德育概念的人认为:认为德育除思想、政治、品德方面的教育外,还应当包括法制教育、心理教育、性教育、青春期教育,甚至还应包括环境教育、预防艾滋病教育,等等。

治教育和法纪教育。对德育概念的外延做这种理解的原因有如下几点。

其一是人的素质构成的划分。素质教育通常划分为身体素质教育、心理素质教育、社会文化素质教育等,[①] 而社会文化素质主要对应于智育、德育和美育。由于德育在人的素质培养过程中起导向作用,能够直接影响人的一切社会活动的方向,而道德教育、思想教育、政治教育和法纪教育等正是为了培养这些起导向作用的品质。

其二是道德教育、思想教育、政治教育和法纪教育所培养的品质具有共同性的根本特质,这个根本特质就在于,态度、价值和观念是它们共同含有的核心成分。在教育过程中,这些核心成分不仅是德育所应追求的培养目的,也是实现德育目标的必然要素。

其三是教育实践的要求。多年的德育实践,初步形成了一套符合现代化建设实际、具有中国特色的德育工作体系,而这个体系的主干内容就是道德教育、思想教育、政治教育和法纪教育。[②]

(二)德育的历史发展

在学校产生之前,原始社会就存在着习俗性德育,它与劳动、生活、学习三位一体。儿童通过日常生活、图腾崇拜、节日活动等接受道德教育,学习、掌握社会规范,尤其是道德规范。学校产生之后,学校德育、家庭德育和社会德育同时并存。

1. 中国德育的历史发展

在中国古代,关注人与人的关系,关注人与自然的关系及人生意义的探讨,把教育当作社会政治开展的一个手段。学校教育主要是道德教育,目的与职责在于道德教化。《学记》说:"建国军民,教学为先。"而当时的教学主要是侧重于德育,有所谓"如欲化民成俗,其必由学乎"。《大学》则指出"大学之道,在明明德,在亲民,在止于至善",这实际上是一个道德教育的纲领。君子人格是学校教育的培养目标,教材主要是具有伦理教化价值的《四书》《五经》,这种状况直到近代才逐步得到改变。

在长期的历史过程中,学校德育的基本框架比较稳定,主要是教育学生以忠孝为本,维护宗法等级制度。即便如此,争论还是存在的,如忠君与爱民或君本与民本的论争、义与利或理与欲的讨论、外界天命与人的自主的辨析,等等。孔子倡导仁者爱人,君子"修己以安人""修己以安百姓",认为为政之道在于"正名",即"君君,臣臣,父父,子子"。董仲舒则把它发展为所谓爱之于天的"王

---

① 班华. 素质结构·教育结构·素质教育[J]. 教育研究,1998(5):10-14.
② 扈中平,李方,张俊洪. 现代教育学[M]. 北京:高等教育出版社,2000:447.

道三纲",即"君为臣纲,父为子纲,夫为妻纲"。孟子倡导"仁政",抨击暴政,说"民为贵,社稷次之,君为轻"。孔曰"成仁",孟曰"取义",到宋儒那里变成了"存天理,灭人欲"。尽管如此,"穷天人之际,通古今之变"的探索精神,"富贵不能淫,贫贱不能移,威武不能屈"的大丈夫气概,"君子不饮盗泉之水,志士不食嗟来之食"的洁身自重的操守,"穷则独善其身,达则兼济天下"的处世之道,"先天下之忧而忧,后天下之乐而乐"的济国忧民情怀,"为天地立心,为生民立命,为往圣继绝学,为万世开太平"的人生抱负,"见贤思齐""自强不息"的自我超越追求,在历代学人中仍是居于主流地位的意识。

自1840年的鸦片战争起,中国不断受到西方列强的威胁与侵略,当时的中国人逐步认识到必须学习西方科学技术。在坚守"中学为体"的同时,不得不承认以"西学为用"。以1905年清朝政府"废科举,兴学堂"为标志,道德教育一育独尊的传统教育日渐式微,智育、美育、体育在学校教育中占有了重要地位。辛亥革命废除了封建帝制,为此后的思想解放运动和社会道德进步打下了制度基础。五四运动倡导"科学"与"民主",在文化层次上把批判矛头直指作为"体"的"中学",斥责"礼教吃人",开展了新、旧道德评价与选择的争辩,对学校德育产生了巨大影响。

新中国成立后,党和政府重视学校德育。在1955年以前,学校德育主要是"五爱",①以及国民公德教育和形势教育,道德教育与政治教育并重。但是,1957年以后,随着政治形势的"左"转,学校德育越来越政治化,以运动式、成人化的政治教育取代道德教育,到"文化大革命"时期达到顶峰。在"以阶级斗争为纲"思想的影响下,"三忠于、四无限"成了最高的做人准则和德育目标;知识被视为毒草,说什么"知识越多越反动";道德被视为"小节",宣扬什么"小节无害论";人性被视为阶级性的敌对物,人的尊严、权利、自由遭到践踏,人对人的关爱,人与人关系的和谐遭到诋毁。这种政治化德育严重损害了学校德育的影响和信誉。

改革开放以后,学校德育在科学化、民主化、人性化和生活化的道路上不断探索前进。学校德育的指导思想,经历了两次大的转折。第一次是20世纪80年代批判德育政治化,提出德育要为经济建设服务,围绕市场经济转变德育观念;第二次是世纪之交,通过反思德育知识化,提出德育生活化,主张德育"以生为本",面向学生现实生活,引导学生审视生活、选择生活、更新生活,协调自我与他人、自我与自然、自我与自身的关系,启发学生在生活中感受、体验、了悟人生的意义,追求生活的和谐与完美。由于传统观念、社会心理和社会现实消极因

---

① "五爱"是指爱祖国、爱人民、爱劳动、爱科学、爱护公共财物。

素的根深蒂固,以及市场经济和经济全球化的负面影响,"官本位"和"物本位"的思想诱惑、浸染着学生,不少学生程度不同地存在着"读书做官""读书发财"的心态,构成对德育的严重挑战。如何引导学生既勤奋地、创造性地学习,又矢志于社会的公平与正义,不断缓解"人的依附""物的依附",逐步走向"以人为本",将会是我国德育的长期的、艰难的课题。

2. 西方德育的历史发展

在西方,道德教育同样是古代学校教育的主体。在古希腊,虽然雅典教育与斯巴达教育存在明显的差异,前者注重和谐发展,后者强调纪律服从,但二者的性质是相同的,都是把培养善良的公民作为自己的教育目的,要求个人把国家利益置于个人之上,忠于国家,为了城邦的利益不惜牺牲自己的生命。思想家们也把遵从绝对的实在视为至善。到了罗马共和国时期,教育的中心就是道德教育。讲求孝道、效忠国家,是道德教育的主要内容。如果说古希腊罗马时期的道德教育是社会的、世俗的话,那么,欧洲中世纪的道德教育则是宗教性的,告诫人们皈依上帝,听命于上帝在尘世的代理人教会僧侣和世俗领主。愚昧主义、禁欲主义,强制灌输、盲目信仰成为道德教育的主要特征。

14和15世纪,经过文艺复兴,尤其是人文主义思想的启蒙,人被发现了。学校教育越来越注意尊重儿童,尊重儿童的兴趣、经验与自主,尊重儿童的心理发展规律,学校道德教育越来越具有人性化色彩。在此后的三个世纪里,由于人类知识的分化,道德同宗教、法律一样,逐渐成为一种独立的社会意识形态,道德教育与政治教育、法制教育和宗教教育,同时并存于学校教育之中。而且,随着智育、美育、体育成为学校教育日益重要的内容,智、德、美、体的和谐发展成为教育的根本目的。不过,在整个近代,道德仍被视为学校教育的"最高目的"。正如赫尔巴特所说:道德普遍地被认为是人类的最高目的,因此也是教育的最高目的。[①]

17和18世纪以来,自然科学取得了长足进步,并逐步深入到人类生产和生活之中,自然科学的成功,使得人们越来越对它寄予厚望,甚至产生崇拜科学、迷信科学的"唯科学主义"。进入20世纪,由于科学技术在人类社会中发挥着愈益重要的作用,科学教育日益占据了学校教育的主导地位,人文教育、道德教育日渐式微。1945年"热战"结束,"冷战"开始,以美国和苏联为首的两大集团为了争夺世界的控制权,展开了激烈的军事、经济和政治竞争。不少人认为,应该在道德教育这样的"软"领域少花些时间,而在学术性和技术性主题上多花些时间。因为国家的安全更多依靠发达的军事、经济实力,而不是个人的道德自律。在这种情况下,学校德育逐渐让位于科学教育和技术训练,道德教育进入了一个

[①] 张焕庭.西方资产阶级教育论著选[M].北京:人民教育出版社,1964:28.

"荒凉的时代"（an inhospitable time）。[①]

然而科学技术并不能解决人类所面临的一切问题。到了20世纪70年代，由于全球问题（诸如环境问题、资源危机、核武器威胁、道德危机等）的存在和恶化，使得人类处于或者自毁或者走向美好生存的十字路口。如何实现科学与人文的协调，高技术与丰富情感的平衡，成为当代社会与当代教育面临的紧迫问题。人类需要总结工业革命以来社会发展的经验教训。一方面，人类需要新的精神追求和新的价值观，不能变成"经济动物"，不能变成"科学怪物"，不能成为"单向度的人"。20世纪80年代以后，和平与发展成了世界的主流。信息技术的进步使得地球变得越来越小，国家之间、民族之间、地区之间的相互关系与相互依存越来越强，人们强烈地感受到不能在一个充满敌意的世界里生活，应该相互尊重，彼此宽容。因此，从80年代开始，直到跨世纪的全球性教育改革，道德教育与科技教育受到了各国的普遍重视。道德教育进入了一个"全面复兴的时代"，重视德育成为世界教育改革的共同趋势。

二、德育的特点

（一）德育的侧重点和所属领域不同于体育、智育和美育

作为全面发展教育有机组成部分之一的德育，具有自己的特点。体育重在增强学生的体质，它以人体的活动为基本形式，授予运动知识技能，组织身体活动，养成锻炼习惯，主要属于机体锻炼和养护领域。智育重在向学生传授系统的科学文化知识，培养其认识能力，主要属于认知领域。美育重在培养对美的感受力、鉴赏力、创造力，主要属于艺术和情感领域。而德育旨在培养学生的道德信念和人生观，形成学生的道德行为习惯，主要属于伦理领域。

（二）德育要提升学生道德判断力，养成道德行为，使学生成为道德主体

人所面对的矛盾是人与人、人与自然以及人与自身的矛盾。人的社会实践就是要不断地解决这些矛盾，创造和更新适合于人类生活的现实世界。教育的实质在于培养学生解决这些矛盾的智慧和能力。作为教育组成部分的德育的特殊性在于它所面对的学生德性发展的矛盾特殊性。德育要解决的矛盾主要不是求真，不是学生对事物的知与不知，以回答世界是什么的问题；而是求善、知善、行善，回答世界应该是什么的问题。德育的主旨不是要求学生把握社会实践的物的尺度，体现"知识就是力量"，而是要求学生把握社会实践的人的尺度，体现"人道就是力量"。因而德育重在引导学生辨别善与恶、人与我、公与私、义与利、理与欲、苦与乐、生与死、荣与辱，并作出明智的选择，确立对群体、对社会、对自

[①] 戚万学，杜时忠. 现代德育论[M]. 济南：山东教育出版社，1997：74.

然、对现实,以及对历史人物、事件的应对态度,正确评价种种思想观念、生活方式和行为方式,追寻伦理规范、人生意义和社会理想。德育要考虑丰富学生的道德认识,但不能停留于道德认识;它要更进一步,满足学生的道德需要,激发学生的道德情感,启发学生的道德觉悟,引导学生践行道德责任,追求人类的合理存在,从而形成个人良好的品德,成为道德主体。

(三)德育是教育的社会性质的根本标志

品德是个性素质结构的重要因素,在个性素质结构中起着价值定向的作用。德育是全面发展教育的重要组成部分,是教育的社会性质的根本标志。德育引导着学生的发展方向,培育着学生的思想品德结构,为学生顺利社会化提供思想前提。在德育、智育、体育、美育的关系中,德育起着统帅的作用。它与智育、美育、体育在教育实践和学生的实际发展中相互联系,相互渗透,相互转化,共同实现学生个性素质的全面而自由的发展。

三、德育的功能

所谓德育的功能,就是"德育能够干些什么"的问题。对德育功能的理解影响着人们对德育存在的价值和意义的认识。因此,正确地理解德育的功能不仅有助于理解德育的重要性,也有助于理解德育概念本身。德育作为一种相对独立的社会实践活动,对学生不仅有育德的功能,促进学生个性的全面发展,而且通过育人发挥着重要的社会功能,促进社会的发展。因此,德育的功能主要表现在两个方面,一是育人功能,二是社会功能。

(一)德育的育人功能

德育的育人功能,简单地说就是育德,即满足学生的道德需要,启发学生的道德觉醒,规范学生的道德实践,引导学生的道德成长,培养学生的健全人格,提升学生的人生价值与社会理想。[①] 同时,德育对智育、体育、美育还具有促进作用。

学校德育在促进学生品德发展与个性形成中具有重要作用。学校德育在青少年学生发展中的导向作用之所以极其重要,是因为青少年处于品德发展的关键时期,他们年轻单纯,可塑性大,缺乏社会经验与识别能力,容易受到外界的消极影响。学校德育之所以在学生品德发展与个性形成中非常重要,是因为学校德育在学生品德发展与个性形成中是处于主导性地位的。尽管学生品德发展与个性的形成要受到诸多因素的影响,诸如个体因素、社会政治、经济、文化等因素的影响,但教育是处于主导性地位的影响因素,因为教育因素与其他因素相比具

---

① 王道俊,郭文安. 教育学[M]. 第6版. 北京:人民教育出版社,2009:284.

有一定的目的性、计划性、科学性,学校德育不仅按照社会发展的要求有目的地给学生以系统的积极影响,而且在一定程度上可以控制其他社会因素,乃至制约生物性因素与主体性因素对个体发展的影响,它通过有效措施引导学生自觉抵制各种不良因素的影响,调节家庭、社会等各方面影响,形成教育合力,为学生品德发展与个性形成提供有利条件。

德育的育人功能还表现在对智育、体育、美育的促进作用。这种促进功能主要表现在三个方面。第一,动机作用。无论智育、体育、美育都需要道德情感的启动和放大学习动机,同时,学习动机也需要借助德育改进其方向性、强度和持久性等质量特征。任何一种学习都需要高质量的动机,而动机的高质量与个人的社会责任感、品德素养直接关联。第二,方向作用。德育可以为个体提供价值的方向。科技的发展使人类的创造能力和毁灭能力都同时得到了空前提高,因此,科技的学习和掌握、体能的提高、艺术创造等都史无前例地面临着一个十分严峻的课题:人类向何处去?个人的发展以何种价值作为向导?德育虽然无法独立完成这一任务,但却是解决上述课题的重要武器之一。第三,习惯和方法上的支持。良好的道德教育还可以提供良好行为习惯和学习方式、方法上的直接支持。杜威曾说:"我们在'学习方法'的标题下讨论的关于心的种种特性,实质上无一不是道德的特性。例如,虚心、诚实、真心、远见卓识、一丝不苟,承担起赋予的社会使命——凡此种种,都是道德的特性。"[①]

(二)德育的社会功能

德育的社会功能指的是学校德育能够在何种程度上对社会发展发挥何种性质的作用。教育的发展具有社会制约性,但同时它又与政治、经济、文化等共同构成社会大系统,并在其中发挥重要作用。作为教育的重要组成部分的德育,其社会性功能主要是指德育对社会政治、经济和文化等所具有的影响与作用。概括而言,德育的社会功能主要表现为促进社会的稳定与发展。

一是通过培养合格公民,促进社会的稳定与发展。德育是维护、调整、完善一定社会关系、生活方式、政治与经济制度的一个重要因素,在影响社会稳定与发展方面发挥着重要的作用。德育在促进社会稳定与发展方面,主要是通过培养合格的公民来促进社会的稳定与发展。政治的稳定与变迁、经济的繁荣与发展、文化的传承与更新,都需要全体国民的主动参与和共同努力。德育通过培养人的思想品德来规定人的发展方向,使人成为社会稳定与发展所需要的合格公民。如在政治领域,学校德育通过促进受教育者的政治社会化、实现政治角色的

[①] 筑波大学教育学研究会.现代教育学基础[M].第2版.钟启泉,译.上海:上海教育出版社,2003:371.

认同,使受教育者逐渐形成一定的政治思想、意识、观点,成为能够积极、主动参与社会政治生活的公民,有的还可以成为专门的政治人才。

二是通过传播一定的思想、意识、观念和舆论来影响社会的稳定与发展。社会的稳定与发展,除了需要专门的教育机构培养合格的社会公民外,还需要它传播和倡导一定的思想、意识、观念和舆论,一方面通过教育对象影响其家庭成员和周围的人的思想和行为,从而影响社会;另一方面通过教育机构的良好风气、氛围和环境来影响和教化社区的风气,从而影响整个社会风尚。如在经济和文化领域,学校德育通过倡导主体意识、科教兴国意识、可持续发展意识以及时间观念、效益观念、竞争观念、合作观念、全球观念等来影响社会的经济观念、文化观念的更新,从而推动全体国民由传统向现代的转变进程,促进社会主义精神文明的建设。

四、德育过程的概念、结构、矛盾和本质

(一) 德育过程的概念

德育过程是教育者根据社会发展的思想道德要求和受教育者思想品德形成的规律,对受教育者实施教育影响,并通过受教育者思想道德的内化、外化机制,促进其形成一定的思想品德、发展其品德能力的教育活动过程。

德育过程从宏观上看贯穿于人的一生,从微观上看则指学校教育中具体的道德教育过程。而且,从过程的特点来看,学校德育过程不仅仅是受教育者接受思想道德教育的过程,也是一个教育者与受教育者双向互动的教育与受教育过程。

德育过程不同于品德形成过程,两者既相联系又相区别。从某种意义上说,德育过程的最终归宿就是要使受教育者形成一定的品德,而就受教育者品德形成过程而言,学校德育过程并不是唯一的影响因素,还有家庭、社区、社会等环境影响因素。德育过程与品德形成过程实质上是教育活动与素质发展的关系。两者主要有如下区别(表8-1)。

表8-1 德育过程和品德形成过程的区别

德育过程	品德形成过程
1. 德育是教育的组成部分,其实施属于教育活动范畴	1. 品德是人的精神素质的组成部分,其形成属于人的素质发展范畴
2. 德育过程是从外部对受教育者施加影响的过程	2. 品德是在外部影响作用下,道德主体内部自身运动的过程
3. 德育过程是受教育者与外界教育影响相互作用的过程	3. 品德是道德主体与外界各种影响相互作用的过程

（二）德育过程的结构和矛盾

1. 德育过程的结构

德育过程结构是指德育过程中各个要素或各个组成部分相互联系、相互作用的方式。既然德育过程是教育者与受教育者共同参与的教育活动过程，那么很显然，教育者及其活动和受教育者及其活动是德育过程的两个基本要素。而教育活动的开展，还必须借助一定的中介，德育过程中的这个中介就是德育的内容和方法。因此，教育者、受教育者和德育的内容与方法便构成了德育过程的三个基本要素。

在上述要素中，教育者是指有目的地对受教育者施加影响的个人或团体，处于主体地位，受教育者指接受德育影响的个人或团体，既是德育的客体又是主体，德育内容和方法是教育者用以影响、作用于受教育者的中介，是纯客体的东西。三个基本要素在德育活动中形成相互联系、相互制约的关系，从而形成德育过程内部矛盾运动。

在德育过程结构诸要素中，教育者与受教育者是最基本的要素，它们之间相互联系、互相作用，共同推动着德育活动的进行与展开。因而可以说，教育者与受教育者均是德育过程中的活动主体，离开了教育者与受教育者的相互作用，就无法构成德育活动。德育内容便成为教育者与受教育者共同作用的对象，是将教育者与受教育者联结起来的中介因素。正是有了教育者、受教育者、德育内容这三个基本要素，最基本的德育活动才能展开。

2. 德育过程的矛盾

德育过程中存在着诸种矛盾。这些矛盾至少可分为三个层次：第一层次是德育过程与外部环境之间的矛盾；第二层次是德育过程内部的矛盾；第三层次是德育过程中主体（教育者、受教育者）自身的矛盾。

在德育过程所涉及的各种矛盾关系中，规定德育过程性质的，应当是德育过程的内部矛盾，但是这些内部矛盾也是复杂的，因为它们是由德育过程各要素形成的。这些矛盾有：教育者与受教育者之间的矛盾；教育者与德育内容、德育方法之间的矛盾；受教育者与德育内容、方法之间的矛盾，等等。在这些矛盾中，教育者与受教育者之间的矛盾是主要的矛盾。这两者之间的矛盾主要表现为教育者所提出的道德要求与受教育者思想品德现状之间的矛盾。因此，教育者在德育过程中代表社会所提出的思想品德要求与受教育者原有思想品德发展状况之间的矛盾，是德育过程的基本矛盾。

教育者所提出的道德要求与受教育者思想品德现状之间的矛盾，是德育这一实践活动存在的条件，解决两者之间的矛盾也是德育实践目的之所在。同时，也正是这一对矛盾关系，决定着德育过程区别于其他各育过程，也决定着德育过程其他矛盾的解决。也就是说,解决教育者与德育内容、德育方法等要素之间的矛盾,都是为了解决施教与受教之间的矛盾。

施教与受教之间的矛盾,相对于受教育者自身德性发展来说,这是外因。外因要通过内因起作用。受教育者发展自身道德的愿望与受教育者原有道德水平的差异,构成了受教育者自身的内部矛盾。这一矛盾运动的过程,就是思想品德形成与发展的过程。

德育过程与思想品德形成与发展的关系,就在于德育过程的矛盾需要通过受教育者自身思想品德发展矛盾起作用,而受教育者自身的内部矛盾又是在道德教育活动的作用下形成的,而不是自发形成的。

由此,我们认为激发受教育者主体自身的道德需要,便构成了德育过程中施教者与受教者之间积极的矛盾运动,进而使德育过程与思想品德形成过程联系起来,从而促进受教育者思想品德的形成与发展。

(三)德育过程的本质

德育过程是教育者、受教育者共同参与的,旨在促进受教育者个体思想品德发展的社会过程,实质上是一种思想、政治、道德的社会传递和社会继承过程。人类的思想、政治、道德作为精神财富,从一个社会到另一个社会保存、积累、丰富和发展,正是由于这种社会传递与社会继承,其中包括创立、形成新的思想、道德的范畴、原则与规范。德育过程的主要任务就是教育者有目的地指导受教育者学习、选择、接受既有的社会思想、政治、道德文化,同时学会自主创立新的思想、道德范畴和道德规范。因此,德育过程的本质就是造就道德主体或再生产道德主体的过程。

德育过程造就道德主体,包括个体道德社会化和社会道德个体化两个方面。个体道德社会化即有意识地促使受教育者个体接受一定的社会政治观点、思想道德准则、道德规范的影响,使其逐渐内化为个体思想道德观点、信念,并再外化为品德行为,成为能适应和参与一定的社会角色行为的人。社会思想道德个体化,即一方面是社会思想、准则、道德规范转化为个体思想品德,另一方面,每个个体形成的思想品德又因其性别、年龄、智力、性格等方面的差异而具有个性特点。

德育过程是个体思想品德社会化和社会思想品德个体化的统一的过程。也就是说,德育过程是一种有目的的或有选择的思想道德社会传递与个体思想道德体验相统一的过程。

(四)德育过程的基本规律

1. 德育过程是培养学生知、情、意、行的过程

(1)德育要有全面性,促进知、情、意、行的和谐发展。学生的品德包含了

知、情、意、行四个要素,因此,开展德育活动时,就应该注意全面性,兼顾知、情、意、行各要素,不能厚此薄彼,有所偏废。学校德育的重点,在于培养学生的道德判断力、道德敏感性和道德行动力,任何德育模式,都不能忽视这三个基本方面。从前人们容易出现的偏颇是:或者把德育当作知识教学,一味地灌输;或者把德育当作行为训练,而不管学生是否理解、自愿,是否具备相应的情感。我们既不能认为,只要学生在道理上懂了,就一定会形成相应的品德;也不能认为,只要学生表现出相应的行为,就表明他已经具备了相应的道德。对学生我们应该注意晓之以理、动之以情、导之以行、持之以恒,使学生品德的四个要素知、情、意、行相辅相成,全面而和谐地得到发展,不可以割裂四者的关系,以致对某些因素有所偏废,损害了其整体功能。

（2）德育具有多开端性,要具体问题具体分析。强调知、情、意、行的整体和谐,不是说任何一次德育活动,或是对任何一个学生的道德教育,都必须严格按照知、情、意、行的固定排列顺序进行。恰恰相反,开展德育,既可以从知或情的培养入手,也可以从意或行的锻炼开始,可以有多重开端,具有多开端性。因为,在品德发展过程中,知、情、意、行四个要素的发展常常是不平衡的,有的先、有的后,有的快、有的慢,有的较稳定、有的常反复;而且每个学生品德发展的具体情况也存在个别差异,表现出来的品德面貌或品德问题不尽相同。这就要求针对品德结构中诸要素发展不平衡的状况,灵活处理,有的放矢,因材施教。

就以中小学生常见的品德问题"言行不一"为例来说,究竟从哪里着手抓起呢? 这就要对具体问题具体分析。有的学生可能是因为对行为规范不理解,认识不到位,这就要从"知"开始,提高其道德认识,增强自觉性;有的学生可能是能说会道但不力行,这就要从"行"开始,加强行为习惯的培养和训练;有的学生可能是缺乏情感体验,没有强有力的行为动机,这就要从"情"的培养开始,引导学生感受生活、体验生活,通过各种措施激发其道德情感;有的学生可能是既懂得道理也能行动,但就是意志薄弱,不能持之以恒,这就要从"意"开始,通过完成一定的道德活动来磨炼其意志,提高自我控制能力。可见,德育具有多开端性,在实际的德育工作中究竟从哪里开始,要具体问题具体分析。

（3）德育要有针对性,对知、情、意、行采取不同的方式方法。品德四个要素知、情、意、行各有不同的特点,对它们的培养还不能一概而论,不能用同样方式、方法来对待,应该采取不同的方式、方法来进行。例如,学生道德认识的获得与提高,可以通过讲解、阅读、谈话与讨论等方法来实现,但是,用这些方法培养学生的情感多半难见成效。而培养情感必须通过交往、关爱、沟通、熏染与震撼等方式,才能使学生的认同、感受、感激或崇敬之情油然而生,学生只有经过连续不断的培育与感悟,他们的感情才会自然深厚起来。当然,提高认识、培养感情有助于学生道德行为习惯的养成。然而,学生的道德行为习惯的形成,还必须经过活动、训练与较长的社会实践。何况不同年龄特征的青少年学生又有不同的特点,在对他们进行道德品质教育时又要对他们区别对待。总之,为了提高学校德育的实效性,就应该对知、情、意、行不同特点和规律而采取不同的德育手段与方法。

2. 德育过程是组织学生活动与交往的过程

(1)活动与交往是品德形成的基础。受教育者的个体思想品德是由心理形式和心理内容有机构成的,心理是人脑对客观现实的反映,任何心理现象的产生都离不开社会实践活动。作为个性心理核心存在的思想品德只有在社会活动和交往中才能产生。活动和交往是思想品德形成和发展的基础。

建构主义理论认为人与外界环境之间是一个动态的相互建构的过程。受教育者的品德素质的形成正是通过"活动"和"交往"而形成的,所以说"活动"和"交往"是受教育者思想品德形成的中介。皮亚杰指出,儿童道德成长或发展的根源不在于单纯的外部环境,也不在于单纯的主体内部,而在于主体与其道德环境的积极的交互作用——活动或实践,在于这种活动或实践引起的矛盾和思考。因此,皮亚杰认为,正如儿童是他自己的理智世界的构造者一样,他的道德世界也是由他自己逐渐构造起来的。在其中,理智发展是道德发展的必要条件,活动与同伴合作是道德发展的主要环境,成人、教师及其他社会环境因素的影响,必须通过儿童自身的积极活动与思考,才会发生作用。柯尔伯格也指出,道德发展来自社会冲突情境中的社会性相互作用,是个体与其所在社会环境中的其他人的一种交流。只有通过活动和实践,人们才能获得对道德规则更全面、更深刻的认识,并以此调节自己的行为,而正是在活动中,在与别人的交往中形成了尊重别人、关心别人、善于合作等品质。

受教育者作为社会性的存在,是社会关系的产物。作为协调社会中人与人、人与集体以及人与社会关系冲突的社会道德准则,只要当主体参与到这种关系之中,并通过亲身的体验、处理各种社会关系,才能获得对社会关系的深刻理解和认识,才能不断深化自己的情感体验、磨练自己的道德意志,从而形成坚定的道德信念和自觉的行为习惯,所以,必须充分认识到受教育者思想品德形成的体验性特征。任何思想品德教育过程如果无视受教育者的理解、认同、内化等体验性的心理过程,那么,这种思想品德教育一定缺乏活力,也一定是苍白无力的,当然是无效甚至负效的。

(2)进行德育要善于组织、指导学生的活动与交往。德育过程中开展的活动包括两个方面:一是学生的学习、劳动、工作、社会服务、文娱和体育等外显的实际活动;二是学生在思想情感上进行的内部心理活动。由于人的心理活动是外部世界的反映,所以一般来说,在德育过程中,最重要的是组织好学生的各种表现为外部行为的实际的教育活动,才能启迪、激发和引导他们积极开展内部心理活动,以促进他们的思想认识的提高和品德的发展。

人们内部思想情感上的心理活动已经发动和开展起来,又会表现出巨大的能动力量,指导和促进他们的社会实践活动。所以,在德育过程中,始终要注意做好深入细致的思想工作,调动学生的主动性和积极性,引导他们总结道德经验,提高理论水平和分辨是非的能力,严格要求和注意调节个人的行为,更加自觉地进行社会活动和道德实践,培养自己的高尚品德。

可见,在德育过程中,既要组织学生积极参与各种教育活动与交往,又要引导学生自觉地进行个人内部的道德修养活动,使两者联系起来,相互促进。这样,才能引导学生的品德能动地得到发展。

3. 德育过程是促进学生思想内部矛盾转化的过程

(1) 学生思想内部矛盾运动是思想品德发展的根本动力。外因是变化的条件,内因是变化的根据。外界教育影响作为条件是不可缺少的,但任何外界影响都必须通过个体内心的内部矛盾运动而起作用。思想品德作为个体现象,必然依赖个体的心理活动,依赖个体内部的心理矛盾运动。心理矛盾错综复杂,但最基本矛盾是教育者根据社会要求向受教育者提出的道德要求,和受教育者现有的思想和道德发展水平之间的矛盾。教育者提出的道德要求往往高于受教育者现有的思想品德发展水平,当这种要求在受教育者主动参与的活动中被受教育者所认识、所理解、所接受,内化为受教育者内部的需要和动机时,就会和受教育者原有的思想道德状态发生矛盾,这种内部矛盾运动就成了思想品德发展的根本动力。

(2) 学生思想内部矛盾运动内容的复杂性和转化的不可替代性。作为受教育者的学生,其思想内部矛盾运动内容非常丰富,涉及范围也很广泛,显现出很强的复杂性和不确定性。学生是一个活生生的人,拥有绚丽多彩的内心世界,在其生命成长和人生发展过程中,纷繁复杂的外部世界方方面面的因素会对他们产生立体、多维的影响,外部的新异的刺激必然在他们内心深处荡起层层涟漪,引发他们思想内部的多样性的矛盾运动。有些矛盾是反映外部客观世界的矛盾,如学校、家庭和社会对学生的教育要求不相一致甚或相互抵触,反映到学生的头脑里,就使学生产生疑惑和迷惘。在价值观念多元的社会转型时期,这类矛盾显得尤为突出。有些矛盾是认识中的矛盾,是学生认识上的知与不知、全面与片面、深刻与肤浅的矛盾。在这种矛盾中,受教育者常常是"有错不知错"。解决这类矛盾,主要是从提高他们的道德认识和审美水平入手。有些矛盾是思想性质的矛盾,也就是思想意识方面的矛盾,包括正确与错误、先进与落后、正直与虚伪、正义与邪恶的矛盾。在这种矛盾中,学生往往是"知错犯错","明知故犯"。有些矛盾是心理素质方面的矛盾,即知、情、意、行各心理因素之间的矛盾和某些个性心理特征和道德要求之间的矛盾,学生知与行、知与情、愿望与能力之间的矛盾,都属于这类矛盾。

学生在解决上述矛盾,实现由错误到正确、由落后到先进、由知到行的顺利转化,只能靠学生个体自觉地去完成,是教育者和其他任何人所不能替代的。教育者有时产生"恨铁不成钢"的急躁情绪虽然是可以理解的,但它毕竟不能替代学生的进步。

(3)德育过程中要处理好教育与自我教育的关系。针对学生思想品德的矛盾运动过程,在德育过程中要处理教育与自我教育的关系,实现学生思想矛盾的积极转化,即将社会需要转化为学生个体需要,将道德认识转化为道德行为,将消极因素转化为积极因素,将道德实践转化为道德习惯。

4. 德育过程是长期、反复和逐步提高的过程

(1)德育过程是一个长期、反复和曲折的过程。学生思想品德的形成和发展是随着他的成长、成熟而不断发展深化的,是一个长期的过程。学生思想品德形成的长期性,主要是由于学生品德的形成不仅要提高道德认识,形成正确的道德观念和道德判断能力,而且还要形成相应的道德情感、道德意志和道德行为。学生在这些因素上的不断提高和深化,并非一朝一夕就可获得成功的,这是一个长期的由量变到质变的过程。因此,也必然经过一个长期的培养教育或矫正训练的过程。

学生思想品德形成的反复性和曲折性,一方面是由于社会各种影响的复杂性决定的。由于意识形态领域里无产阶级思想和非无产阶级思想,正确思想和错误思想,先进思想和落后思想的斗争是长期的、曲折的、反复的,这种长期反复存在的斗争必然反映到学生思想上来,因而学生思想品德的培养和提高是长期的、曲折的和反复的。另一方面是由于学生各种思想品德的不稳定性决定的。青少年学生处于成长时期,思想不成熟,缺乏生活经验,初步形成起来的正确思想、观念和良好的行为习惯,还可能受到不良思想和坏的道德品质的影响和侵蚀,出现优良品德与不良思想品德的曲折斗争过程,甚至出现某些倒退。这说明学生思想品德的形成并非一蹴而就,也说明德育过程的长期性与反复性。

(2)德育工作需要耐心,要注意抓反复和反复抓。遵循学生思想品德形成的这一规律,教育工作者对学生的教育一定要有长期的思想准备,有计划、有组织地对青少年学生实施道德教育,不能"毕其功于一役"。同时,针对学生思想品德形成过程中出现的不稳定性,要注意抓反复和反复抓,并且善于运用机动灵活的教育艺术,经常分析学生前进中的变化的情况,排除内外障碍,促使青少年

学生的思想品德能沿着正确的方向健康发展。

5. 德育过程是促使学生由他律到自律,不断提升自我教育能力的过程

儿童道德的发展所经历的一系列阶段形成了一个与成熟有关的,但不是由成熟决定的固定发展顺序。就个体而言,道德的发展尽管有迟有早、有快有慢,但都必须遵循这一发展顺序,道德发展的各阶段虽然有各自不同的本质特点,但发展的各阶段又形成了一个连续的、互相衔接和互相交叉的统一的整体。整个道德发展过程是一个从不自觉到自觉,从单纯受外部环境的支配到受行为主体自我控制的过程。

随着受教育者年龄和才智的增长,他们的自我教育能力,在他们自身品德发展上起着越来越重要的作用。德育目标的内化和受教育者思想内部矛盾运动的积极转化,都有赖于自我教育能力。一方面自我教育能力是德育的一个重要条件,只有注意培养与提高受教育者的这种能力,他们品德内部矛盾才能转化,德育才能进行得更顺利、更有效,另一方面受教育者的自我教育能力又是他们品德发展程度的一个重要标志。自我教育能力主要包括三个方面,一是自我期望能力,这是自我教育的内在目的和内在动力;二是自我评价能力,这是进行自我教育的认识基础;三是自我调控能力,这是在自我评价基础上建立起来的自觉调节自己言行的内在机制。

第二节　高校德育目标及德育内容

高校德育的目标是高校培养目标的重要组成部分,它和高校的智育、体育等目标一起,构成了社会主义大学的总的教育目标。德育主要教学生如何做人,育才先育人,成才先成人,这是教育的一条基本规则。确立高校德育目标是高校德育的首要问题,它决定着高校德育的内容、方法和途径等,对整个德育过程起着指导调节和控制的作用。

一、高校德育目标的内涵

高校德育目标就是高校通过实施德育,使大学生在政治、思想道德、心理素养方面所达到的水平及其标准,是高校德育实践所产生的预期效果。

高校德育的目标是教育和引导大学生确立在中国共产党的领导下走中国特色社会主义道路,实现中华民族伟大复兴的共同理想和坚定信念,牢固树立爱国主义和全心全意为人民服务的思想,自觉遵守法律法规和社会道德规范,加强自身道德修养,具备良好的心理素质和艰苦奋斗、开拓进取的精神,促进大学生思

想政治素质、科学文化素质和身心健康素质全面协调地发展。

我国还处在社会主义初级阶段,多种所有制形式、经营形式、分配形式并存。社会道德方面既有属于最高层次的、代表未来方向的共产主义道德,也有作为调整个人与社会、集体、他人关系的社会主义道德。

与之相适应,大学生道德水准呈现多层次、多规格的特点。从德育自身规律、大学生群体特点和社会发展阶段要求来看,当前我国高校德育目标应分为两个层次:对大多数学生来说,要引导他们学会做人,成为国家民族意识、社会公民意识、民主法制意识较强,具备社会主义道德观和共同理想的合格公民,这是基本目标;对大学生中的积极分子,要培养他们成为坚定的马克思主义者,具备科学世界观、人生观和价值观,树立起共产主义道德观和远大理想的社会主义事业合格建设者和可靠接班人,这是最高目标。

高校德育目标的确定要以大学生成才的内在要求为出发点。德育过程实质上是把社会的思想、政治、道德规范转化为个体思想品德的过程。要达到这个目的,仅有教育者进行外在的灌输是不够的,还必须有受教育者的积极主动参与,使受教育者比较自觉地接受教育,通过自我的内化实现这个过程。大学时期,正是青年人世界观形成的重要时期,培养大学生正确的世界观、人生观、价值观是塑造完美人格的内在需要。

高校德育目标的确定,必须坚持社会主义方向。教育必须为社会主义现代化建设服务,必须与生产劳动相结合,培养有理想、有道德、有文化、有纪律和德、智、体、美等方面全面发展的社会主义建设者和接班人。这一目标体现了社会主义高等教育对培养目标的总体要求,是各高校德育工作的指针,高校德育目标的确定也必须服从、服务于这个总目标、总方针。

高校德育目标的确定以时代的特点和民族的传统为立足点。由于社会的发展和时代的变化,不同时代必然有不同的道德规范要求,确立德育目标必定要依据时代的特点。当代世界经济的国际化和信息化,促使经济、科学、技术和人员的广泛交流,这样,各国的文化和价值观念也会相互渗透、相互撞击,这要求年青一代对外来文化中的消极因素应具有辨别和抵制的能力。因此,在确定德育目标时既要反映现代化、信息化的时代特点,又要强调民族传统,发展民族文化和爱国精神。

二、高校德育的主要内容

德育内容是指用什么样的道德规范、政治思想和世界观去教育培养青年一代的问题。德育内容是德育目标的体现和具体化,德育目标的层次性决定了德育内容的层次性。面对全体学生,以理想信念为核心,开展正确的世界观、人生观和价值观教育,使大学生确立在党的领导下走中国特色社会主义道路、实现中华民族伟大复兴的共同理想和坚定信念;以爱国主义为重点,弘扬和培育民族精神教育,培养大学生的爱国情怀和集体主义精神;以基本道德规范为基础,深入进行公民道德教育,培养大学生良好的道德品质和文明行为;以大学生全面发展为目标,深入进行素质教育,促进大学生思想道德素质、科学文化素质和健康素质协调发展。这是高校德育基本层次的内容。较高层次的德育内容是在基本层次德育内容的基础上,积极引导大学不断追求更高的目标,使他们中的先进分子树立共产主义远大理想,确立马克思主义的坚定信念。简而言之,高校德育要对学生进行公民意识、爱国意识、集体主义、共产主义等不同层次的教育。

(一)以理想信念教育为核心

大学生正处在世界观、人生观和价值观形成和发展阶段。当代大学生的主流是拥护中国特色社会主义道路,努力学习中国化马克思主义理论,是积极、健康、向上的,并涌现了一大批有理想信念的积极分子。但如上所述,在经济全球化、社会信息化和文化多元化的社会条件下,一些学生出现目标选择与价值取向上的困难,发出了"迷茫""困惑"的呼唤,有的不同程度地存在政治信仰迷茫、理想信念模糊、价值取向扭曲的状况。而理想信念是人类特有的精神现象,是人们心灵世界的核心。因此,应把理想信念教育作为大学德育的核心。

当代大学生担负着光荣而艰巨的历史责任,并面临着国内外激烈竞争的压力,为适应社会发展和促进自身发展,应树立远大的理想信念,才能坚定人生的奋斗方向,才能不断增强成长发展的动力、毅力和竞争力,才能把自己同民族、国家联系起来形成强大的合力与凝聚力。然而,在市场经济体制条件下,也有一些学生忽视精神家园建设,过分追求实惠与功利,出现了理想信念的偏离与精神生活的贫乏,有的甚至陷于精神苦闷与折磨。因而,高校德育要让大学生充分认识到在当代复杂、多样、多变的社会条件下,只有正确的理想信念才能使他们找到精神皈依,才能协调心灵秩序和避免心理冲突,才能充实精神生活,提高生命质量。

为此,大学生必须加强理论修养、接受理想信念教育。大学生都是有一定科学文化知识的、有理性思维能力的人,在德育中应让他们明礼知礼。高校德育应让学生掌握科学的、真理性的思想政治方面的知识,让学生懂得大道理,让"大道理管小道理",让他们站在世界的高度、国家的高度认识到自己的使命和责任,自觉地抵制错误思潮的侵袭,自觉地肩负起国家重任。

(二)以爱国主义教育为重点

进行爱国主义教育,就是深入开展中华民族优良传统和中国革命传统教育,开展各民族平等团结教育,培养团结统一、热爱和平、勤劳勇敢、自强不息的精神,树立民族自尊心、自信心和自豪感,弘扬和培育民族精神。

爱国主义包含三个不同但又相互关联的层次,即爱国情感、爱国信念和爱国行为。情感层次是基础,信念层次是向导,行为层次是体现。

对大学生进行爱国主义教育,要在激发爱国情感的基础上,把爱国情感提升到爱国信念的理性层次,并转化为实际行为。如果爱国主义教育只满足于爱国的情感教育,而没有使学生形成与祖国人民的责任关系,真正树立起为祖国和人民学习成才的信念,这种爱国主义教育的效果就不能持久。因此,必须把爱国主义与理想信念教育结合起来,把民族精神教育与以改革创新为核心的时代精神结合起来,在强化爱国信念、培育民族精神、注重爱国行为上下功夫,引导大学生在社会主义伟大实践中,培养爱国情怀、开拓精神和创新能力,始终保持艰苦奋斗的作风和昂扬向上的精神状态。

(三)以道德规范教育为基础

道德规范体现在大学生学习、生活的各个方面和每个环节之中,是大学生与他人、社会保持协调、有序的准则和实现自身价值的保证,是大学生一切行为的基础。大学生道德规范教育,要以《公民道德建设实施纲要》为指导,以为人民服务为核心,以集体主义为原则,以诚实守信为重点,广泛开展社会公德、职业道德和家庭美德教育,引导大学生自觉遵守爱国守法、明礼诚信、团结友善、勤俭自强、敬业奉献的基本道德规范。

由于大学长期学习、生活在学校,接受、学习书本知识多,参与实践活动少,在道德上容易发生道德认知与道德行为的脱节。因此,道德规范教育要坚持知行统一的原则,积极开展道德实践活动,注重道德养成教育,把道德规范融入大学生学习、生活和管理之中,引导大学生从身边的事情做起,从具体的事情做起,着力培养良好的道德品质和文明行为。

(四)以大学生全面发展为目标

自从有学校教育以来,就有德育、智育、体育,即对学生进行全面发展的教育,以促进学生全面素质的提高。德育在人的全面发展中起主导和统帅作用。正如司马光所云:"才者,德之资也;德者,才之帅也。"他强调思想品德是统帅,而学问、才能是思想品德借以发挥作用的工具。

培养大学生的全面素质,是适应社会经济发展的要求,是贯彻执行教育方针、实现培养目标的必然选择。人才的成长是多种因素促成的综合效应,品德、知识、能力、身心健康缺一不可。学校一切工作都要把培养学生、促进学生全面发展作为根本的出发点和归宿。提高学生的全面素质,应以发展学生的能力为重点,包括学习能力、思维能力、动手能力、组织活动能力、创新能力等,此外还包括增强抗干扰、抗挫折的能力。

第三节 高校德育的原则

一、育人为本,德育为先的原则

学校教育要坚持育人为本,德育为先,把人才培养作为根本任务,把思想政治教育摆在首要位置,这是在新的历史条件下,党和国家提出的重要教育原则。

坚持以育人为本,就是要把人才培养作为高校的根本任务,要关注人、爱护人、帮助人、教育人,促进学生的素质全面提高。坚持一切着眼于调动学生的内在积极性,坚持一切为了学生的成长和成才,努力提高学生的科学文化素质与思想道德素质,培养学生创新精神和实践能力。

以育人为本,就是要关注每个人的成长,促进每个人的全面发展。要把以人为本的教育贯穿到学校教育全过程,要关注和尊重学生的个性,因材施教,因人而异。教师要在"育人"上下功夫,而不是在"育分"上下工夫,要教书又教人、育才又育人。在高校,以育人为本是坚持以人为本思想和贯彻代表最广大人民群众根本利益的体现,也是实施科教兴国、人才强国战略的要求。

坚持德育为先,一是坚持把坚定正确的政治方向放在第一位,把思想政治教育放在学校教育的首位,确立德育的统帅和主导地位。二是要给德育相对独立的地位,克服"从属论""代替论"等错误观点。三是德育工作要到位,要建立德育的领导体制和机构,确保德育队伍、经费、时间等到位。在当代社会条件下,不仅社会的复杂性、多样性与多变性使青年学生产生取向、选择、适应上的困难,而且竞争性、信息化、创新性造成了学生在学习上的巨大压力和忽视价值观、道德观的倾向。只有坚持德育为先,强调德育首位,才能为学生的全面健康成长提供保证,才能为学生提供精神动力,才能坚持人才培养的正确方向。

二、坚持全方位育人,提高德育实效性的原则

培养学生的良好素质,是学校各部门的共同职责,思想道德素质不能仅靠德育部门去培养。教育者应树立"大德育观",实施全员德育,将德育渗透在各学科教学环节中,融合于学校各项工作中,创造良好的育人环境,实现教师教书育人、行政人员管理育人、后勤人员服务育人多管齐下。

在德育工作中,教师的言行、人格魅力对学生的影响极为关键,因此要重视专业教师的作用。在教育管理上,作为德育工作主体的思政教师、辅导员、班主任队伍,在抓学生思想工作时,要按照德育总体目标和学生成长规律,确定不同年龄阶段的德育内容和要求,重视个性教育;在培养学生的思想品德和行为规范方面,要形成一定的目标递进层次。同时,教学服务部门要以服务育人为准绳,从教室到琴房、排练室、实验室、饭堂、宿舍等乃至整个校园为学生营造一个安静、和谐、健康的学习环境,促进他们健康成长。

此外,还要重视社会和家庭在学生品德养成教育中的重要作用。总之,只有在德育中把全程教育、全员教育和全方位教育紧密结合起来,才能提高德育的实效性。

三、教育与自我教育相结合的原则

教育与自我教育相结合是指在德育过程中,既要充分发挥学校教师、党团组织的教育引导作用,又要充分调动大学生的积极性和主动性,形成大学生自我教育、自我管理和自我服务的局面。

所谓自我教育,就是大学生在明了学习目标的基础上给自身提出任务并能够独立完成任务,在自觉解决问题的过程中,不断调节自身精神状态和规范个人行为,以达到思想道德的更高水平。自我教育既是每个大学生成长的重要方式,也是大学生之间相互学习、促进的重要途径。

大学生是具有较强独立性与自主性的群体,也是具有较高文化与文明水平的群体。他们需要他人教育,更需要自我教育。对大学生来说,他人教育是外因,自我教育是内因;他人教育是手段,自我教育是目的。

四、德育理论与实际、实践相结合的原则

在大学生思想政治教育过程中,只有既讲道理又办实事,既以理服人又以情感人,才能增强德育的实际效果。德育只有关心学生的生活和切身利益,从解决他们的具体问题和迫切需要入手,才能为有效解决思想认识问题奠定基础,这就是所谓的"通情达理"。只有解决思想问题与解决实际问题相结合,只有以情达理、以理通情,才能增强思想政治教育的实际效果。

高校的政治理论教育,直接目的是为了帮助学生学习,掌握科学的理论,形成正确的思想观念,根本目的是为了指导学生的实践。因而,政治理论教育必须坚持理论联系实际的原则,决不能只局限于课堂、书本和理论教育,必须做到面向社会实践、联系社会实践、用于社会实践来进行教育。另外,还要紧密联系学生关注或感到困惑的国内外重大问题、社会热点问题、与人民群众和学生利益相

关的重大政策问题、学生成长过程中的问题等。

五、教育与管理相结合的原则

教育是管理的基础,管理是教育的保证。只讲教育不讲管理教育就难以落实到行为习惯的养成上,缺乏行为上的约束力;只讲管理不讲教育,就没有坚实的思想基础,难于形成内在的控制力。只有把二者有机地结合起来,把德育融于学校管理之中,建立长效机制,使自律与他律、激励与约束有机地结合起来,才能有效地引导大学生的思想和行为。

从管理内容角度看,学校管理包括教学管理、德育管理、生活管理和行政管理,这些管理都要以促进学生全面发展为目的,都要符合我国的政治、法制与道德原则,因而管理本身就蕴涵着德育的内容与要求,所以必须坚持教书育人、管理育人和服务育人。高校管理,就是通过制度来规范、约束和评价学生行为并给予激励与惩罚的一种手段,管理是一种教育,教育要渗于管理。管理与德育在目标上的一致性,决定二者只能互相渗透相互结合。

六、继承优良传统与改进创新相结合的原则

孔子说:"君子谋道不谋食,……君子忧道不忧贫"[①],把道德放在首位;孔子的教育目标是培养具有"孝、悌、忠、信"品质的君子,突出强调了道德教育引导作用。以毛泽东为代表的中国共产党人,继承中华民族追求社会理想、弘扬德教修身的传统,在中国革命与社会主义建设的伟大实践中,创造了思想政治工作的理论与方法。高校运用这一理论与方法教育学生,也积累了丰富的经验,形成了优良的传统,培养了一代又一代社会主义建设者和接班人,已成为我国高校的教育优势。继承我国优秀文化传统和革命传统,继续发挥我国高校的德育优势,是我国应对世界竞争,办好中国特色社会主义高等教育的前提与基础。

同时,我们应当清醒地看到,处在知识、信息和人才竞争前沿的高校,面临着市场机制与经济全球化、科技创新与社会信息化、对外开放与文化多元化、法制建设与社会民主化发展的新情况、新问题,它们不断地改变着高校德育的环境与内容,不断地向高校德育提出新的要求。为此,高校德育必须不断地研究新问题,适应新环境,满足社会发展与人才培养的新要求,不断扬弃过时的德育观念、内容与方式,进行德育的改革创新。高校德育的继承与创新,是不可分割地联系在一起的,继承是创新和保持中国高校德育特色的前提与基础,创新是继承和发展中国高校德育特色的目的与方式。

---

① [魏]何晏注,[宋]邢昺疏.论语注疏[M].北京:北京师范大学出版社,1999:216.

第四节　高校德育的方法

德育方法是指用来提高学生思想认识，培养学生道德行为习惯，形成良好品德的方法。它包括教育者的施教传道方式和受教育者的受教育方式。德育方法在实施过程中与教学有所不同，不仅可以依靠教师来做，而且可以依靠家长和社会人士来做，还可以通过学生集体及其他学生来进行。德育方法是实现德育目标，完成德育任务的途径和手段，是教师与学生相互影响、相互作用的媒介和桥梁。德育方法受德育目标、内容和原则所制约，它既具有时代性又具有历史继承性，既具有系统性又具有灵活性。

一、说服法

说服法又称说理教育法，是指以马克思列宁主义、毛泽东思想、邓小平理论为指导，通过摆事实、讲道理使受教育者接受真理、明辨是非善恶、提高思想认识、启发自觉性和积极性的一种方法。

说理的形式多种多样，可以是具体形象，具有启发性、说服性的讲解和报告，可以是主题鲜明、民主平等、诚恳热烈的谈话与讨论，还可以通过指导学生认真读书培养其独立思考的能力。

说理教育法要求的是"以理服人"，学生"心领神会""心悦诚服"，而不是"以势压人""我说你听""我打你通""我说得越多，你的认识越高"。说理教育法的应用很广，无论运用哪一种德育方法，都离不开提高学生的认识，都需要结合运用说理教育的方法。然而，现实中却经常听到有人说："现在的人真捉摸不透，我们该说的都说了，该讲的都讲了，但不该做的又做了，不该出的事还是出了，真不知道他们是怎么想的。"有这种认识的人可以说他没有把握住说理教育法的关键所在——以理服人，以情取胜。

当然，说服法的效果是受多种因素影响的，如教育者的威信、人际关系、说服的技能技巧等。说服法的方式是多样的，常用的有讲解、报告、谈话、讨论、辩论、指导阅读、参观、访问、调查等。说服教育时，教育者首先要树立"以人为本"的思想，真正关心、爱护、尊重人，以取得互相理解、互相信任；其次要做到实事求是，针对性地解决问题。同时，说服还应有预见性。正如《学记》中说："禁于未发之谓豫。"在说服教育中要见微知著，对行为做好预测，取得主动权。

二、示范法

示范法又称榜样法,也叫榜样示范法,是指以正面人物的优良品德、思想和行为影响受教育者思想品德的方法。示范法是思想品德教育的主要方法,它不仅符合积极引导、正面教育的德育原则,更重要的是因为它具有直观性、形象性。正像苏霍姆林斯基说的那样:"无论什么也比不上一位聪明的、智力丰富的、诲人不倦的老师,使学生感到赞叹和具有吸引力,以那样强大的力量、激发他们上进的力量。"[1] 榜样的力量是无穷的。它不仅影响受教育者的思想认识,具体告诉他们应该如何做,而且熏陶他们的情感,从内心产生巨大的力量推动他们下决心去做,这样就利于他们形成优秀的品德。所以,在社会上或在学校里树立一个良好的榜样往往可以带动一大批人前进,甚至可以推动整个社会风气的转变。

在运用示范法时,首先应注意引导大学生去学习榜样的精神实质,即不仅要了解榜样的先进事迹,更重要的是要了解榜样的先进思想,使之提高到理性认识的阶段。也只有这样才能使大学生在生活中真正用榜样的先进思想指导自己的行动。其次,学习榜样不能只停留在口头上,必须引导大学生落实到学习、生活、劳动之中,并且长期坚持下去。

三、锻炼法

锻炼法是教育者通过有目的、有计划的各种实践活动,训练和培养教育对象良好行为习惯的方法,它又叫实践法。之所以要运用这种方法,是因为德育过程是一个知、情、意、行的过程,思想品德的形成不仅要提高道德认识、培养道德行为,还必须让他们在各种实际活动中进行体验和锻炼。

只有在反复的道德实践活动中,才能形成良好的道德行为与习惯。安东·谢苗诺维奇·马卡连柯认为,任何思想品德的形成,都不可能离开"在集体中专门练习"。[2] 黑格尔也曾说过:"一个人做了这样或那样一件合乎伦理的事,还不能说他是有德的,只有当这种行为方式成为他性格中的固定要素时,才可以说他是有德的。"[3]

重视实际锻炼是我国德育的优良传统。孔子认为衡量一个人品德好坏,不但要"听其言",还应"观其行"。孟子说:"天将降大任于斯人也,必先苦其心志,劳其筋骨,饿其体肤,空乏其身,行拂乱其所为,所以动心忍性,增益其所不能。"[4]

---

[1] 苏霍姆林斯基.给教师的建议:下[M].北京:教育科学出版社,1980:290.
[2] 引自武小鹿.探索公民教育的有效方法[J].中州大学学报,2011(2):111.
[3] 转引自卫建国.践行社会主义核心价值观的三个着力点[N].光明日报,2014-06-25:(13).
[4]《孟子·告子下》.

荀况在论述学与行的关系时指出:"不闻不若闻之,闻之不若见之,见之不若知之,知之不若行之,学至于行而止矣。"① 朱熹认为:"知行,常相须,如目无足不行,足无目不见。论先后,知为先,论轻重,行为重。"② 这些先哲们的话是有一定道理的。

锻炼法具体方式也很多,包括练习、委托任务、组织活动、遵守规章制度:

(1)练习。培养学生良好行为习惯,必须通过反复练习。若让学生形成良好行为习惯,只讲道理不行,还要让学生在社会活动中练习,这样坚持下去才能形成良好品德。

(2)委托任务。教师或学生集体委托学生个人完成一定的任务,也是一种重要的实际锻炼。通过完成委托任务,不仅能提高学生的工作能力,而且培养了他们的工作责任感、集体主义品质。

(3)组织活动。这些活动包括学习、课外活动、劳动以及一定的社会实践活动等。在活动中学生要遵循一定的规范,克服许多困难,经受多方面的锻炼,这些都有助于学生的道德成长。特别是通过社会实践,能使学生接触社会,了解国情,有助于正确理解党的方针政策和自己肩负的使命,形成正确的理想和人生观。

(4)遵守规章制度。制订一定的规章制度,严格要求学生,有助于学生加强自身的修养,培养学生的组织性、纪律性和严格要求自己的良好习惯。学生按照严格规章制度生活、学习,实质上是进行经常性的行为练习,易于使学生形成动力定型。

四、陶冶法

陶冶法是教育者利用自然的或创设的教育情境,对教育对象进行积极的感化和熏陶,潜移默化地培养教育对象的思想品德的方法。

陶冶法的实质是通过情境潜移默化地改变人的思想品德。"孟母三迁"的故事充分说明除了在客观环境中加以选择,教育者还要有意识地创设一定的情境,让教育对象如陶坯一样在其中得到熏陶,最终发生质的变化,形成良好的思想品质。正如列宁说过:没有人的情感,就从来没有也不可能有人对真理的追求。

教育情境对教育对象情绪感染的过程,是一种潜移默化的过程,因此收效较为缓慢。但正是这种缓慢的过程,能够取得滴水穿石的作用。和其他德育方法

---

① 《荀子·儒效篇》。
② 《朱子语类》卷九。

相比,陶冶法的教育效果较为稳固。如果教育对象在一定情境中逐渐形成品德再经过反复强化,形成良好的行为习惯,即使环境发生变化,其品德也不会轻易动摇和改变。由于陶冶法是一个较长的过程,所以总是和说服法、榜样示范法、实践法同时进行。

五、自我教育法

自我教育法是指教育者调动教育对象的主观能动性,使教育对象对自己的品德表现进行自我认识、自我监督、自我克制、自我改正,以提高自己的品德水平、形成良好的行为的方法。自我教育法的另一个重点是培养教育对象自我教育的能力,使他们具有一定的抵抗力,具有坚强的意志和毅力,具有自我控制的能力。

自我教育法的具体形式很多,诸如在社会调查中提高道德判断能力,在参观访问中对照他人找差距,在日常生活、学习中"见贤思齐""见不贤而自内省",在批评和自我批评中提高自我认识的能力,通过多种服务形式培养品德情感等。

只有把教育与自我教育结合起来,不断培养和提高学生自我教育的能力,才能经得起时间及社会复杂环境的考验,才能在没人监督的情况下,以及在今后的工作岗位上,有较强的自我监督能力与自我控制能力,能够按照社会的道德规范,自觉地调节自己的行为,抵制各种错误思想的侵袭,做到在改造客观世界的同时,不断改造自己的主观世界。

六、奖惩法

奖惩法是教育者对受教育者的品德表现进行肯定和否定的评价,从而激励上进,预防和克服不良品德习惯,提高品德水平的方法。

奖励是对受教育者的优良品德行为进行肯定评价,是一种正强化。具体方式有:赞许,教育者对教育对象的良好品德表示赞同和肯定;表扬,在赞许的基础上给予较高的评价;奖赏,在表扬的基础上,给予荣誉的或物质的奖励。奖励能给教育对象带来精神上的满足,增强其自尊感、荣誉感和责任感。惩罚是对受教育者不良品德行为进行否定评价,具体方式有批评、谴责和处分。惩罚可使人们知道自己的品德行为对集体的危害,从而产生自责、羞愧和内疚,鞭策自己从中吸取教训,既教育本人,也教育集体。同时,它也可以使人们认识到不良行为产生的原因及改正的方法,从而树立起克服缺点、改正错误的信心和决心。

奖励和惩罚虽是两种相反的评价,但目的是一致的。如果教育者能够将其灵活运用,二者就会相得益彰。如奖励的同时点出其不足之处,以免骄傲情绪的滋生；惩罚的同时指出其优点所在，又能避免产生自卑心理，这样才能发扬优点，纠正错误，激励上进。

第五节　高校德育的途径

高校德育的途径，是实现高校德育目标的基本方式与条件。随着经济与社会的快速发展，高校德育途径也在发生变化。在当代，高校德育在继承优良传统的同时，应大胆创新，与时俱进，树立德育新理念，适时更新德育内容，开辟德育新渠道，科学评价德育效果。

一、高校德育的途径

（一）发挥课堂教学在德育中的主导作用

高等学校思想政治理论课是大学生思想政治教育的主渠道。思想政治理论课、形势政策课是大学生的必修课，是帮助大学生树立正确世界观、人生观、价值观的重要途径，体现了社会主义大学的本质要求。思想政治理论课、形势政策课教学，要联系改革开放和社会主义现代化建设的实际，联系大学生的思想实际，把传授知识与思想教育结合起来，把系统教学与专题教育结合起来，把理论武装与实践育人结合起来，根据实践与理论的发展，不断改革教学内容，改进教学方法，改善教学手段。

高校哲学社会科学课程负有德育的重要职责。哲学社会科学中的绝大部分学科都具有鲜明的意识形态属性，对于帮助大学生坚定正确的政治方向，正确认识和分析复杂的社会现象，提高思想道德修养和精神境界具有十分重要的作用。在哲学社会科学教学中，要坚持马克思主义的指导地位，充分体现马克思主义中国化的最新理论成果，发挥哲学社会科学的优势，用科学理论武装大学生，用优秀文化培育大学生。

高校的各门课程都具有育人功能。所有教师都负有育人职责，广大教师要以高度负责的态度，率先垂范、言传身教，以良好的思想、道德、品质和人格给大学生以潜移默化的影响。要把德育融入大学生专业学习的各个环节，渗透到教学、科研和社会服务各个方面。要深入发掘各类课程的德育资源，在传授专业知识过程中加强德育，使学生在学习科学文化知识过程中，自觉加强思想道德修养，提高政治觉悟。

（二）开展社会实践活动

当代大学生，绝大多数长期在学校学习、生活，对社会缺乏了解，对实际生活缺少体验,容易使思维停留在知识的认知层面,对道德品质的形成不利,因而特别需要开辟社会实践的教育途径。

社会实践活动包括五种形式:一是以专业实习为主要内容的实践教学。实践教学作为课堂教学的重要组成部分和巩固理论教学成果的重要环节,可以培养大学生的创新精神和实践能力。二是军政训练。把军政训练作为必修课,纳入学校整体教学计划中,能够有效地帮助大学生增强国防观念、国家安全意识和组织纪律观念,培养爱国主义、集体主义和革命英雄主义精神。三是社会调查。组织大学生围绕经济社会发展的重要问题,开展调查研究,提出解决问题的意见或建议。这是引导学生了解国情、参与社会、形成责任感与事业心的有效方式。四是生产劳动和社会服务。组织大学生参加生产劳动,倡导大学生参加志愿者服务活动,是培养大学劳动观念和为人民服务思想的重要方式。五是勤工助学、自我服务。这是养成大学生独立自主、艰苦朴素精神的必要条件。社会实践活动具有综合效应,对于促进大学生了解社会、了解国情、增长才干、奉献社会、培养能力、增强社会责任感具有不可替代的作用。

(三) 建设校园文化

一所高校的校园文化,是该高校在办学过程中的文化创造,是校风、学风的标志,是学校影响力、凝聚力的体现。高校的校园文化是学校的软环境,是学生育德育智的无形课堂。建设优美、优良、和谐的校园文化,对加强和改进高校德育,形成文化育人的"育德场"具有十分重要的作用。

高校文化,除物质文化与制度文化外,还有科技文化与精神文化。科技文化与精神文化,是高校的文化优势。科技文化主要育智,精神文化重在育德。高校的精神文化是高校校园文化的核心和灵魂。

在强调科学技术是第一生产力和科技创新、科技竞争的条件下,有的高校出现了片面追求物质条件而忽视精神文明,重视科技文化而轻视精神文化的现象,致使学校凝聚力不强,动力不足,竞争力下降,不仅影响学校的改革发展,而且影响学生的健康成长。因此,努力建设体现社会主义特点、时代特征和学校特色的校园文化,既是学校发展的迫切需要,也是培养人才的长远需要。

要在继承学校优良传统、充分发挥学校历史资源的基础上,学习、借鉴国内外高校办学的经验教训,立足于新的实践并进行新的文化创造,大力营造具有时代特色的校风、教风和学风;大力加强人文素质和科学精神教育,不断整合教育资源,寓教育于文化活动之中;大力建设校园人文环境和各项设施,发挥校内传媒、群团组织的作用,加强报告会、讲座的管理,有组织、有计划地推进校园文化建设,为培育人才创造良好的环境。

（四）建设网络德育新阵地

信息技术的广泛运用和网络发展,既给学生的成长成才提供了新的机遇,也向学生生存与发展提出了新的课题;既为高校德育创设了新的空间,也向高校德育提出了新的要求。开辟、建设、发展网络德育,既是广大学生适应和运用网络的要求,也是高校德育拓展领域、发挥作用的需要。

网络德育,是针对网络对学生的影响并运用网络进行的育德活动。网络德育主要是在网络空间或虚拟空间中所进行的德育,它是现实空间德育的补充、延伸与扩展,是一种新领域、新形态德育。

高校德育要主动占领、建设网络阵地,把握育德主动权,努力建设融思想性、知识性、趣味性、服务性于一体的校园网,使其成为大学生获取健康信息的重要渠道,成为引导大学生适应和运用网络的有效指南。忽视、放弃校园网络领域的政治、道德与思想引导,既对网络发展不利,也是对学生发展的失职。要根据网络特点,健全规范、加强管理、掌握舆情、引导方向,组织学生开辟网上自我教育、自我管理和自我服务空间。

（五）开展心理健康教育

开展心理健康教育是促进大学生健康成长、培养高素质人才的重要途径。通过心理健康教育,可以帮助大学生培养良好的心理品质和自尊、自爱、自律的优良品格,开发潜能,培养创新精神;还可以帮助大学生了解常见心理问题的原因和表现,传授调适方法,增强心理承受能力。

大学生的身心由于正处在发展变化之中,一些学生的心理状况不稳定,加上社会竞争激烈,环境复杂、多样、多变,容易在人际关系、恋爱婚姻、学习生活、环境适应等问题上发生心理失衡、障碍甚至疾病。因此,要通过各种活动,传授心理健康知识,加强大学生思想、感情上的交流和沟通,努力营造有利于大学生健康成长的良好氛围,切实针对大学生的思想与实际问题解疑释惑,做好大学生心理咨询工作,努力提高大学生心理健康教育水平。要通过个别咨询、团体咨询、电话咨询、网络咨询、通信咨询、班级辅导、心理行为训练等多种形式,为大学生提供及时、有效、高质量的心理健康指导与服务。

高校德育是一项系统而又艰巨的"心灵工程",需要方方面面形成合力才能取得成效。所以高校德育的育人方式应延伸到社会、家庭等多元育人渠道,如高校可根据情况与学生家长书信往来或电话联系,向家长介绍学生在校的学习、生活、成长情况,征求家长对学校德育的意见和建议,对家长加强家庭教育的指导,求得家长对学校德育的配合,以达到增强学校德育合力的目的。

二、发挥德育作用与价值的策略

(一) 树立高校德育新理念,增强现代化意识

在教育现代化的要求下,德育也应走向现代化。教育工作者首先应树立德育现代化的概念,对德育的过去、现在及未来发展走向有较清晰准确的把握,善于借鉴科学和先进的观念、思想、方法,兼顾受教育者的个性发展,在知识结构、能力水平得以形成的同时,更注重其理想道德、心理人格、信心意志及进取创新精神的培养,以满足现代化社会对公民素质的要求,为社会文明进步打下良好的思想道德基础。

1. 树立"大德育"理念

"大德育"即全方位渗透的德育模式,是指把高校德育的内容原则、方法同各种载体、媒介相结合,不断开拓德育领域,有效利用德育资源,把德育与其他教育形式结合起来,通过更多的形式和场所广泛开展育人活动。这就要发挥和整合德育各渠道的力量,建立健全系统配套的德育渠道,构建全员化、全方位、全过程的德育时空体系,尤其要强调德育隐性渠道的力量,把德育贯穿到素质教育和学科教育活动中去,把德育贯穿到受教育者的交往活动及日常生活中去,把德育贯穿到整个学校行为中去。

2. 树立"人本德育"新理念

"人本德育"即以人为本、以学生为主体的德育,体现的是教育要以人的发展为中心的观念。长期以来,德育是以教师为中心,以书本为中心,忽视了学生主体的积极性和创造性,使德育的效果大打折扣。坚持以学生为主体,把学习的主动权交给学生,可以激发学生的参与热情,发挥他们的主动性。以人为本,就要求德育目标的确定要从抽象走向具体、从单一走向多层次。以人为本意味着要正视德育对象是具体的人,是具有时代特征及不同层次的人,要使受教育者主动思考,正确地评价分析,从而树立良好的道德理念

(二) 适时更新高校德育内容

高校德育内容要与时俱进,适应形势发展的要求,增强时代感。坚持以马克思列宁主义、毛泽东思想、邓小平理论、"三个代表"重要思想、科学发展观、习近平新时代中国特色社会主义思想为指导,把树牢"四个意识"、坚定"四个自信"、坚决做到"两个维护"纳入高校德育内容中,用习近平新时代中国特色社会主义思想铸魂育人,落实立德树人根本任务,传播知识、传播思想、传播真理,塑造灵魂、塑造生命、塑造新人。德育内容的选择与组织应始终把握社会与人、自然与人、人与人和谐发展的联结点,德育内容应有时代性、前瞻性,应把握时代发展对高校培养人才提出的新要求。

培养当代大学生树立正确的开放合作意识、竞争意识、诚信意识、团队协作意识、平等交往意识、开拓进取意识,上述意识应成为21世纪高校德育不可缺少的内容。高校德育内容应具有较强的现实针对性,贴近大学生生活实际,贴近大学生的思想道德状况。高校德育不应回避现实社会问题,大学生所认可的德育知识应是活生生的而不是游离于社会之外的悬于真空之中的干巴巴的道德规范知识,高校应针对大学生关注的社会"热点、疑点、难点"问题开设一些选修课或讲座,将这些"兴奋点"带入课堂,与学生共同讨论,以培养大学生的道德判断力,使之澄清认识、明辨是非,形成正确的世界观和价值观。此外,还应针对大学生特别关注的人际交往、情感心理等给予相应的阶段性指导。

(三)重视学生德育评价,提高德育工作者自身的素质

传统的德育评价方法简单而又抽象,已不能适应现代德育评价的需求,应转向科学客观的评价方法。一是定性与定量相结合,德育评价不像智育那样便于量化,评价德育时应以定性为主,定量为辅。二是理论与实践相结合,我们不仅需要进行道德知识的评价,更要进行道德行为的评价,尤其应注重实践即道德行为的评价。三是民主与集中相结合,应将学生自评、互评、老师评价相结合。四是课内与课外相结合,德育体现在人的每时每刻的活动之中,因此不仅要看学生的课内表现,更要注重课外的道德表现。这四种相结合的评价机制基本可以反映学生的德育真实状况,从而对学生的道德品质形成和发展起到良好的督促与促进作用。

塑造教师完美的人格,以高尚的师德影响学生优良品德的形成。教师是人类灵魂的工程师,教师的特殊角色和地位决定了教师不仅要有丰富的知识,还要有崇高的师德。教师的作风、言行等,对学生具有极强的示范作用,如在科研活动中,教师严谨治学、一丝不苟、实事求是、讲求高效的职业道德和良好品质,无疑在潜移默化地感染和教育着学生,成为学生效仿的榜样。因此,教师都必须真正做到以身作则、为人师表,以自己的文明行为和良好的道德形象影响和带动学生,给学生以正确的人生导向。

实践证明,德育的效果和影响力与德育工作者自身的素质密切相关。当前高校中不同程度地存在着德育工作者自身素质不太高的问题,例如:有些德育工作者由于缺乏专业知识,不懂得思想政治工作的规律,往往把德育只限于处理具体烦琐的事务上,或者只起到"消防队员"的作用,不能从深层次上做好学生的思想工作;有的德育工作者,往往任意扩大大环境的负面效应,产生了寄希望于大环境改善的思维定式;有的对小环境出现的不良现象感到无可奈何,不愿意对思想工作投入太多的精力,得过且过;还有的德育工作者缺乏奉献精神,不能以身作则等。这一切都与德育工作者的身份不相称。因此,当前高校德育工作者面临的一个很重要的问题是要按照"政治坚定,品德优良,业务精湛,专兼结合"的标准严格要求自己,使自己真正成为学生的师长、朋友和引路人。总之,只有建设一支政治素质好、懂业务、有奉献精神的思想政治教育工作者队伍,才能适应高校改革的新形势,确保德育的有效实施。

思考题

一、名词解释

德育　高校德育目标　教育与自我教育相结合原则　说服法　示范法　自我教育法　奖惩法

二、问答题

1. 简述高校德育的主要内容。
2. 试论高校德育的原则有哪些内容。
3. 简述高校德育方法有哪些。
4. 简述高校德育途径。
5. 简述发挥德育作用与价值的策略。

第九章 研究生教育

内容摘要

研究生教育是指在本科后培养高层次专门人才的一种学历教育,属高等教育的最高阶段。本章系统阐述了研究生教育的产生与发展、研究生教育的特点和原则、研究生培养类型;在回顾我国研究生教育成就的基础上,概括出我国研究生培养制度、管理制度的特色;同时指出我国研究生教育存在的主要问题,并对未来研究生教育进行展望。

学习目标

1. 了解研究生教育的特点和原则。
2. 了解研究生培养类型。
3. 了解我国研究生教育成就。
4. 掌握我国研究生培养制度、管理制度的特色。

第一节 研究生教育概述

研究生教育是指在本科后培养高层次专门人才的一种学历教育,属高等教育的最高阶段。[①] 研究生教育一般分为硕士研究生教育和博士研究生教育两个层次。与本科教育相比,研究生教育更加强调科学研究、注重差异化的教学,具有创新性和开拓性。研究生教育是我国教育结构中的最高层次,它不仅担负为国民经济建设培养高层次人才的任务,还对高等学校发展具有重要的促进作用。

---

① 杨德广,谢安邦.高等教育学[M].北京:高等教育出版社,2009:398.

一、研究生教育的产生与发展

提及研究生教育,人们必然会想到学位,想到硕士和博士一类的称呼。事实上研究生教育与称呼并不是同步的。在我国的战国时代就有博士称呼,但它实际上是一种与学识相关的官名。欧洲中世纪的大学就有了学位制度,只不过当时的学位是对教师的称呼。李盛兵认为,研究生教育经历了三种模式的发展即学徒式、专业式和协同式。研究生教育最早出现在德国,洪堡创办的柏林大学促成了新大学运动,新大学运动催生了研究生教育,当时研究生教育采取的是学徒式教育模式。真正意义上的现代研究生教育肇始于美国。独立后的美国,许多青年不满美国教育的英格兰传统,奔赴德国学习,并推动了本国高等教育的变革。根植于美国的研究生教育发生如下变化:[①] ① 同在一学科接受研究生的学生聚集在相关的系之中,虽然每位博士亦须选定一位导师,但也接受教授们(或以委员会名义出现)的集体指导,这样就含有集体对集体的成分,而不是单纯一对一的方式。② 设有学位课程,课程多达 12~15 门,并分为一般性考试和综合性考试,后者为严格的资格考试,这些课程很难是一位教授全包下来的。③ 有了专门的研究生教育管理机构,这就是以约翰·霍普金斯大学 1876 年建立的研究生院为标志的机构。美国约翰·霍普金斯大学研究生院的确立,标志着现代意义上的研究生教育拉开了帷幕。进入 21 世纪,国外研究生教育获得极大发展。德国研究生教育在秉承洪堡开创的教学和科研并重的理念下,越来越重视有组织的课程学习。近年来德国逐渐引进国际通用的课程,特别是 2010 年起德国全面实行"博洛尼亚计划",推行国际化的学位制度,积极促成德国研究生教育的大众化与国际化发展。[②] 英国强调多样化背景下精英教育理念,在整个研究生教育中都致力于精英的培养。20 世纪末,英国开始实施的目的在提高高等教育学科质量,提高国家投资效益的"科研评估"。美国的研究生教育一直走在世界前列,创新一直是美国研究生教育的主导理念。2010 年 4 月,由美国研究生院联合会(Council of Graduate Schools, CGS)和教育考试服务中心(ETS)共同牵头成立的"研究生教育面向未来委员会"(Commission on the Future of Graduate Education)发布了题为《前方的路:美国研究生教育的未来》(The Path Forward: The Future of Graduate Education in the United States)的报告。面对来自欧洲、亚洲国家研究生教育快速发展所带来的挑战,报告强调了研究生教育对于美国保持国际竞争力与创新能力的重要性,指出研究生教育作为国家创新战略

---

① 张楚庭. 高等教育学导论[M]. 北京:人民教育出版社,2010:224.
② 郭艳利. 国外研究生教育理念与启示[J]. 学位与研究生教育,2011(8):72—77.

的重要组成部分,担负着培养具有前沿知识、创新能力、批判思维以及掌握高水平技能人才的重任。①

我国研究生教育政策的雏形可以追溯到清末颁布的《奏定学堂章程》和《钦定学堂章程》,其中出现"大学院"和"通儒院"可以看作是研究生教育的最早提议。"中华民国"建立后,1912年颁布《壬戌学制》废止了通儒院。同年民国政府颁布的《大学令》提出设立大学院来培养研究生,而在《大学规程》中对大学院做了详细说明。我国真正现代意义上的研究生教育是蔡元培在北京大学创立的研究所制。民国时期,从1929年开始,颁布了《大学组织法》《大学研究院暂行组织规程》《大学研究暂行组织规程》等相关条令,我国研究生教育从模仿逐渐走向相对成熟。

新中国成立以后,受政治意识形态的影响,研究生教育在很大程度上遭到扭曲。1961年9月,《中华人民共和国教育部直属高等学校暂行工作条例(草案)》印发,其中提到重视研究生教育,实际上是新中国开始独立探索研究生教育体系的标志。经历十年"文革"后,1977年10月,国务院批准教育部《关于高等学校招收研究生的意见》,提出积极招收研究生。1980年2月,全国五届人大常委会第十三次会议通过《中华人民共和国学位条例》,经过国务院批准,成立国务院学位委员会办公室。1982年,国务院学位委员会针对第一届硕士毕业生,提出博士学位授予工作。同年7月,教育部颁发了《关于招收攻读博士学位研究生暂行规定》,对博士生的培养目标、招生、报考、录取等做了相关规定。中国研究生教育体系进一步完善,进入稳定发展时期。20世纪90年代以来,国家调整研究生招生政策,研究生的规模不断扩大。2017年,研究生培养机构815个,其中,普通高校578个,科研机构237个。研究生招生80.61万人,其中全日制69.19万人。招收博士生8.39万人,硕士生72.22万人。在学研究生263.96万人,其中在学博士生36.2万人,在学硕士生227.76万人。毕业研究生57.80万人,其中毕业博士生5.8万人,毕业硕士生52.0万人。(据2017教育事业统计公报)

二、研究生教育的特点和原则

(一)研究生教育的特点

1. 高层次性

研究生教育为一个国家教育金字塔的顶端,本质上是一种大众化教育中的精英教育。从人才培养的目标上看,研究生教育是为国家和社会培养高级专门

---

① Council of Graduate Schools and Educational Testing Service. The path forward: the future of graduate education in the United States [EB/OL]. http://www.fgereport.org/rsc/pdf/CFGE_report.pdf, 2010-04.

人才。这些人具有学科"专家"性质,服务于社会各个领域,承担国家和区域战略落实和引领的任务。从培养层次上说,研究生是教育的最高层次。研究生教育不是本科教育的简单延伸,它是一种个体基本素质要求较高的教育。研究生教育不仅要有数量上的追求,而且要保证教育质量。研究生教育培养的是具有多方面素质结构,德才兼备,能服务社会各领域的高精尖人才。这种高层次性还体现了研究生教育内容的专业性。如果说本科教育内容是一种相对宽泛的专业教育,研究生教育则更强调研究内容的"专业性"。研究生就一个专业,领域的学术前沿问题开展研究,成为这个专业领域的"专家",在某种意义上对专业起引领作用。

2. 研究性

研究生教育与本科教育一个重要的区别在于研究生具备比本科生更强的研究能力,研究是研究生教育应有之义。研究生教育的研究性体现在教师和研究生两个层面。作为研究生的导师,不仅要交给学生知识,还必须对学生进行科学训练。从这个意义上说,研究生导师不仅要引导学生学习,还是研究生科研的引领者。研究生在学习一定的基础理论和专门知识的基础上,独立从事专业领域内的理论和实践方面的研究。研究生从事学习过程是一个逐渐摆脱对导师"依赖",不断走向"独立"的过程。研究生运用学习到的科学研究方法,整合知识和经验,从事相应的研究活动,在研究过程中提高研究能力,增强自身"专业身份"认同,承担学术和道德双重责任。研究生教育存在"学术型"和"专业型"的划分,但是学位类型的分化不会影响研究生教育"研究性"的特点。"学术型"和"专业型"的区别主要在于培养侧重点,而在研究上有着共同的要求。研究生教育还要注重科学精神和专业能力的养成。科学精神要求研究生以科学研究的态度和精神从事研究,避免科学研究中的功利主义,摒弃为了学位而研究的观念,献身科学研究,潜心治学。专业能力养成要求研究生的研究要立足于专业知识,从专家角度开展研究,强化专业角色,立足专业研究前沿。

3. 创新性

美国密歇根大学校长塔攀认为,大学必须包括两个层次的活动:低层次的活动是为那些还在学习如何学习的人准备的活动;高层次的活动是为那些已经知道如何学习、懂得如何创造知识的人准备的活动。[①] 研究生教育就是一种高层次的活动。研究生教育的特点要求他们既博学,又要具有创新意识和创新能力。研究生教育创新性以"学问生产能力"提升为标志。研究生在学习过程中,通过阅读大量文献资料,不断吸收外在的知识,将其纳入自己的知识体系,实现

---

① 朱晓闻.研究生教育与培养研究[M].成都:西南交通大学出版社,2018:37.

知识的内化。在消化吸收的基础上,研究生运用科学的研究方法,立足学术前沿,在理论实践方面进行创新,实现学问的增值。通过学问增值,实现科学理论、法则、概念、物质发现与发明方面数量的增加和质量的提升,进而提高"学问生产能力"。研究生学位论文主要体现了"学问生产能力"。研究生论文的"创新性成果",最直接体现在"新"和"值"上。"新"即新理论、新规律、新方法、新设计等,具有独创性和先进性;"值"即学术价值、科学研究价值、技术更新价值、实际应用价值等。不具有价值的"新",不能称为"成果";仅有价值而无"新意",也不能称之为"创造性成果"。"新"是创造性的外在特征,"值"是创造性的内在体现。研究生的科研成果中的"新"与"值"的有机结合体现出研究生教育的创新性。[1]

(二)研究生教育的主要原则

1. 适应与超前并行

作为高层次人才的培养,研究生教育必须与国家政治、经济、科技和文化发展需要相协调。研究生教育具有直接促进社会进步、服务社会发展的特点,这也就决定了研究生教育与社会服务最为直接。因此,研究生的教育必须与国家发展紧密结合,发挥其社会功能。研究生培养过程适应性表现在两个方面。第一,依据国家和社会的需要培养研究生,提高研究生培养质量,使人才培养满足社会发展的需要。第二,做好供给侧改革,协调好研究生招生规模与社会需求之间的关系。在研究生培养过程中,科学确定研究生培养的规模,使人才培养数量既能满足社会对人才的需求,又要避免规模过大导致就业难等一系列问题。研究生培养不仅要立足国家现实的需要,还要具有前瞻性,着眼于国家和社会未来发展。因此,研究生教育还要从终身教育角度出发,关注未来社会对人才培养的基本要求,发挥保持人才培养的持续性。

2. 创新与开放并存

研究生教育是面向未来的活动,它充满了新的事实、新的范例、新的观点,因此创新是研究生教育的本质要求。创新原则要求研究生教育必须担负知识创新、技术创新的使命,培养具有创新意识和创新能力的高层次人才。研究生教育创新性既是国际发展的潮流,也是研究生教育自身引领作用以及自身发展的需要。研究生教育创新主要来自研究生科研能力的培养。培养科研能力的最主要的经验是:[2] 一是培养独立思考、大胆探索精神和质疑精神,鼓励学生勇于探索、敢发表前人不敢发表之想法,做前人不敢做之事;二是培养丰富的想象力,对所从事的专业有浓厚的兴趣和献身科学的精神;三是善于给研究生加担子,大胆

---

[1] 杨德广,潘安邦.高等教育学[M].北京:高等教育出版社,2009:404.
[2] 朱晓闻.研究生教育与培养研究[M].成都:西南交通大学出版社,2018:45.

地把他们推向科学前沿;四是培养与科学结合,导师指导与个人努力结合;五是尽量减少各种框框的束缚,在允许范围内让其放手去做,任其突发奇想。开放、共享已经成为教育发展的一种选择。研究生教育应该采取开放的态度,吸纳优质资源,促进自身的发展。首先,研究生教育要有国际视野,积极进行国际合作,提高教育国际化水平,吸纳国外优秀的办学经验,提高研究生教育质量。其次,研究生教育向社会开放,获取发展所需要的各类社会资源,根据社会需求,调整人才培养模式,增强自身的"造血"功能。最后,研究生教育内部开放。要打破学校内部学科、院系的界限,充分利用校内各种资源,优化整合,提高研究生教育办学水平。同时,研究生教育需加强高校与其他部门、行业等合作,发挥团体优势,实现资源共享,共同促进研究生教育的发展。

3. 知识和能力结合

研究生从事的是高层次的学习活动,以高深学问为主要任务。因此,研究生教育要注重知识的传授和学习。与本科生相比,研究生从事的知识学习是高深知识,高深知识具有高累积性、前沿性和不确定性的特征。高累积性特点要求研究生教育要重视学生对学科知识的学习,强调掌握扎实的学科基础知识。前沿性体现了研究生教育的高层次性。研究生教育要立足学科知识的前沿,掌握学科最新发展趋势,探索学科最新领域。而不确定性体现在研究生教育中是具有开拓创新的特征,要求研究生能从不确定性活动中探索,发挥创造性,实现知识的创新。研究生教育除了强调知识的掌握和学习,还要注重能力的培养。从事创新性的活动需要多种能力,包括文献阅读能力、研究能力、创新能力,等等。吉本斯提出了知识生产的两种模式。模式Ⅰ的特征是知识生产由各级组织分层管理,由于特定的专业群体认可,问题的界定根据研究和学术领域。模式Ⅱ则不同于这种知识生产与实际紧密相关,它取决于经济和社会领域中产生的问题,而非依赖于学科本身。[①]知识生产模式的变化,要求作为高层次人才的研究生把高深知识转化为能力,通过多种途径提高自身的素养,为更好地从事研究奠定基础。

三、研究生培养类型

我国研究生培养从不同角度划分可以分为不同的类型:

从攻读等级划分,可以分为硕士学位研究生和博士学位研究生,博士是学位的最高一级。高等学校或者科研机构的研究生,或具有研究生毕业同等学力的人员,通过硕士(博士)学位课程考试和论文答辩,成绩合格,达到规定的学术水平者,可以授予硕士(博士)学位。

---

① 朱晓闻.研究生教育与培养研究[M].成都:西南交通大学出版社,2018:57.

按照学习方式划分,可以分为脱产研究生和在职研究生。脱产研究生是指在高等学校或者科研机构进行全日制学习的研究生。在职研究生是指学习期间仍然在原工作岗位工作的研究生。

按照经费渠道划分,可以划分为国家计划研究生、委托培养研究生和自费研究生。国家计划研究生又分为定向和非定向两类。

按照是否颁发毕业证书划分,可以分为学历教育的研究生和非学历教育的研究生。学历教育研究生学业成绩合格颁发研究生毕业证书,而非学历教育研究生毕业时学业成绩合格颁发结业证书(如研究生班培养的研究生)。

按照授予学位类别划分,可以分为科学学位研究生和专业学位研究生。两者的主要区别在于科学学位研究生注重科研能力,而专业学位研究生侧重于实践能力。

四、我国研究生教育的成就

中华人民共和国国成立后,特别是改革开放以来,我国研究生教育取得了很大成就。进入21世纪我国研究生教育更是获得长足发展,这种发展集中体现在规模、结构和教学质量等方面。

(一)研究生教育规模逐年扩大

1981年我国正式建立学位制度以来,研究生规模不断扩大。根据2017年的统计数据,我国已有博士授予单位402个,硕士学位授予单位730个(学位授权单位有交叉,如有单位既是博士授权单位又是硕士授权单位);开展"服务国家特殊需求人才培养"博士项目单位35个,硕士项目单位63个。[①]2001年我国研究生招生总量是11.5万人。2018年研究生招生总量已经达到85.8万人,在学研究生273.1万人,毕业生60.4万人。研究生教育规模仅次于美国。

(二)结构多样化

经过多年的发展,我国的研究生教育已经形成了多学科、多结构的体系。研究生教育类型中,除了传统学术型以外,我国开始实行专业型研究生。从1990年开始实行专业学位以来,我国硕士专业学位达到40种,博士专业学位达到6种。在强调专业性研究生的层次和质量的同时,又重视满足不同人学历层次提高的需要,在专业学位中实行全日制和在职攻读两种。研究生培养层次上,在保持硕士研究生人数增长的同时,博士研究生招生人数相对稳定。在地域分布

---

① 赵阿娜.博士硕士学位授权审核出现新规——突出质量标准 建立常态机制[N].人民日报,2017-04-05(12).

上,地域分布不平衡的现象有所改变。在培养方式上,主要是以高校和科研院所为主导,强调研究生的联合培养。从学科结构上看,研究生在各个学科之间比例发生了很大的变化,更加合理。

(三)注重研究生培养的质量

伴随着高等教育扩招,研究生教育规模越来越大,尤其是硕士研究生。在研究生培养方面除了重视量的扩张外,国家还十分重视研究生的培养质量。研究生教育培养目标逐渐从学术性转向应用性,目标由单一走向多元。为了实现研究生教育的目标,各个培养单位十分重视学位论文创作,一些单位采用严格的论文检测、实行论文送审制度,以保证研究生论文质量。国家还启动全国优秀百篇论文评选活动。此外,教育部还颁布了《学位论文作假行为处理办法》,2013年1月开始实施。2014年,国务院学位委员会、教育部颁布《博士硕士论文抽检办法》,加大对研究生毕业论文质量监督力度。这些措施在很大程度上反映了国家对研究生培养质量的高度重视。

第二节　我国研究生教育的特色

一、我国研究生培养制度的特色

我国学位与研究生教育在培养制度和管理制度方面都具有不同于其他国家的特色。

(一)中国特色的研究生教育制度

1. 硕士作为完整、独立的学位层级

我国研究生教育分为硕士和博士两个学位层级,这是与研究生教育的国际惯例相一致的。不同的是,一些国家把硕士学位作为通向博士学位的"过渡性"学位,而在我国,硕士学位则是一个完整、独立的学位层级。

把硕士学位作为"终结性"的学位层级,是由我国研究生教育与学位制度初创时期特定的文化历史条件和基本国情决定的。

首先,新中国成立后我国需要大量社会主义建设人才,但一方面,我国高校师资严重匮乏。1949年我国高等学校专任教师数总计16 059人,到1981年也仅有249 876人;另一方面,在学位制度初创时期,我国尚不能大量招收培养博士生[1],据统计,1981年录取攻读博士学位的研究生420人,1982年计划招收

---

[1] 谢桂华.20世纪的中国高等教育:学位制度与研究生教育卷[M].北京:高等教育出版社,2003:191.

904 人[①]。我国学位制度创立之初,只有少数学科具备授予博士学位的学术条件,在不能立足国内、自力更生地大量进行博士生培养的情况下,把硕士的培养作为我国研究生教育的主体,作为一种终结性学位教育,并使硕士能承担科学研究和高校教学工作是符合我国当时的社会历史条件的。

其次,在我国社会主义初级阶段,经济和科技发展水平相对落后的情况下,较多地发展投入小、周期短的硕士生教育,适合我国基本国情。我国硕士研究生教育以培养"高等学校的师资和科学研究人才"为目的,决定了我国硕士学位较高的授予标准。《中华人民共和国学位条例》规定,授予硕士学位的研究生应达到以下学术标准:① 在本门学科上掌握坚实的基础理论和系统的专门知识;② 具有从事科学研究工作或独立担负专门技术工作的能力。为了达到上述标准,我国硕士学位教育形成了学制较长以及"课程与论文并重"的培养特点:硕士学位学制一般为2.5~3年,在此期间,攻读硕士学位者不仅要学习学位课程,还要从事科学研究,撰写学位论文。

2. 导师指导、课程学习、科学研究相结合的博士生培养模式

我国的博士培养在课程和科研方面都有严格的要求:在课程上强调宽广深入,在科研上强调独创性。根据《中华人民共和国学位条例》,我国博士学位的授予标准包括以下三个方面:① 在本门学科上掌握坚实宽广的基础理论和系统深入的专门知识;② 具有独立从事科学研究工作的能力;③ 在科学和专门技术上做出创造性的成果。

在我国博士培养中独创性是核心,课程则围绕独创性来设置和安排。如2000年,教育部在《关于加强和改进研究生培养工作的几点意见》中,对博士生的课程设置作了进一步的规定和要求,"博士生课程应结合博士生的研究领域和所需知识结构,以及提高创新能力的需要来确定"。我国博士课程安排体现出如下特点:① 宽、深、新,以形成科研创新所需的合理的知识结构;② 课程安排与博士论文相结合。

在我国,博士生的课程学习和科学研究都是在导师指导下进行的,采用"导师指导为主与集体培养相结合"的方式,因此我国博士生的培养模式可以概括为导师指导、课程学习、科学研究相结合。

3. 博士后制度——作为博士学位教育的延伸

我国博士后制度的具体做法是:在国内的高等学校和科研机构,或大型企业、高新技术企业、留学人员创业园和科研生产型事业单位设置一些特殊职位,

---

① 谢桂华.20世纪的中国高等教育:学位制度与研究生教育卷[M].北京:高等教育出版社,2003:634.

挑选获得博士学位的优秀年轻人员,使其在规定的期限内从事一个阶段的研究工作。目的是拓宽他们的知识面,进一步培养工作能力,使之成为高水平的科研、教学人员。博士后教育虽然不是一种学位教育,但在某种意义上,它是博士学位教育的延续。

我国的博士后制度始于1985年7月,以国务院正式批准的《关于试办博士后科研流动站的报告》为标志,同年10月经评审,包括北京大学、清华大学、中国科学研究院等在内的全国72个学术单位的102个博士后流动站获准建立。1994年起,博士后流动站由过去的事业单位向企业发展,为与事业单位的博士后流动站相区别,将设在企业的称为"博士后科研工作站"。经过近30多年的发展,博士后制度已深入到我国的重要领域,遍及教育、科技、金融等系统,造就了数以万计的优秀人才,为科技进步、经济建设和社会发展作出了重要贡献。

(二)多样化、多渠道培养途径

1. 专业学位教育的建立与发展

按照国际惯例,学位教育的类型一般包括学术性学位教育和专业学位教育。我国的学位教育,尤其是硕士学位教育,在学位制度建立后的很长一个时期内主要是一种学术性学位教育。这是与我国特定的社会历史条件和基本国情相适应的。但以学术性学位教育为主体的研究生教育,也造成了我国学位类型过于单一的局面,随着经济的发展和社会的进步,对各种类型高层次应用型人才的需求日益凸显,这在客观上要求我国的研究生教育改变单纯学术性学位教育的状况,开展专业学位教育,使学位类型趋于多样化。

1988年国务院学位委员会第八次会议决定,对职业学位的设置问题组织专门小组进行调查研究,提出方案。1990年国务院学位委员会第九次会议,将"职业学位"修正为"专业学位",1992年国务院学位委员会确定我国的专业学位按专业学位类型授予。1996年国务院学位委员会第十四次会议通过《专业学位设置审批暂行办法》进一步对我国专业学位作出规定:"专业学位作为具有职业背景的一种学位,为培养特定职业高层次专门人才而设置""专业学位分为学士、硕士和博士三级,但一般只设置硕士一级。各级专业学位与对应的我国现行各级学位处于同一层次。专业学位的名称表示为"××(职业领域)硕士(学士、博士)专业学位"。2001年11月9日,教育部和国务院学位委员会召开了首次全国专业学位教育工作会议,会议通过了《关于加强和改进专业学位教育工作的若干意见》,这一文件就专业学位教育的地位、作用、规模、质量、管理、评估、国际化等问题提出了解决意见,有力地促进了专业学位教育的健康发展。

1990年我国批准设置和试办第一个专业学位工商管理硕士(MBA),2007年1月国务院学位委员会第二十三次会议审议通过《汉语国际教育硕士专业学位设置方案》和《翻译硕士专业学位设置方案》，我国已经设置了18种专业学位。

我国专业学位教育以培养学生的思维能力、逻辑推理能力、操作能力，以及观察问题和创造性解决问题的能力为目标；在课程设计上要求体现基础性、实践性、选择性、先进性；教学内容要求知识面宽，一般跨一级学科、跨门类进行课程设置；教学方式要求多样化，将课堂讲授与研讨、模拟、案例教学、实践等形式有机结合，鼓励学生积极、主动参与教学活动。各类专业学位教育的培养方案在体现共性的基础上，从培养目标、课程设置、教学方式、论文标准等方面体现各自的不同要求和特点。

自专业学位教育设置和招生以来，我国专业学位教育的种类不断增多，培养规模日益扩大，为我国经济建设培养了大量高层次应用型人才，同时也在很大程度上改变了我国学位教育类型单一的状况。

2. 在职人员以研究生毕业同等学力申请学位

1981年学位制度实施后，社会上对就读研究生和申请学位的需求增强，高校和科研机构有限的研究生培养能力难以满足不断增长的社会需求。为了多途径培养高层次专门人才，我国除了向毕业研究生授予学位外，还开辟了以研究生毕业同等学力申请硕士、博士学位的制度。

《中华人民共和国学位条例》第二条规定："凡是拥护中国共产党的领导、拥护社会主义制度，具有一定学术水平的公民，都可以按照本条例规定申请相应的学位。"1985年，我国开始开展在职人员以研究生毕业同等学力申请硕士学位的工作。此后，为了规范同等学力申请学位的工作，国务院学位委员会制定了一系列相关规定。1986年，国务院学位委员会办公室发布《关于在职人员申请硕士、博士学位的试行办法》。1990年国务院学位委员会制定《关于授予具有研究生毕业同等学力的在职人员硕士、博士学位暂行规定》及其实施细则。1998年6月18日，国务院学位委员会第十六次会议审议通过了《关于授予具有研究生毕业同等学力人员硕士、博士学位的规定》。

授予同等学力人员硕士、博士学位为非全日制的同等学力人员获得学位开辟了渠道，这对于在职人员业务素质的提高和干部队伍建设都能起到积极的作用。

3. 研究生课程进修班

研究生课程进修班是在职人员进修、提高自身业务水平的一种非学历、非脱产的教学形式，不能直接与授予硕士学位挂钩，不允许发毕业证书。它是为配合"在职人员以研究生毕业同等学力申请学位"这一学位申请途径而设置的。1991年，国务院学位委员会决定，允许部分研究生教育机构举办研究生课程进修班。1993年,国务院学位委员会办公室下发了《关于对举办研究生课程进修班加强管理的通知》,明确规定研究生课程进修班不直接与授予硕士学位挂钩,课程成绩合格的,发给研究生课程进修班结业证书。1996年2月5日,国务院学位委员会办公室、国家教育委员会研究生工作办公室发布《关于举办研究生课程进修班登记备案的通知》和《关于委托省级学位与研究生教育主管部门对举办研究生课程进修班进行初审的通知》。根据这两个文件,对举办研究生课程进修班的管理工作实行登记备案制度,由各省级学位与研究生教育主管部门对在本省范围内举办的研究生课程进修班(包括省内学校在本校、本地举办的本地班和省外学校在本省举办的异地班)进行初审,从而加强了研究生课程进修班的管理。

研究生课程进修班在教学上采用了在读不离岗的方式,虽然属于非全日制研究生教育,但它为在职人员申请学位解决了所必需的课程教育问题,成为在职人员进修和申请学位的理想途径。研究生课程进修班的开办,对提高在职人员业务素质、多形式培养人才、促进经济和社会发展起到了积极的作用。

(三)全面的质量保障体系

我国学位与研究生教育经过近30年的发展,建立起了从宏观到微观的全面质量保障体系。

1. 宏观质量保障体系

(1)立法。自新中国研究生教育与学位制度创立以来,我国就把立法作为对研究生教育质量进行宏观管理的重要手段之一。《中华人民共和国学位条例》和《中华人民共和国学位条例暂行实施办法》,是我国以立法的形式进行学位与研究生教育管理的主要专门法令。它以法令的形式对学位的分级、学位的授予标准、学位授予单位的审核等进行了明确的说明和规定,从而能切实、有效地监督和保证学位与研究生教育的质量。

(2)拨款。行政拨款是我国对研究生教育质量保障的重要措施之一。为了建设一批水平较高的重点大学和重点学科,为研究生教育提供一大批高水平的培养基地,国家以专项拨款的方式投入资金,先后推动实施"211工程"和"985工程"、双一流大学建设。为了促进研究生创新能力的培养和提高,我国从2003年起每年拨款1 000万元以上实施"研究生教育创新计划"。此外,我国实行"博士学位论文作者专项资金资助",鼓励、支持全国优秀博士学位论文作者不断作出创造性成果。

(3)评估。评估是监督学位与研究生教育质量的重要手段。我国从1985年开始进行学位与研究生教育的评估实践,经过20多年的经验总结和理论探索,形成了不同方法、不同主体、不同内容的评估活动形式。在评估方法上,有定性评价、定量评价、定性评价和定量评价相结合的评估形式。在评估主体方面，有以政府为主体开展的评估和以社会中介机构为主体承担具体任务而开展的评估。在评估内容上，有针对研究生院进行的整体评估；有针对学科进行的评估，有针对不同问题进行的单项评估；有针对学位授权点进行的合格评估、水平评估和选优评估。通过对研究生院进行的整体评估，有效地改善了研究生院的教学和管理；通过学科和学位授权点的评估，有效地提高了学位授予质量；通过优秀博士学位论文选优评估，有效地促进了博士生创新能力的培养。

2. 微观质量保障体系

从内部来看，我国学位与研究生教育的质量保障主要包括培养单位从招生、课程教学、学科建设与师资队伍建设、论文质量保障与提升等方面进行全过程监控。

（1）招生。我国从恢复研究生招生以来，一贯坚持"德、智、体全面衡量，择优录取，确保质量，宁缺毋滥"的原则。在招生对象方面，强调招收对象既有一定的政治觉悟，又有一定的研究才能和专业特长；在招收办法上，实行文化考试和政治审查并重的研究生选拔制度。随着我国研究生教育规模的扩大，为了保证研究生的生源质量，各研究生培养单位在实际招生过程中，日益把研究生考生的原始学历和学位作为招考审核的重要指标之一。从研究生招考的过程来看，过去研究生复试实行等额复试，现在普遍实行差额复试，复试日益成为择优录取研究生的实质性环节。

（2）课程与教材建设。课程建设是研究生教学的基础，为了提高研究生培养质量，我国的研究生教育致力于建设和形成体现高层次专门人才合理，知识结构和创新能力要求的课程教学体系。

学位与研究生教育制度创立之初，针对我国研究生培养中存在的"基础理论薄弱""知识面不够宽""实际能力不够强"等状况，国家通过了一系列相关政策。如1995年国家教育委员会在《关于进一步改进和加强研究生工作的若干意见》中提出要求："拓宽培养口径，使博士生确实能够掌握坚实宽广的基础理论和系统深入的专门知识；在具备条件的单位，提倡按较宽口径制定培养方案，并据此规定博士生应具有的知识结构及其配套课程。"

为了改进和加强研究生培养工作，改革教学内容和教学方法，教育部研究生工作办公室统一组织"研究生教学用书"遴选和推荐工作。遴选标准包括：符合国家有关教育政策、法律法规；适应社会主义现代化建设对高层次专门人才的需要，符合研究生培养目标，适合研究生教学与学习方式的不同特点和要求；满足本学科研究生培养的需要，遵循培养方案和教学大纲的基本要求；跟踪世界最新学科研究成果，反映新知识、新成就，采用有益和有效的新经验、新方法、新体系;从研究生教育发展的实际情况出发,理论严谨、结构合理、体例统一、文字精练,具有较大程度的适用性;适用面较广、教学效果较显著、特色鲜明、质量上乘,在国内同类教材中较为先进。

(3)学科专业设置。学科是制约研究生教育质量的重要因素,合理的学科专业设置是保障研究生培养质量、提高研究生创新能力的关键。

我国研究生教育按学科门类授予相应学位,研究生培养方案、培养计划和课程设置也是按照学科而设置的,因此,学科专业设置的科学化和规范化、学科专业口径适切性直接影响研究生的培养质量。从1981年至今,经过多次修订和完善,我国研究生学科专业目录逐步改变了按行业设置专业的状况,理顺和规范了一级学科,调整和拓宽了二级学科。拓宽后的学科专业口径有利于研究生形成宽广的知识面,增强创新能力。

(4)师资队伍建设。我国硕士研究生导师的遴选和审定由各研究生招生、培养单位负责,各单位都制定了本单位遴选和审定导师的制度。对博士生导师的遴选,在恢复和创立学位与研究生教育制度之初,就制订并实行了由国家统一审核的办法,建立了博士研究生导师遴选和审定制度。经过试点实践和探索,从1995年起逐步下放博士生导师审核自主权,各招生培养单位按照国务院学位委员会和国家教育委员会的有关规定,结合自身实际,制订自行审定增列博士生导师的各种规定和办法,遴选和审定博士生导师。

(5)论文质量保障与提升。为了进一步提高高等学校博士生学位论文质量,我国实行博士学位论文抽查制度和全国优秀博士学位论文评选制度。《全国优秀博士学位论文评选办法》规定,评选工作每年进行一次,评选标准为:选题为本学科前沿,有重要理论意义或现实意义;在理论或方法上有创新,取得突破性成果,达到国际同类学科先进水平,具有较好的社会效益或应用前景;材料翔实,推理严密,文字表达准确。

(四)研究生创新能力培养——实施"研究生教育创新计划"

我国一贯重视研究生创新能力的培养,"研究生教育创新计划"即是为了提高研究生特别是博士生的创新意识和创新能力而实施的重要举措。2003年起,教育部投入大量资金启动"研究生教育创新计划"。计划内容包括:举办全国博士生学术论坛,举办研究生暑期学校,建设研究生创新中心,以及资助优秀博士生科研创新和访学等。

全国博士生学术论坛以博士生自主开展学术交流和研讨为主,同时积极发挥导师和著名专家的指导作用,目的是为全国的博士生提供一个高起点、大范围、多领域的学术交流平台,营造浓厚的创新研究学术氛围,丰富广大博士生的知识,促进优秀知识成果的交流,拓宽博士生的学术视野,激发博士生钻研学术的热情,启发博士生的科学思维,增强博士生的使命感和责任感,促进博士生培养质量的不断提高。

研究生暑期学校是由教育部研究生工作办公室主办、国家自然科学基金委员会长期资助的一项活动。研究生暑期学校聘请海内外学术水平高、教学经验丰富的知名专家学者担任主讲教师,利用暑期为研究生开设基础课程和专题讲座,介绍学科领域的发展动态和最新研究成果,有助于研究生开阔学术视野,拓宽科研思路,提高教学效果。举办研究生暑期学校,对于充分开发研究生教育资源,提高研究生培养质量,推动培养单位之间相互承认学分,促进研究生教育的交流与合作,培养高素质基础学科后备人才,提高我国基础学科整体教学水平和科研水平具有重要意义。

研究生国内访学是由具有突出特色或优势的研究生培养单位,接收其他研究生培养单位的博士生到本校重点学科、重点实验室访学研究,进行联合培养,以推动学术交流和优质资源共享,提高博士生培养质量。

"研究生教育创新计划"有助于扩大研究生的学术视野,拓宽研究生的学术交流渠道,增加研究生的科研实践机会,它的实施必将促进研究生创新意识的增强、创新思维的发展和创新能力的提高。

(五)重点学科建设与研究生培养

我国的重点学科评选工作酝酿于20世纪80年代中期,主要是"从高级专门人才立足于国内的战略方针,从高等学校内部要形成一部分科研优势考虑","选择一批有影响的学科,共同进行建设,来推动高等学校的学科建设"。[①]

改革开放以来,我国在重点学科评选和建设中积累了宝贵的经验。为加强国家重点学科建设,教育部于2006年制订并印发了《关于加强国家重点学科建设的意见》,对加强国家重点学科建设的目的和意义、指导思想和基本思路、主要措施等作出了说明和规定。同年,教育部印发《国家重点学科建设与管理暂行办法》。这两个文件的颁布为加强我国重点学科建设和管理提供了有效的指导。

为了加强学科建设,促进研究生教育质量的提高,我国确立了学科建设的如下战略:国家鼓励并支持地方、部门以及高等学校,根据科技进步、行业发展、地区经济建设需要,建设一批地方、部门以及学校重点学科,形成相互支撑、滚动发展的国家、地方(部门)、学校三级重点学科建设体系。评选出来的重点学科为高质量的研究生培养和科研水平的提高作出了重要贡献,成为我国高等学校重要的具有骨干作用和示范作用的教学、科研基地。

---

① 吴本厦.进一步做好高等学校重点学科的评选工作[J].国务院学位委员会公报,1987(3).

二、我国研究生管理制度的特色

（一）三级管理制度

自恢复研究生教育和建立学位制度以来，学位与研究生教育经历了从中央和培养单位的两级管理，到中央、地方政府和培养单位三级管理的改革发展历程。

研究生教育的主管部门是教育部；学位管理部门是国务院学位委员会，其日常办事机构为该委员会下设的办公室。国务院学位委员会下设由专家、学者组成的学科评议组。

省（自治区、直辖市）主管研究生教育的部门是教育厅或高教局（厅），它们同时代管本省（自治区、直辖市）的学位工作。1991年，国家批准江苏等部分省（直辖市）成立学位委员会。1997年，允许其他省级政府自行成立学位委员会或其他形式的学位与研究生教育管理机构。到2005年10月，全国各省（自治区、直辖市，不包括港、澳、台地区）陆续成立了学位委员会。军队系统和党校系统的学位与研究生教育管理工作，由中国人民解放军学位委员会、中共中央党校学位评定委员会等机构负责。

高等学校和科研院所自开展研究生教育后，陆续建立起相应的管理机构，如研究生处等，研究生较多的高校成立了研究生部（院）。在学位管理方面，学位授予单位成立学位评定委员会，负责组织和管理本单位的学位工作。

三级管理组织的职能和权限的分配和调整，是研究生教育管理体制改革和完善的重要内容。在研究生教育恢复和学位制度建立初期，学位授权审核、招生、培养等工作由教育部和国务院学位委员会集中管理。随着省级学位委员会和相关机构的建立以及培养单位研究生培养经验的积累和培养能力的提高，学位与研究生教育管理的重心逐步转移到地方政府和培养单位。中央政府逐渐从过去的集中计划和直接管理，转向更多地采取立法、评估、经济手段和信息服务等进行宏观调控。学位与研究生教育从二级管理到三级管理的改革，强调了地方政府对本地区学位与研究生教育工作的统筹权，有利于增强学位与研究生教育对不同地区实际情况和发展需要的适应性。

（二）博士、硕士学位授权审核制度

博士、硕士学位授权审核，是指对招收培养研究生和授予其学位的教育机构及其学科专业进行的审核。从1981年到2017年，国务院学位委员会先后组织开展了11批学位授权审核、1次"服务国家特殊需求人才培养项目"学位授权审核和多次专业学位授权审核，建立了学位授权点动态调整制度，逐步建立了具有中国特色的学位授权审核制度。我国博士、硕士学位授权审核制度是中国特

色学位制度的重要组成部分。其主要特点表现在如下几个方面。

第一,国家集中统一的评审制度。我国博士、硕士学位授权审核工作主要由国务院学位委员会统一部署和组织。根据《中华人民共和国学位条例》,博士、硕士学位由国务院授权的高等学校和科学研究机构授予,授予学位的高等学校和科学研究机构及其可以授予学位的学科名单,由国务院学位委员会批准公布。学位授权资格的审批遵循严格的程序,即单位申请→主管部门组织初审(或通讯评议)→国务院学位委员会学科评议组复审→国务院学位委员会批准、公布。

我国学位授权资格的审定,依照"坚持标准、严格要求、保证质量、公正合理"的原则进行,既对学位授予单位整体条件进行审核,又对授权学科、专业进行审核。严格的学位授权审核工作,对保证学位授予质量,促进学科建设,推动教学质量和科研水平的提高,都有极为重要的作用。

第二,学术评议和行政审批相结合的学位授权审核方式。国务院学位委员会按照大学科的分类,分别设立学科评议组,成员由国内相关学科中造诣深厚的教授或专家组成,学科评议组在学位委员会的领导下负责学术评议工作。学术评议和行政审批相结合的制度既考虑了学位工作内在的学术要求,又便于发挥政府的宏观调控作用。

第三,定期审核制度。从1995年开始,博士、硕士点的审核每两年进行一次,新增博士、硕士学位授予单位的审核每四年进行一次。

我国学位授权审核制度的建立和实施,确立了学科建设在研究生教育体系中的基础地位,建立了比较完备的培养研究生的学科专业体系,形成了以学科为核心的投入、建设和管理体系,提高了我国人才培养和科学研究的水平与能力,保证了研究生培养和学位授予质量。

近年来,为了增强学位授权审核工作的灵活性,促进培养单位的学科建设和科研水平,保证和提高研究生的培养质量,我国学位授权审核制度的改革迈出了较大步伐,其目标是建立国家宏观管理、地方统筹和授予单位自主办学相结合的学位授权审核制度:① 国务院学位委员会依法对全国的学位授权审核工作进行宏观政策指导,制定统一的学位授权审核质量标准及其他相关规章,负责博士学位授予单位、硕士学位授予单位和博士学位授权学科的规划、布局和审核。② 扩大省级政府对本地区学位授予单位及学位授权学科布局的统筹权,省级地方政府结合国家和区域的社会、经济、教育、科技发展需求,在提高研究生教育质量、优化学位授予单位和学科布局方面发挥主动性和能动性,促进研究生教育与区域经济社会协调发展。③ 学位授予单位作为学科建设主体,自主进行学位授权学科的规划和建设。

（三）研究生院制度

新中国成立后的一段时间里,我国研究生教育主要由研究生管理部门管理。1960年,教育部在天津召开重点高等学校会议,讨论了设置研究生院的问题,同意在北京大学、清华大学等13所院校设置研究生院,并于1961年将高等院校设置研究院写入"高教六十条"。1980年和1983年,教育部又在天津两次召开座谈会,草拟了《关于试办研究生院的几点意见》,明确了研究生院设置的条件、性质、组织机构和职责。

1984年8月,国务院批准在北京大学、清华大学等22所高等院校试办研究生院,正式拉开了我国研究生院建设与发展的序幕。

为加强对研究生院的管理,1995年10月9日,国家教育委员会制定并下发了《研究生院设置暂行规定》,对设置研究生院的高等学校应当具备的条件、研究生院应当履行的职责等都做了明确规定。我国研究生院是培养研究生的重要基地。《研究生院设置暂行规定》明确指出,设置研究生院的目的是"提高研究生教育质量和办学效益,促进研究生教育基地建设"。我国高等学校研究生院的设立,为我国高层次人才培养作出了重要贡献。

第三节 我国研究生教育的展望

一、我国研究生教育存在的主要问题

（一）学科结构不合理

研究生教育学科结构是研究生教育结构的一个重要组成部分,它既反映了科学技术发展和知识进步所形成的学科划分,又反映了社会分工和职业分工。[①]根据宋东霞、黄海军的研究,1996年至2009年,我国研究生教育学科结构呈现如下特点:① 研究生教育学科结构的变化呈现出"存量决定增量"的特点。② 学科结构在硕士生和博士生层次存在高度的雷同性,且趋同性有所加强,没有体现出博士生和硕士生培养的不同目标要求。根据研究生教育存在的问题,具体建议采取如下策略:具体而言,一是要切实改变"存量决定增量"的发展模式,重点扩大应用性较强、社会需求较大学科的人才培养力度;二是要切实改变硕士生和博士生教育存在高度的雷同性问题,体现出博士生和硕士生培养的

---

① 谢维和,文雯,李乐夫.中国高等教育大众化进程中的结构分析:1998—2004[M].北京:教育科学出版社,2007:46.

不同目标要求和人才培养规律；三是要切实根据经济结构、产业结构的调整和经济社会发展需求，重点发展工科和新技术等应用性强、经济发展需求较大的学科。①

（二）研究生导师队伍亟待加强

研究生导师队伍建设直接关系研究生教育的质量。在我国研究生教育过程中，研究生导师队伍建设存在以下问题：

（1）师生比例失调。根据赵凤华的研究，我国人均指导在读研究生4~5人。这个数字远远高于美国的2~3人。指导研究生数量过多，使导师的精力难以针对研究生进行个别的有效指导，这在某种程度上影响研究生培养的质量。

（2）研究生导师数量还不能满足研究生培养规模的需要。② 从研究生导师队伍的整体规模看，数量还明显不足，全国研究生导师与在校研究生的比例呈逐年上升趋势。单个导师指导的研究生数量的快速上升，加大了导师指导研究生的压力，导师精力出现明显不足。这一方面使得导师对研究生开展研究的指导不够，另一方面，对研究生的学术行为也疏于监管，这也是出现研究生学术不端行为的重要原因之一。近年来，社会上已开始出现质疑研究生规模扩张引起质量下降的声音。加快导师队伍的发展，是导师队伍建设要解决的问题之一。

（3）研究生导师质量水平尚不能完全适应建设创新型国家的战略要求，不能适应促进创新人才培养的要求。我国推出了研究生培养机制改革的重大举措，其核心就是实行以科学研究为主导的导师负责制和资助制。近年来，研究生导师总体水平有了很大提高，但在相当范围内还存在固本守旧、创新意识不强、创新激情不够、创新能力不足的状况，直接影响创新型人才的培养。导师队伍中大批中青年导师的加入，改善了长期以来我国研究生导师队伍年龄结构偏大的状况，但同时也引出新的问题：年轻导师指导经验较少，指导水平有待提高；部分导师特别是年轻导师承接项目实力偏弱，较难实现依托科研项目指导研究生进行科学研究训练和资助研究生。导师学缘结构也不尽合理，许多研究生培养单位相当一部分导师的最高学位是在本校获取，求学经历和学科背景单一，学术视野偏窄，不利于培养具备国际竞争力的创新型人才。此外，导师学科分布也存在不平衡，部分学科出现导师冗余，而在一些学科则有导师紧缺现象，与学科发展和人才培养需要不相适应。快速提升导师队伍整体水平，是导师队伍建设急需解决的核心问题。

---

① 宋东霞，黄海军.我国研究生教育学科结构变化的特点和原因分析［J］.中国高教研究，2012（6）：36-40.

② 刘建树，陆嵘，刘海峰，柯勤飞.研究生导师队伍建设若干问题的思考［J］.东华大学学报：社会科学版，2010（2）：141-142.

（4）研究生导师类型结构与研究生教育类型结构的调整不相适应。长期以来,我国硕士研究生教育主要是培养具有独立从事科学研究或教学工作能力的教学科研人才,在此背景下建设起来的导师队伍,也是一支学术型为主的导师队伍。他们更多是从学校到学校,学术基础扎实,实践经验和解决工程领域、实际应用问题的经历缺乏。他们学术型的知识底蕴、思维模式、教育理念、评价标准,与应用型高层次专门人才的培养目标不匹配,与我国优化调整研究生教育类型结构、加大应用型人才培养力度的战略部署不相适应。调整导师队伍类型结构、转变现有导师观念,是导师队伍建设的当务之急。

（5）研究生导师学术道德典范与督导意识急需加强。近年来,研究生学术不端和学术失范问题时有发生,引起社会各界的广泛关注和高度重视。研究生学术道德的缺失有其自身、家庭教育以及其他复杂的社会原因,但与导师自身的学术道德修养也不无关系。导师的导不仅体现在对研究生学术水平的指导,还应包括树立学术道德行为典范、指导并监督研究生的学术行为规范。导师教学、科研及社交活动等任务的加重,致使相当一部分导师忽视了对研究生学术道德行为的关注和教育。甚至不乏导师急功近利,在学术研究活动中呈现浮躁之风,其自身学术道德修养也不足以正身立范。求真务实、科学理想的缺失是创新人才培养之大害,加强学术道德建设是导师队伍建设中必须高度重视的问题。

（三）研究生教育质量保障体系不健全

研究生教育是一个复杂的过程,研究生教育质量直接影响国家和个人的发展,研究生教育质量受多种因素的影响。在研究生质量保障体系存在功利化倾向、技术化趋势过强、强制性特征突出、质量立法落后、质量文化缺失、质量保障方法单一等问题,我国研究生教育正站在一个新的历史起点上,处于发展的战略转型期。其特点、目标和任务都发生了转变,应对这些转变,研究生教育质量保障体系的顶层设计,包括建设理念、基本要求和基本关系也必须适应时代需求,与时俱进。①

二、我国研究生教育问题解决对策

（一）继续深化学位与研究生教育体制改革,进一步扩大培养单位的自主权

研究生教育是高等学校和科研机构围绕"高深学问"进行高层次人才培养的活动,有其特殊的活动方式及运行规律。"高深学问"的"深奥性"决定了研究生培养单位应该享有广泛的学术自由和学术自治的权利。高等学校以法人资格依法自主办学是学术自由和学术自治的应有之义。《中华人民共和国高等教

---

① 王占军.建立健全新时期研究生教育质量保障体系[J].中国高等教育.2012（6）：30-33.

育法》规定:"高等学校自批准设立之日起取得法人资格","高等学校应当面向社会,依法自主办学,实行民主管理"。

有效地扩大培养单位的办学自主权,必须使政府和培养单位之间责权明晰,各司其职。一方面,政府运用立法、拨款、规划、信息服务、政策指导等必要的行政手段,对培养单位进行宏观调控和间接管理;同时,建立完善的社会监督机制和评价体系,对培养单位自主办学进行有效的指导和监督。另一方面,培养单位在政府和社会的指导与监督下依法办学,科学合理地利用各种教育资源,提高办学质量。

我国学位与研究生教育制度建立以来,经过不断地调整和改革,使得培养单位的办学自主权日益扩大,但"我国研究生教育发展面临的限制性条件还很多",随着我国经济政治体制改革的深入和高等教育的分层、分化,要求进一步扩大研究生培养单位的办学自主权,以增强其办学活力和对社会需求的主动适应能力。市场经济的发展、日益多样的社会需求、各培养单位自身的具体情况和特色等,决定了培养单位应在如下几个方面切实享有实质性的权利。

1. 培养单位自主招生的权利

研究生培养单位自主招生权是高等学校在国家设立的最基本的入学标准的基础上,根据自己的办学宗旨、办学目标和本身的办学条件,自主确定招生的范围、招生标准、自主确定招生方式的权利。目前,我国通过实施"推荐免试""单独考试""委托培养""定向培养""自筹经费""本硕连读""硕博连读"等研究生招生形式,有效地扩大了培养单位的招生自主权。

在拥有自主招生权利的情况下,研究生招生规模受到如下两个因素的制约。一是国家经济建设、科技进步和社会发展对高层次人才的需求;二是国力和教育资源尤其是师资的数量与质量所能提供给招生单位的培养条件。这两个因素对确定研究生招生规模都具有导向作用,前一个因素可称之为社会需求导向,后一个因素可称之为学校培养导向。[①]培养单位在招生方面享有自主权,不仅应体现在有权根据社会需求和自身实际情况决定招生规模上,也应体现在自主确定招生条件、招生方案和招生程序等方面。

2. 培养单位自主设置学位点的权利

《中华人民共和国学位条例》颁行以来的很长一段时间,我国博士、硕士学位授权实行国家集中统一的评审制度。具体程序依次为:单位申请→主管部门组织初审(或通讯评议)→国务院学位委员会学科评议组复审→国务院学位委

---

① 游玉华. 未来十年我国硕士研究生招生规模的理论分析与实证研究[J]. 学位与研究生教育, 2004(09):17-22.

员批准、公布(1986年以前由国务院批准)。为了扩大学位授予单位的办学自主权,国务院从1985年开始下放学位点的审批权。1986年国务院学位委员会颁行《授权部分学位授予单位审批硕士学位授权学科、专业的试行办法》,按照该办法,我国试办研究生院的高等学校可以在"一定学科范围"自行审批硕士点,即只要一级学科内具有一个博士点或至少有两个硕士点,就可在该一级学科内自行审批其他各学科、专业的硕士点。但高等学校自行审批硕士点是在国家统一指导与控制下进行的,其审批的硕士点要报国务院学位委员会备案,国家有否决权。因此,培养单位自主设置学位点的权利并没有较大程度地体现。

为了进一步扩大培养单位自主设置学位点的权利,可以把审批学位点的否决权由国家转移到行业(学科专业),行业内通过对各个学科点的教学条件、学术水平、优势和特色等方面的比较,以协商的方式自行决定学位点的归属,最后由国家仲裁予以确定。

3. 学校为主授予学位的权利

《中华人民共和国学位条例》规定,硕士学位、博士学位,由国务院授权的高等学校和科学研究机构授予。授予学位的高等学校和科学研究机构及其可以授予学位的学科名单,由国务院学位委员会提出,经国务院批准公布。我国的学位,是一种"国家学位",而不是"学校学位"。我国的学位授予制度规定,学位授予标准由国家统一制定,国务院授权有关高等学校和科研机构行使学位授予权,高等学校和科学研究机构及其学位授予的学科、专业开展学位授予工作,必须首先取得国务院的授权。因此,学校在授予学位方面的权利没有根本实现。

研究生教育分层办学的发展以及各高等学校在教学和管理水平方面的差异,必然导致不同高校间同一学科和专业培养质量的差异。为了体现教育公平,以学校为主授予学位的模式应该是今后学位授予的一种可能趋势,即在国家授权和认可下,部分高校自主制定各自的学位标准,并对达到学位标准的毕业研究生授予"学校学位"。

从世界各国学位授予权的变革历程来看,较早实行学位制度的国家基本都从由国家授予学位改革为由学校授予学位。当前,美国、法国、日本均实行"学校学位"的授予制度。学校授予学位的方式是学校享有办学自主权的重要体现,也是高等教育分层办学的必然要求,它必将增强高等学校采取各种措施,努力提高其办学质量的主动性。

(二)推进学位与研究生教育工作的法治化

我国于1994年起草了《中华人民共和国学位法(草案)》,并于2004年在国务院学位委员会中进行了通讯审议。《中华人民共和国学位法(草案)》以《中华人民共和国教育法》等现行法律原则规定为依据,以《中华人民共和国学位条例》及其暂行实施办法为依据,确立了学位管理的基本法律原则。

由于我国学位制度与研究生教育是两个相对分离的平行系统,我国学位法的结构和内容主要与学位管理相关,并不涉及研究生教育,因此有必要依据现行法律原则,制定与《教育法》《高等教育法》相配套的,专门适用于研究生教育的《研究生教育法》,使《学位法》《研究生教育法》一并为我国学位与研究生教育提供有力的法律依据,实现依法行政、依法治教。同时,有关学位与研究生教育法律、法规的建立和完善应符合我国国情,体现时代性、前瞻性,从而保证其适用性。

(三) 分类指导,稳步、有序地发展我国的研究生教育

1. 学位层次与类型的问题

我国研究生教育发展初期,主要以高校师资和科研人才为培养目标,强调硕士学位的"学术性"和"终结性"。当前,我国学位层次和类型方面的问题主要表现为如下几个方面:一是随着我国博士学位教育的发展,我国研究生教育在学位层次上的硕博比例出现了不协调,硕士学位规模相对于发达国家在整个研究生教育体系中的比例过小;二是随着我国专业学位教育的发展,虽然学位类型结构有了较大优化,但专业学位所占比例还有提高的空间。

为此,今后的一段时间,我国研究生教育应坚持以"分类指导"为原则,分层办学、有序发展,形成合理的研究生教育层次结构和类型结构;应稳步发展博士学位教育,较快发展硕士学位教育,使硕士学位和博士学位教育的比例达到10∶1左右;在硕士学位教育中,应重点发展专业学位教育,使专业性学位教育与学术性学位教育比例逐步达到1∶1,并向2∶1的比例发展。

2. 学位的区域结构问题

目前我国学位的区域结构状况,存在着东西部地区的学位结构失衡的问题,西部地区现有学位授权点和研究生培养的规模,不能满足西部大开发对高层次人才的需要。同时,西部地区之间也存在着学位结构不平衡的现象,学位的区域结构失衡问题是各地区历史、经济、文化、教育发展不平衡的结果。快速解决这一问题只能通过有效的"扶持"政策,即政府通过宏观调控手段和有效的政策倾斜,增加西部地区学位授权点的数量,使学位授权点的地区分布趋向合理。政府应该制定一系列的人才流动优惠政策,吸引优秀人才到西部去,从根本上促进西部地区学科发展水平和学位点的学术水平。

(四) 提升研究生教育质量,促进研究生创新能力的发展

1. 树立以创新能力为核心的质量观

质量是研究生教育的生命线,研究生教育质量标准应以创新能力为核心要素。国务院学位委员会第二十二次会议通过的《中国学位与研究生教育发展纲要(2006—2020年)》中,突出了学位研究生教育与科技创新的关系,与增强自

主创新能力的关系,与建设创新型国家的关系;强调了学位与研究生教育要围绕重大原始创新、集成创新和引进消化吸收再创新等三个自主创新层面的不同特征和内涵。这些将有助于更好地理解研究生教育的质量观。

提升研究生教育质量,重要的是应根据"创新能力"这一核心要素对不同层次、不同类型的研究生教育规定不同的学位标准。如硕士生应具备初步的创新能力,博士生则应突出独创性或原创性;学术性学位强调科学理论创新,而专业性学位则突出科学技术创新等。

2. 建立多渠道的经费筹集机制,加大投入

从数量上看,我国已经发展成为研究生教育大国,但在现有的社会经济条件下,有限的财政拨款显然难以满足日益扩大的研究生教育规模对必要教育经费的需求。因此,必须建立多渠道的资金筹措机制,为研究生教育提供必要的物质基础,从而尽可能地解决规模发展与质量保障之间的矛盾。多渠道的经费筹集机制必然要求政府、社会和个人等受益方共同成为研究生教育的投资主体:实施研究生教育成本分担,坚持"谁受益,谁付费"的原则,使个人成为研究生教育投资的主体之一;政府根据不同学校类型、不同学校层次,不同区域制定合理的收费标准,并以奖学金、助学金、贷学金等制度作为研究生收费制度的配套措施;实行成本分担后政府不应以实行成本补偿而减少对研究生教育的财政投入,而应该使研究生教育经费随国民生产总值的提高有所增加;国家在科研经费投入中应扩大基础研究经费的比例,确保主要进行基础性研究的高校获得足够的研究经费;广开财源,鼓励和支持企业、社会团体、民间机构捐资助学与集资办学等。

3. 积极开展"产学研合作",实施交叉学科研究生教育

实践能力和创新能力的培养是我国研究生教育的核心。一方面,在我国研究生培养过程中长期存在基础与应用相脱节,理论与实践不挂钩的现象,这种培养模式不利于研究生实践能力的培养。"产学研合作"教育作为促进理论知识向实践能力转化的有效途径,应该成为研究生培养的重要模式。另一方面,尽管我国一贯重视研究生创新能力的培养,但仍然普遍存在研究生科研创新能力不足的状况,这与我国分科培养制度有关。学科是研究生创新能力培养的最基本平台。尽管我国研究生教育的学科专业目录经过历次调整,但仍然存在学科专业口径过窄的状况,它必然影响到研究生创新意识和创新能力的培养和提高。交叉学科作为由不同学科互相渗透、彼此结合而产生的新学科,有利于优化研究生的知识结构,形成研究生跨学科的知识背景,为研究生创新能力的提高提供必要的知识基础。另外,交叉学科带来的知识融合、思维碰撞、方法互动,都有利于研究生创新意识和创新思维的养成以及创新能力的提高。因此,交叉学科研究

生教育应是研究生创新能力培养的重要模式。

4. 完善学位与研究生教育评估工作,促进研究生培养质量的提高

建立科学合理的学位与研究生教育质量评估机制,改变单纯由政府一方面开展学位与研究生教育评估的局面,允许社会中介机构参与评估,实现评估主体多元化,使政府评估和社会评估优势互补;评估结果应及时向社会公布,以便真正发挥评估的监督作用,促进学位与研究生教育工作的改善;加强评估人员的专业培训,提高其专业素质,使评估工作得以科学展开;在政府和社会等外部评估的基础上,培养单位应自觉进行自我评估,并使自我评估工作制度化、规范化、系统化和科学化,通过自我评估从内部促进学位与研究生教育工作的完善,提高研究生的培养质量。

(五)面向世界,立足国内,自主发展我国的学位与研究生教育

我国的学位与研究生教育经历了派遣留学生、学习借鉴、建立中国特色的学位与研究生教育制度的历程。随着我国学位与研究生教育的优势和特色日益明显,今后我国研究生教育的国际交流与合作将在更广的范围和更深的层次开展。从范围来看,将开拓活动的形式,与更多的国家开展国际交流与合作;从层次来看,不仅推进宏观层面国际化,也深入到微观层面,如研究生培养过程等方面的国际化。

面向世界,意味着我国研究生教育将不断地学习和借鉴国际先进经验,积极与国际研究生教育接口,同时也意味着努力把具有我国特色的研究生教育经验和优势研究生教育资源推向国外,为国际研究生教育作出贡献。

立足国内、自主发展是我国研究生教育一贯坚持的政策。研究生教育的发展不仅需要学习国外的先进经验、利用国外优势的资源,也需要推进国内研究生教育交流与合作,实现经验的相互借鉴与创新,以及资源的优势互补。

思考题

一、名词解释

研究生教育

二、简述题

1. 简述研究生教育的特点和原则。
2. 简述研究生培养类型。
3. 简述21世纪以来我国研究生教育取得的成就。
4. 简述我国研究生培养制度、管理制度的特色。
5. 结合实际,分析我国研究生教育存在的主要问题及解决对策建议。

第十章 高等学校科研与科技开发

内容摘要

科研是高等学校一项重要的职责,本章阐述了高校科研的特点、类型,开展科研活动必须要遵循一定原则,进行科研的基本程序,高校科技开发的含义、特征、内容,高校科技开发存在的问题及解决措施与对策。

学习目标

1. 了解高校科研工作的必要性、特点。
2. 了解高校科学研究的类型。
3. 掌握高校科研应遵循的基本原则。
4. 掌握高校的科研程序。
5. 了解高校科技开发的含义、特征及内容。
6. 了解高校科技开发的措施与对策。

第一节 高等学校的科研工作

一、高校科学研究的地位

(一)高校科学研究是国家创新体系的重要组成部分

当今世界,科技进步日新月异,高科技成果向现实生产力的转化速度越来越快,以高新技术为核心的知识经济将占主导地位,国家的综合国力和国际竞争能力将取决于教育发展、科学技术和知识创新的水平。"创新是一个民族进步的灵魂,是国家兴旺发达的不竭动力。""科技的进步,知识的创新,越来越决定着一个国家、一个民族的发展进程。"① 改革开放以来,我国在经济、科技、教育等领域虽然有了较大的进步与发展,但与世界先进国家相比仍有很大的差距。要缩小与发达国家的差距,适应知识经济的挑战,唯一的出路就是创新,因为创新是进步的灵魂,亦是竞争优势的源泉。建立高效的国家创新体系是形成、巩固和提高国家竞争优势的战略举措。

国家创新体系是由知识创新系统、技术创新系统、知识传播系统和知识应用系统四大系统,以及相关机构和组织构成的有机整体。其系统结构和主要功能详见表 10-1。

表 10-1 国家创新体系的系统结构及其主要功能②

名称	核心部分	其他部分	主要功能
知识创新系统	国家科研机构和部门科研机构、教学科研型大学	其他高等教育机构、企业科研机构、政府部门、基础设施	知识的生产、传播和转移
技术创新系统	企业	科研机构、教育培训机构、政府部门、中介机构和基础设施	学习、革新、创造和传播新技术
知识传播系统	高等教育系统、职业培训系统	政府部门、其他教育机构、科研机构、企业等	传播知识、培养人才
知识应用系统	社会、企业	政府部门、科研机构	知识和技术的实际应用

从表 10-1 中可以看出,高等学校在国家创新体系中占据重要的地位,发挥着巨大的作用。在知识创新系统中,高等学校尤其是教学科研型大学是核心部分,承担着知识创新的重任;在技术创新系统中高等学校作为重要力量,发挥学习、革新、创造和传播新技术的功能;在知识传播系统中,高等学校肩负着传播知识、培养人才的重任。在 2006 年科技部批准新建的 17 个国家重点实验室中,有 1 个设在高校。2015 年 8 月 18 日,中央全面深化改革领导小组会议审议通过《统筹推进世界一流大学和一流学科建设总体方案》,对新时期高等教育重点

---

① 岳庆平.中南海三代领导集体与共和国科教兴国实录:下卷.[M].北京:中国经济出版社,1998:395.
② 张武升.教育创新论[M].上海:上海教育出版社,2000:6.

建设做出新的部署,将"211工程""985工程"及"优势学科创新平台"等重点建设项目,统一纳入世界一流大学和一流学科建设;2017年1月,经国务院同意,教育部、财政部、国家发展和改革委员会印发《统筹推进世界一流大学和一流学科建设实施办法(暂行)》。因此,高等学校的科学研究应面向国家战略需要,瞄准世界科技前沿,重视基础研究,加强技术开发,推动成果转化,提高原创性、战略性、先导性的科技创新能力。

(二)高校科研是提高高校师资水平的基本途径

诚如清华大学前校长梅贻琦先生所言,"所谓大学者,非谓有大楼之谓也,有大师之谓也。"一所大学的好坏决定于师资队伍的强弱,没有一支高水平的师资队伍,大学是不可能取得成功的。随着社会和教育自身的发展,科学技术日新月异,知识更新的速度越来越快,新兴学科不断产生,社会对人才的需求越来越多样化。面对挑战高校教师只有通过开展科研活动,才能深入了解社会对人才培养的要求,全面把握本学科国内外发展的动态,准确认识所授课程在整个学科中的地位,不断更新知识,全面提高教学水平和学术水平,满足社会对人才培养的多样化需求,成为高水平的教师。可见,离开了科学研究,高水平的师资队伍的培养就成了无源之水、无本之木。

(三)高校科研是高层次人才培养的重要途径

人才培养和科学研究是高校的重要职能,两者相互联系、相互制约。科学研究需要人才,同时科学研究也可以促进人才的培养。科研工作和教学工作都是培养高级专门人才的重要手段。在当今世界,科学研究已经成为人才培养特别是拔尖创新人才培养的主要手段,高层次人才的培养必须在科学研究的过程中进行,没有高水平的科研活动,就不可能培养出高层次的人才。华中科技大学原校长朱九思先生认为,"在大学,科学研究是'源',教学是'流',没有科研这个'源',教学这个'流'就难以充实新的内容,提高质量。'源'和'流'相辅相成地结合起来,才能提高教师的学术水平,教学内容才能不断更新,也才能培养高水平的人才,同时出高水平的成果,对国家做出更大的贡献。"[①]具体而言,教师通过科研活动,能够提高研究能力和业务水平,吸收最新成果,更新教学内容,改进教学方法,从而提高教学质量,为培养高层次人才创造条件。对学生来说,如果只是接受现成的知识,只会背诵或记住已有的公式、定理,毕业后就难以适应复杂多变的现实情况。高级专门人才必须善于发现和解决问题,这就要求高校对学生进行思维方法的训练,开展创造知识的实践,也就是要求高校必须开展一定程度的科学研究。在很多高校,通过引导学生参加导师的课题研究、设立学生

---

① 沈红.美国研究型大学形成与发展[M].武汉:华中理工大学出版社,1999.

科研项目或科研学分、开展研究性学习等多种途径,为学生提供参与科研工作的机会,使学生巩固、拓展所学知识,初步了解科学研究的过程,掌握科学研究的方法,培养科学研究的能力,为成为高层次人才奠定了良好的基础。

(四) 高校科学研究是学科发展和新学科产生的基础

学科是关于特定领域的系统化了的知识体系,是相同或类似知识的集合体。学科的实力代表着学校的办学水平和办学特色,也是一个国家高等教育发展水平的重要标志。世界一流大学之所以著名,首先是因为它有一流的学科,而学科的发展水平又往往取决于科学研究的水平。一个学科能否发展,关键看其研究成果能否达到国际或国内领先水平。一所高校即使设立了某些学科,如果不继续开展科学研究,不拓展新的研究领域,也难以达到较高的学术水平。已有学科的发展离不开科学研究,新兴学科的产生也不例外。现代科学技术发展的一个基本趋势是既不断分化又不断综合,且以综合为主。学术前沿的研究需要多门学科的综合,科研前沿的新发现、新进展往往直接导致新兴学科和综合学科的产生。新学科的产生无一不是通过科学研究,通过知识的融合产生的。牛顿的力学、道尔顿的化学、达尔文的生物进化论、麦克斯韦的电磁学、爱因斯坦的相对论、玻尔的量子力学、维纳的控制论,都是在创造性科学研究的基础上产生的。在国外,高校创办新学科往往是从合作搞科研、开设研究生课程入手,以科研水平带动学术水平的提高,待条件成熟后再设置本科专业。可见,无论是已有学科的发展,还是新兴学科的创建,都离不开高水平的科学研究。

(五) 高校科研是高校为社会服务的主要渠道

社会服务是靠人来进行的。高校通过教学与科研的结合,培养高级专门人才来直接为社会服务。高校的科研任务,特别是应用性和发展性的科研项目,不仅都是直接来源于社会生产和社会生活的实际,而且也都是直接为社会生产和社会生活的需要服务的。为此,我国国务院1999年1月13日批转的教育部《面向21世纪教育振兴行动计划》明确提出:"高等学校要在国家创新工程中充分发挥自身优势,努力推动知识创新和技术创新,加快技术开发,围绕经济建设中的关键技术开展科技攻关,为改造传统产业、调整产业结构、加强农业和农村工作、培育经济新的增长点服务。""要创造条件在高校周围,特别是高校集中的地区建立高新技术产业化基地,并发挥科技开发'孵化器'的作用。"

二、高校科研的特点

(一) 高校的科研与教学相结合,学术思想活跃,科研后备力量充足

高校的教材从来不是固定不变的,它不断地把本学科的最新研究成果转化为新的教学内容。这一方面推动了学科的课程建设,另一方也直接训练了学生,提高了学生的科学素养,使社会未来的科研力量始终保持朝气蓬勃的创新意识和进取精神。高校是个学术民主的场所,具有宽厚理论基础、经验丰富的教师同生气勃勃、思想敏锐、敢想敢为又总是处在流动状态的学生结合,必然会成为激励新思想、新观点的熔炉,燃烧着发明创造的活力,这种特点是专门科研机构不具备的。所以,社会上许多有实际应用价值的科研成果,都是高校师生智慧燃烧的结果。

(二)高校人才集中,信息资源丰富,能迅速掌握科研前沿及发展动态

高校历来是高智商人群聚集的地方,成员来自方方面面,而且又通过计算机和现代通信手段把智慧的触角伸向各种场所和各种人群,所以,高校是信息资源丰富的"矿山"是信息系统发达的"电网"。各种科研动向和科技成果,都会最先最快地在高校传播。这也是一些专门科研机构不能相比的特点。所以高校一直是社会科研咨询的重要基地,高校也利用这个特点不断争取许多科研新项目。

(三)高校具有巨大的基础研究的优势

高校为了教学的需要,集中了一大批基础理论研究的专家和学者,并建设了一大批设备先进、条件优越的实验室,而且,基础理论课程又是高校的主要课程,教师翻来覆去地在基础理论中摸爬滚打,这是高校同专门科研机构相比最明显的特点。所以,我国和许多国家的基础学科研究,有一半以上是由高校承担的。

(四)高校具有多门类、多层次的学科结构,有利于科技的相互渗透,适宜进行大型综合性的科学研究。

我国和外国的高校一样有几种类型,其中教学科研型大学规模大、门类多,还有较多的博士点和较高的研究生比例。比如我国通过"共建、调整、合作、合并",有些高校成为高等教育的"航空母舰",有数十个院系,上百个学科专业点,教学与科研资源共享,这种优势是许多专门科研机构所没有的。因此,文理结合、多学科协同作战的大型综合性科学研究,常常被这些重点大学所拥有。

(五)高校是教育科学研究的主要力量

我国和世界许多国家都有专门的教育科学研究机构。但是机构不多,人员很少。我国还有教育学会等团体组织开展教育科学研究,其成员主要是各级各类学校的教师。因此说,教育科研基本上是学校教师除教学之外的重要任务。由于学识基础、信息掌握、设施设备、科研资金以及学校特点等原因,高校一直承担着教育科学研究的大部分任务,是教育科研的主要力量。不仅研究高等教育问题,还研究普通教育和职业教育的问题,研究范围涉及教育的各个领域。许多国家级的重大教育科研项目都是由高校的专家学者牵头,组织教育系统方方面面的人士完成的。

三、高校科学研究的类型

科学研究是一个认识的过程,是一种创造性活动。科学研究的主要任务是探索未知创造新知。这种新知主要表现为:在科学上提出新概念和新理论,发现新规律;在技术上提出新设计,创造新工艺新方法;在生产上制造新产品;在艺术上创作新作品等。

根据不同的分类标准,可以将科学研究分为不同的类型。按照科研活动的性质,一般把科研活动分为基础研究、应用研究和发展研究。

(一)基础研究

基础研究是以探索自然现象、社会现象和物质运动基本规律为目的的研究,侧重研究带本质性的一般规律。基础研究的目的往往不是为了直接解决当前急需解决的实际问题,其研究成果的实际应用有时不能完全预见。基础研究往往需要比较稳定的环境和条件保证,并经不懈的努力才能获得成果,但基础研究一经获得突破,就会对科学技术的进步和社会生产、生活的许多方面带来广泛而深远的影响,使人类对自然界规律的认识迈向新的高度。基础研究具有开放性和国际性,其研究水平已经成为衡量国家综合实力的国际化指标。按其性质,基础研究又可以分为两类:一类是纯基础研究,它没有明确的应用目的,其成果的价值主要表现在学术水平上;另一类是应用基础研究,它具有比较明显的应用背景和间接的生产服务价值。

(二)应用研究

应用研究是使用基础研究的理论直接解决当地生产或临床具体实际问题的研究,具有很强的应用性和针对性。应用研究既是基础研究的继续,也是基础研究和发展研究之间的纽带,其作用主要表现在两个方面:一是将基础研究成果转化为物质生产;二是将生产的信息反馈于科研部门,推动科学研究的发展。

(三)发展研究

发展研究是将基础研究和应用研究的成果进一步扩大,是有非常明确的应用目标的研究,它的主要目的不是为了获取知识,而是将知识应用于生产实际。它包括结合生产实际进一步放大实验已有成果的研究,对已有科技成果新用途的研究,在该研究领域中寻求其他新的发现等。

高等学校担负着培养高级专门人才和发展科学技术文化的双重任务,一般都要积极开展科学研究。在高等学校教师职务的任职规定中,也包括了对各级教师不同水平的科研要求,但不同层次、类型的学校在开展科学研究的时候要因时、因地、因校制宜,坚持有所为而有所不为,突出重点,分类指导,根据国家需要和自身实际,分层次、多模式、有重点地开展科学研究和科技开发工作,不搞"大而全"或"小而全"。不同学校在处理基础研究、应用研究、发展研究之间的关系时要有所侧重。一般来说,文、理科院校以基础研究为重点,适当开展一些应用研究和开发研究。工科院校以应用研究和发展研究为重点,也要搞一些基础研究。师资力量相对薄弱和新办(升格)的高等学校,首先要把教学工作做好,在保证教学质量的前提下,开展一些科学研究。一般高等学校应注意逐步形成和发挥自己的优势,努力在某些研究领域形成自己的特色。重点大学应逐步建成"两个中心",既是教育中心,又是科研中心,既要培养高质量的专门人才,又要在科学研究上做出原创性成果,成为国家科学研究的重要依靠力量。

四、高校科研应遵循的基本原则

(一)科研和教学相互促进的原则

科学研究和培养人才是高校的双重任务,必须同时兼顾。目前我国高校参加科研的人员还不普遍,学生当中的科研意识还不够强。要在深化高校科研管理制度上逐步加以解决,要鼓励高校教师和科研人员实行定期轮换制,平时也应提倡教师一边搞好教学,一边开展科研,而学校专职科研人员也应承担一定的教学任务。

(二)以应用研究和发展研究支撑基础研究的原则

基础研究是发展科技的源泉,是高新技术发明的先导,但基础研究时间长、费用高,没有近期明显的经济效益。所以,高校科研要在以科技市场为导向,以产品开发为龙头,大力承担应用技术和开发研究的同时,不忘基础研究。要以应用和开发来"养"基础研究,以基础研究来"推"应用和开发。

(三)遵循项目指南与尊重自由选题相结合的原则

项目指南是国家和地方政府,以及社会各类基金会发布的有资助基金的科研课题计划,一般由专家学者商议制订。反映了计划制订者的意志和要求,带有全局性、系统性和重点性。项目申请人必须严格按照项目指南的具体内容和技术路线执行。一般说,能申请到项目指南的课题是件荣幸的事情,但由于课题有限,能领到项目的人不多,多数高校教师要通过自选项目来开展科学研究。

自选项目也要参照国家制定的项目指南的宏观要求,要和社会的政治与经济发展的需求相一致。自选项目要尽可能得到相关企事业单位的支持和赞助,以保证科研工作的顺利进行。完全由个人自费进行的科学研究,当成果被社会承认和采纳后,会得到奖励和赞扬,社会提倡和鼓励个人的自费科研。

(四) 社会经济效益和学术水平相统一的原则

高校的科研项目,除少数暂时无法确定应用目标的基础研究外,绝大部分都要从立项开始就弄清市场有无需要,企业能否投产,有无经济效益等问题,尽可能做到技术推动与市场拉动相结合,避免高校科技资源的浪费。因此,学校应采取有力措施引导和鼓励教学与科研人员,从经济建设和社会发展的实际中选择科研课题,并且以课题成果的经济效益和社会效益作为考核和奖励的主要依据。应当承认,社会经济效益高的科研成果是学术水平高的主要标志。对于一时看不出应用前景,但对认识自然现象、社会现象及其规律有价值的研究工作,应通过考察其学术意义和科学水平,给予恰当的评价和奖励。

(五) 支持未成名者,重视开拓新的研究领域的原则

科研工作中,由于经费申请和分配的办法,容易产生"马太效应"。"马太效应"肯定和支持成功者,让成功者不断锦上添花,是应该的;但是,"马太效应"剥夺和压制未成名者是错误的。因此,高校科研要防止"马太效应"的负面影响。要看到,成功者都是由未成名者转变过来的。特别是年轻的未成名者,有精力、有热情,思想敏锐,视野开阔,有着巨大的科研潜力,学校应当关心他们、支持他们,不要在科研项目的分配上论资排辈,一切应当"唯才是举",要使优秀的年轻学科带头人尽快脱颖而出。在研究领域上,要关注新的、有发展前景的项目,从人、财、物、时间、信息各个方面给予最大的支持。

(六) 加速科技成果转化和推广的原则

科学研究的目的在于出成果,在于应用。没有和实际需要结合在一起,没有被社会采纳和应用的科学研究是"潜在的生产力",没有实际价值;只有同实际需要结合在一起,并被社会采纳和应用的科学研究才是"现实的生产力",才具有实际价值。所以,高校的科研工作必须遵循加速科技成果转化和推广的原则,变"潜在的生产力"为"现实的生产力"。为此,高校要把市场观念贯穿于科研的全过程,加强产学研合作,建立企业与高校从立项到投产"一条龙"的合作;高校集中的地区还要建立高新技术产业化基地,发挥高校科技开发"孵化器"的作用;高校自己还要兴办高新技术产业,既能作为培养创新人才的实践基地,又能作为国家新的经济增长点,为社会创造财富。

五、高等学校的科研程序

高校科研工作通常分为三个阶段即准备阶段、实验阶段、成果阶段。

(一) 科研准备阶段

这个阶段主要包括选题、调查研究和申请课题三项工作。

1. 选题

（1）选题的含义。科研选题是确定科学研究方向和题目的过程。只有熟悉本学科的现状和发展趋势，了解本学科的前沿在哪里，那里的问题已解决到何种程度，还有什么不清楚，应该通过什么渠道和方式来探明不清楚的地方，才有可能选准课题。选题准确可能成功，选题不当必遭失败。

（2）选题落选的主要原因。其分以下几个方面：

第一，项目意义和目标不明确。意义是价值问题，目标是研究结果问题。这两个问题不明确，是盲目性研究，可能费工耗时且没有成效。

第二，对国内外此项研究动态了解不全。了解不全是情况不明，情况不明，决心难定。任何科学研究都是对未知领域的探究，如果情况不明，不知要立项的研究是不是已在国内或国外研究成功，也不知是否有人已立项进行研究。草率立项，立了一个已知的成果或已有阶段性成果的项目，不仅是重复浪费，更主要的是违背了科学研究的预见性和非落后性的要求，不应算为科研工作。

第三，与同类研究重复，又无特色。不论是国家和地方政府、或社会各类基金会审批的科研项目，在汇总立项申请时，都不会批准重复的立项。如果选题一样，但有新的角度、有自己的研究特色，或许不至于落选。

第四，项目的研究技术路线不完善。一个好的项目，不仅在于它的意义，还在于它的研究技术路线是否完善、切实可行。一般讲，研究技术路线包括研究方法、研究步骤、研究人员的构成、研究的已有基础和现有物质条件、技术条件等，这些内容不完善，很难保证研究的顺利进行。

第五，难以在规定时间内完成的项目。科研项目下达时，都有明确的时间要求，这主要是由社会实际需要决定的。谁能在规定时间内完成项目、取得成果，谁就会得到审批。除非有充足的理由，并向项目下达的组织作认真申诉，才有可能修改完成的时间。

通过上述选题落选原因的分析，可见查阅文献、掌握要立项课题的相关信息至关重要。为此，要充分利用专利文献检索，据有关国际组织的统计，世界上90%以上的新技术首先反映在专利文献中。有人说，运用专利文献得法，可以节约科研费用40%，缩短研究时间60%。

2. 调查研究

选题的过程是个调查研究的过程。没有调查研究，就没有成功的科研选题。调查研究，一是调查，二是研究。要通过多种途径、采用多种有效办法尽可能全面、翔实地获取有关立项课题的资料，之后进行历史与现状的、局部与全局的、重点与一般的多角度、多层面的研究分析，撰写立项课题报告（课题申请书）。

3. 申请立项

申请立项也称申请课题,是申请者通过学校向国家和地方政府、或有关基金会申报科研课题,以求审批下达、拨款支持,形成组织行为的过程。

申请立项要填写科研立项申请书。申请书填写得如何也直接关系到课题能否得到批准。因此,一定要认真学习和研究科研《项目指南》,要把立项课题的意义、目标、科研技术路线写清填好,整个申请书要做到观点明确、条理清楚、文字简练。

申请书经过学校学术委员会评议通过后,上报有关组织审定。经批准的课题,即可着手开展工作。

(二)科学实验阶段

这个阶段包括设计、实验、理论概括和反复论证等内容。是关系科研成败的关键阶段。

首先,要根据课题目标和技术路线,制订近期、中期和远期计划,确定人员分工和工作步骤,按计划要求督促和检查工作进程。

其次,在实验中要做好记录,及时分析实验阶段性成果与计划假设的吻合程度、相关联系,从中找出规律的东西。

再次,要继续查阅相关文献和资料,启发和促进进行中的科学实验,使科学实验不断地处在学科技术的最前沿。

科学实验阶段,课题组全体成员要在负责人的统一领导下,通力合作,尽职尽责,以高尚的科研道德、充沛的科研精力、顽强的科研意志,按质按量地完成每一阶段的科研任务。

(三)科研成果阶段

1. 科研成果的分类与审核

(1)高校科研成果的分类。一般分以下五个方面:

第一,理论性成果:指阐明自然现象、特性或规律的具有一定学术意义的科技成果。

第二,应用性成果:指解决某一科技问题,具有一定创造性、先进性和实用价值的科技成果。

第三,发展性成果:指有明确的实用目的,直接为经济技术开发、推广服务,并有广泛应用特性的科技成果。

第四,阶段性成果:指在重大科技项目研究进程中,取得的有相对独立应用价值或学术意义的科技成果。

第五,教育教学研究成果:指在提高教育教学质量,改进教育教学内容、教学方法和教学管理等方面的成果。

（2）高校科研成果的表现形式。其包括：专利产品；科研成果报告；学术论文；教科书及其他教材；学术专著；电化教学手段的硬件与软件的开发，等等。

（3）高校科研成果的审核。科研成果完成后，要填写理论成果申请送审表或科技成果鉴定申请表，报送学校科研管理部门，经学校组织评审和鉴定后，送呈课题下达的机关或组织，由其组织专家作最终的评审与鉴定。

2. 高校科研成果的评审与鉴定

科研管理机关或基金会对高校上报的科研成果，分理论性成果和应用性成果两类进行评审与鉴定。

理论性研究成果由课题下达机关或基金会，组织评审委员会进行评审，评审委员均为本学科的专家。评审通过后由专家签名，并标明具体意见和评审通过的等级。

应用性研究成果根据成果性质、实际水平、经济效益和任务来源，报国家或地方有关组织机构评审鉴定。委托项目由委托单位的上级机关组织鉴定，通过鉴定的科研项目要填写"技术鉴定证书"。

3. 研究成果的登记与申报

学校对经过鉴定的成果，连同完整的科技材料及时上报主管部门，主管部门从学校上报的成果中，选择具有国内先进水平以上和具有重大经济效益、社会效益的成果，按隶属关系逐级报省（区、市）科委及教育部进行重要成果登记。与此同时，科技成果持有者要及时申报专利。不仅对实施效益高、推广使用面广、易被仿制的技术及时申报专利，而且对那些竞争激烈的领域、有些技术尚无实施条件的科技成果，为了保护技术权益，也应有选择地申报专利。

4. 申报奖励

凡属发明的科技成果及重大理论性的研究成果，在上报成果的同时，应当向国家科委申请发明奖和自然科学奖。其他应用技术成果，在鉴定后的一年内，取得较大经济效益和社会效益的，可向省（区、市）或中央部（委）申请技术进步奖等奖励。

5. 成果推广与应用

高校科研成果的推广主要在两个方面：一是把应用性成果推广到国民经济的有关部门、行业，使之在国民经济建设中发挥作用；二是把所有研究成果特别是理论成果推广于本学科的教学中，更新教材，写成专著，既可提高教学质量，又可进行学术传播与交流。

高校还要兴办自己的高新技术产业，及时把科技成果转化为社会商品，为学校创造经济效益。

第二节 高等学校的科技开发

一、高校科技开发的特性与内容

（一）科技开发的含义及其两个关键阶段

科学及技术论揭示了现代科学技术发展的一般规律以及科学、技术、物质生产三者之间的关系。科学和技术是不同性质的东西，现代科学技术对生产有决定作用，"科学技术是第一生产力"。现实生产力包括劳动力、劳动对象和劳动工具三要素。科学技术向现实生产力的转化，表现在科学技术对生产力三要素的渗透和改造作用，以及使作为生产力三要素合理配置的管理工作科学化等方面。

科技开发是指把科技成果作为资源对象，从中挖掘出潜在的生产力，创造出新事物的整个过程。在广义上，科技开发包括科技成果对生产力三要素及生产管理渗透与改造。高等学校通过科研与教育过程，不断向社会输送专门人才，对劳动者素质的提高和管理工作的科学化起到了重要作用，这方面的工作也可视为广义科技开发的内容。狭义上科技开发则指科技成果物化为物质资料的过程。科技成果物化成的资料，可以作为劳动工具、劳动对象，也可以直接进入消费领域。

科技开发实质上包括应用研究和技术开发这两个关键阶段。应用研究也称作技术研究，它有一定的应用目的，是针对某些要解决的特定问题而进行的研究。它所要解决的是具有方向性、普遍性的技术问题，而不考虑生产的具体条件、产品的具体规格和型号。应用研究的成果是具有新颖性、实用性和先进性的发明。技术开发亦称发展研究，是在基础研究和应用研究成果基础上所进行的新产品、新系统、新工艺和新材料的研制活动，包括制作技术样品、建造中间试验工厂等。它是应用研究的纵深发展，是技术发明的推广和应用，同样以新颖性、先进性和实用性为目标。工程设计是为生产和建设而进行的一种独立的构思活动，是技术开发向工程活动过渡的环节，它的任务是基于开发成果制定出可付诸工厂实施的设计方案和设计说明书。因此，科技开发是与基础研究相反的过程。基础科学研究的目的是认识自然过程的相互作用及规律，从生动、具体的个别现象出发，借助观察、实验和逻辑思维，从个别现象得出其本质和一般规律；科技开发则以实用为目的，从一般的理论出发，结合具体的物质与能量条件，逐步向具体、个别新物质形式推进的过程，是理论向实践回归的过程。

(二)高校科技开发的特征与内容

科技开发作为科技工作的重要内容之一,它有别于科研活动和生产活动,具有自身的基本特征:① 适用性,它是科技开发的核心,没有适用性就失去了科技开发的意义。② 开拓性,这表现在推广项目的选择上要有独到之处,在对需要进一步开发、完善项目的确定上要有战略眼光,在解决企业的技术难题或进行技术咨询时要有创新意识,敢于提出新的技术思路和新的解决方案。③ 超前性,要随时跟踪技术发展动态,不断地对技术需要作出预测,并超前进行开发,以保证所开发的技术或产品能适应市场的需要。④ 经营性,科技开发要面向经济建设主战场,以科研成果转化为生产力和解决企业的技术难题为核心,在进行技术转让、技术承包、技术咨询、技术培训等多种形式服务时要有经营意识。⑤ 风险性,在科技开发过程中,一般都要经过实验室小试、扩大试验、中试、工业性试验、工业化生产等阶段,每一阶段都存在风险,这些风险既有来自技术方面的因素,也有来自政策调控、经营决策、市场变化、原材料来源等非技术方面的因素。⑥ 综合性,科技开发不仅涉及技术问题,而且涉及工商、税务、财政、金融、市场、物价、法律等多学科的专业知识,以及国家的有关政策、法令、法规等,具有很强的综合性。[①]

高校科技开发的主要内容包括:对科技成果的商品特性、产权、价值等进行研究和鉴定;根据科技成果的形态,研究确定转化的形式;研究、完善转化成果的配套技术;进行市场调研和开发;举办信息发布会,参加展览、展示会及各种推广示范活动,进行科技宣传;研究确定科技成果投放的适宜条件和区域;科技成果转化谈判、签约技巧研究等。

二、高校科技开发的作用

(一)科技开发能促进高校的科技成果转化

科技开发是贯彻"经济建设必须依靠科学技术,科学技术必须面向经济建设"的科技方针的重要环节。科技开发工作是将科研成果转化为生产力,促进技术产业形成的关键环节。高校科技成果的转化系指以知识形态为主要特征的科技成果,从潜在的"一般社会劳动力"转化为现实的社会生产力,以及实现这种转化的主要途径、手段和条件。由于科技开发是本着把潜在的生产能力转化为直接的生产力的目的,因此它本能地就成为高校科学技术为经济建设服务的桥梁。通过科技开发可以加速科技成果向现实生产力的转化,促进国家产业结构的更新和企业科技进步,推动经济发展。如果不搞科技开发和技术市场,高校

[①] 李庆祝,关铃.试论高校科技开发工作的几个问题[J].武汉大学学报:哲社版,1996(2):37-43.

的许多科研成果还只能停留在实验室或样品阶段,而不能成为商品走向市场,也就谈不上为经济建设直接做出贡献。

(二)科技开发能促进高校的科学研究和学科建设

高校积极进行科技开发,在面向经济建设主战场的过程中,面对现实工农业生产以及社会经济活动不断出现的新技术、新工艺、新的难题以及新的思想观念,高校科技人员在原有学科知识的基础上,必须更新知识结构,学习国内外先进科技。这可以促使科技人员不断进行科学研究,增设新的学科,更新课程内容,改变教学方式。在解决复杂的社会经济问题时,各种学科互相渗透并融合,也容易培育新的学科,带动学科群的发展。科技发展研究向纵深拓展,不仅涉及某项技术本身发展,而且可以直接带动其他技术的开发。对高校来说,还有利于带动一批新学科的建立和发展,特别是能促进一些应用学科的建设和发展。

(三)科技开发是高校培养人才的重要环节

高等院校科学研究工作必须同人才的培养密切结合,而科技开发对人才的培养是十分有利的。在科技开发过程中,科研与开发人员运用科学的思维方式、新型的知识体系以及先进的技术手段,解决工农业生产中的技术难题,推进技术的产业化,这可以为高校培养一批懂技术、通管理、善经营、能适应国内外市场变化的高素质综合人才。科技开发也是高校培养学生的一条重要途径,学生参与教师的科研与开发工作,可具体感觉到科技与生产的融合,可不断拓宽他们的科技视野,锻炼提高他们的动手能力。让大学生参加社会实践,努力促进科技成果的推广和应用,把科学技术这种潜在的生产力转化为现实的生产力,这也有助于广大青年学生在社会主义市场经济实践的大潮中锻炼成长。

(四)科技开发可以改善高校的办学条件

科技成果作为商品进入技术市场之后,不仅在社会上可以产生经济效益和社会效益,而且可以使高校从技术转让、技术咨询、技术服务中得到一定的经济收益。随着科技开发工作向深度和广度发展,经济效益将会大幅度地提高,这就能弥补教育经费不足,改善学校的办学条件。与此同时,科技开发收益扶植了新的研究课题,促进了科研工作的发展;新的科研成果又进一步推动科技开发工作,使学校可获得新的收益,从而形成良性循环。

三、高校科技开发的现状与问题

1985年中共中央发布的《关于科学技术体制改革的决定》提出了"经济建设必须依靠科学技术,科学技术工作必须面向经济建设"的方针,确立了科技成果商品化思想。30多年来,以推进技术商品化和开拓技术市场为突破口的科技体制改革,已取得举世瞩目的成就。多层次、多形式、多种所有制的技术经营机制已在全国范围内建立,大批成果通过技术市场直接进入生产领域。然而,科技开发和发展总体上仍不能适应经济建设的需要,科技进步对经济增长的贡献率与发达国家相比还有较大差距,科技与经济在相当程度上存在"脱轨"现象,科技开发的成果转化率相对较低。目前我国高校科技成果能够签约转化的不到30%,转化后能产生经济效益的成果大约只占被转化成果的30%,而发达国家和地区科技进步对经济增长的贡献已达60%以上。[①]这表明我国高校绝大多数科技成果被束之高阁,科技进步对经济发展没有形成强大推力,科技开发要素存在巨大浪费,科技投入不能与产出有良好的匹配。导致我国高校科技开发工作目前这种现状的症结,分析起来有以下几个方面的原因:

(一)高校长期以来过于重视基础理论研究,选题与生产实际脱节,高校科技与经济"两张皮"的现状仍然存在,科学研究和技术开发与市场需求脱节状况并没有从根本上得到改变

高校普遍存在重视基础研究而轻视应用技术研究的倾向,项目选题多数不以市场为导向。目前我国高校研究开发工作,大都是独立于经济发展之外按照自身规律运行的,缺乏市场化、企业化思想观念。据国家自然科学基金项目"高校技术转移的机理、过程和政策分析"课题组对"未应用推广项目的主要障碍"分析,发现最大障碍是市场方面的原因,占被调查项目的76.4%,主要因素是"经济上不可行"和"市场小",这两个因素共同特点是立题时没有以市场为导向。此外"技术难度大"的因素也占16.7%,因技术难度大企业尚无消化吸收能力,科技开发与技术成果超前于生产,这也从侧面反映高校科技开发工作忽视市场调查与经济脱节。[②]

(二)高校缺乏面向市场研究开发的鼓励措施和评价标准,考核政策导向影响科技开发

此前高校科研成果鉴定仅仅注重理论水平和学术价值,缺乏对成果实际实用水平的评价。科研考核往往以发表论文篇数、出版专著部数、获奖成果等级和数量为评价指标,对科技成果转化数量、产业化后所取得的经济效益和社会效益并没有明确要求和标准。在这种导向下,许多高校的科研人员只追求学术层次和学术成果,较少考虑社会、企业实际需要,一方面使高校的科研成果呈现理论性的多,而实际实用性的少;另一方面在缺乏鼓励和激励措施的情况下,一些科研人员的科技开发动力也不足,宁愿科技成果束之高阁。

---

① 吴洁,解洪成.高校科技成果转化模式的探讨[J].现代管理科学,2003(10):16-17.
② 蒋冬清,刘正铭.市场机制与高校科技开发[J].研究与发展管理,1999(3):45-49.

（三）科技资源配置不合理，科技投入的主体和渠道不足，投入结构不当，重复投入以及投入的不足与浪费现象并存，致使科技开发资金不足

在我国由于市场发育的不成熟，科技投入缺乏社会化的投资主体和渠道，科技投入的主体偏倚政府，尤其缺乏企业的有效介入和科技风险基金的有效形成和运作，没有形成科技投入的社会化机制。同时，由于我国科技投入的行业、部门、地区分割，科技投入结构呈现畸形。高校在科研资金紧张的情况下，科技开发的经费更是捉襟见肘，中试环节的资金缺乏成为高校科技成果转化的制约因素。由于企业对投资周期较长、科研成果成熟度低的科技成果缺乏投资的勇气，不愿承担中试经费投入的风险。而高校受经费的限制，对所取得的科技成果进行中试的可能性较小，也难以进入应用与开发阶段。

（四）企业对高校科技成果的有效需求不足，高校科技开发成果供需结构性过剩矛盾突出

企业由于短期化经济行为，不愿意冒进一步开发研究的风险，只追求"短、平、快"的项目；企业还未成为技术创新和技术进步的主体，对技术进步缺乏二次开发的技术力量，引进吸引高校技术与自身技术能力不相匹配。高校大量的科技成果没有实现转化，不能用于生产，表面上给人形成科技供求过剩的表象，实际上这是一种虚假的、不合理的、相对的过剩。其中的主要原因是我国科技开发成果缺乏市场导向，与企业的需求存在较大差异，致使科技成果供求出现矛盾。

（五）高校与企业信息流通渠道不畅，中介服务体系不健全，技术市场还未充分发挥其应有职能

高校科技人员缺乏市场工作经验和企业的需求信息，而企业不了解高校的管理和运行机制，难以在高校找到需求的科技成果；双方没有形成通畅的信息流通渠道，缺少交流的机制，科技成果转化的中介服务体系没有建立起来，所以高校科技成果难以被企业接受。此外，技术市场建设还不够完善，没有形成及时反馈供求信息的网络，科技信息、市场信息、生产信息找不到集散中枢，技术市场中缺少一批具有较高知识和较强能力的技术经纪人队伍，这也是高校科技成果转化率低的一个重要原因。

四、高校科技开发的措施与对策

（一）建立合理高效的管理体制

经历了40多年改革开放的各高等院校，对科技工作管理机构的模式，正在进行摸索、总结和调整。目前高校仍有几种不同的管理机构设置和模式，有的把科技开发工作由科研处代管，或属于一个下属部门；有的把科技开发部门看成一个实体（或公司）；有的科技开发部门既作为科技开发的管理部门，又作为经济实体。由于其建制、级别、内涵不同,所起的作用也有所不同,这些都是值得探讨的问题。至于哪一种模式最有效、最合理,这与学校的类型、层次、活动规律等因素有关,不能强求一致。但必须统一的是,要有专门机构从事科技成果的推广、应用,并建立起科研与科技开发之间紧密联系的协调机构。这种机构必须有从事科技开发管理并具有一定素质的专职管理人员。由于科技开发工作是一项政策性强、涉及面广的比较复杂的管理工作,如涉及技术、经济、法律、法规、营销等领域,对这种协调机构必须加强领导,应由一名副校长统管为宜,以利于决策和协调工作。

(二)完善科技开发运行机制

科技开发运行机制主要包括以下内容:① 决策机制,技术项目的选题、开发、转化的决策,必须建立在正确评估和可行性研究的基础上。② 动力机制,要确定合理的利益分享原则,采用经济杠杆,刺激技术项目的合理开发和有效转化。③ 内部协调机制,促使科技开发的行政管理人员与相关研究开发人员相适应,协调彼此的利益,调动双方的积极性。④ 约束机制,科技开发的组织、管理和研究,应遵守法律、法规和政策规定,不违法,不侵犯他人科技成果,切实维护知识产权,并制定相应的奖罚措施和合理的分配政策。⑤ 风险责任机制,科技开发存在许多不确定因素,有一定的风险,因此在成果转化中要加强技术经济论证,尽可能避免风险和减少风险损失;同时,要明确各相关方的责任,形成利益与风险共享机制。高校在进行科技开发的过程中,要以市场为导向,形成一套有利于科技成果转化的运行机制,增加科技成果转化的动力,调动各方面的积极性,协调好各有关方的利益。

(三)加强开发过程的中试环节

影响高校科技成果转化为生产力的因素,除一些外部环境原因,如技术市场的不健全、政策环境不配套、支撑条件不够等原因外,主要还表现为科研成果本身的缺陷,即成果形式仅为样品或实验室技术等,工艺不完善,一些科研成果缺少中试环节,也就是缺少从技术、中试、规模生产到产品,再由产品到商品的过程。因此,高校建立必要的孵化基地是十分重要的,它有利于加速已有科技成果的商品化转移,尽快形成科研新产品的规模经济。为此,必须加强科技开发的中试环节或科技开发基地建设,使科技与生产得到衔接,起到承上启下的作用;加速形成较强的科研—开发—产品一体化的运行机制,以高附加值、高新技术的新产品为导向,增长技术经济实力;带动新技术、新产品的开发研究,以促进科技与经济的紧密结合,形成科研与生产组合。中试或科技开发基地的建设,可采用多种形式,既能以科研机构单独建设,也可采取科研院所与企业联合建设形成生产联合体。此外,高校要采取多种渠道解决中试资金短缺问题。

（四）寻求有效的技术转化模式

就国内外高校的科技开发实践来看，技术转化有多种模式：① 校内企业的转化模式，通过学校科研部门所属试验工厂转化，或利用校内非本部门工厂（如全校性集团公司）的现有条件进行开发转化，或是通过投资在校内扩建或兴建新的科技企业，这些都属于学校独资、就地转化的模式。就国内成功的校办企业来看，它们往往不仅是重要的科研、教学基地，而且本身就是产品中试基地、产业孵化基地。② 技术入股的转化模式，这属于借助校外经济力量进行联合开发的模式。它有两种情况，一是以科技成果及其专利技术为主要投入，参股兴建新的联营企业；二是创办股份公司。③ 技术转让和委托开发的转化模式，学校把成熟的科技成果和专利技术进行转让，由企业来实现产业化。④ 产学研联合转化模式，即由高校、科研机构和企业联合研究开发。⑤ 科技园区的转化模式，在高校附近或环境较优越的地区，由高校和企业结合开发的规模较大的高新技术产业区，也可有效地进行技术转化。不管是何种模式，高校科技开发部门都应根据自己的优势、实力及其他具体情况，从"切实可行、有利发展"的原则出发，寻求一种有效的转化模式，使科技这一潜在的生产力转化为现实的生产力。

（五）加强知识产权保护工作

高校大量的科技成果以技术服务、技术咨询、成果转让、专利实施许可等多种形式向企业推广，同时还以合作开发、委托开发等形式与企业建立合作关系。在这些科技活动过程中，容易导致技术流失，知识产权受到侵犯。高校要加强知识产权保护的法律意识，使科技人员能够充分运用法律手段保护自己的合法利益；要大力加强知识产权法律宣传和人才培训工作，建立和完善知识产权管理制度。

思考题

一、名词解释

项目指南　基础研究　应用研究　发展研究　科技开发

二、问答题

1. 简述高校科学研究的类型。
2. 简述高校科研应遵循的基本原则。
3. 简述高校的科研程序。
4. 结合实际，评述科研选题落选的主要原因。
5. 简述高校科技开发的含义、特征及内容。
6. 简述高校科技开发存在的问题及解决策略。

第十一章 高等学校管理与高等教育结构

内容摘要

高等学校管理是一个非常繁杂的体系,本章主要选择高校组织特征、高等学校的管理体制、高等学校教学管理等内容做相关阐述。高等学校结构反映的是高等教育组成系统的各个部分相互结合的方式和比例关系。本节主要探讨的高等教育结构指的宏观结构。从不同因素和角度来分析,可分为专业结构、体制结构、形式结构、层次结构、布局结构、科类结构。

学习目标

1. 掌握高等学校管理的概念和高校的组织特征。
2. 掌握高等学校管理体制的概念,西方国家的管理模式。
3. 了解我国高校的基本组织结构。
4. 知晓我国高等教育质量管理存在的问题以及主要对策。

第一节 高等学校的组织特征

社会上存在着形形色色的组织,高等学校的组织作为社会组织的一种特殊形式,一种文化组织,具有它独特的内涵。与其他组织不同,高校组织在发展、运行过程中表现出不同的组织特征。

一、高校组织的学术性

高等学校是知识生产的场所,是知识最密集的地方。高等学校运行依靠的是内部的学院、系和研究所等学术性组织。这些学术性组织以不同学科为依托,从事以高深知识加工为核心的学术工作。高深知识自身所蕴含的高渗性、专业性、自主性以及越来越强的独立性,不仅成为学者工作方式的一种行为特征,而且也是学者极力维护的一种精神权利。① 学术属性是大学组织的本质属性,具体体现在:大学的主体行为是对高深学问的探索与传授,实质上是一系列的学术行为。大学的学术行为一般在一定的学科或专业范围内进行;学术人员崇尚学术自由,排斥过多的约束和干预;组织机构呈现松散化的状态。② 高校组织学术性的直接体现就是知识的生产。大学的知识性不仅表现在组织结构上,更主要表现在大学以探索未知世界、追求真理为取向的价值追求和以知识为特征的生产方式上。大学的价值在于创造新知识和新思想,通过培养创造性人才,传播先进文化,回馈社会,服务大众,造福人类。无论是教学,还是科研、社会服务,知识都是大学生产活动的主要原料。大学以高深知识的传授者、创造者、应用者的角色立足于社会。③

二、高校组织的松散性

高校组织有完整的职能部门以及院系组成的统一的体系。然而,作为教育组织,高校并非像人们想象的那样,有着统一清晰的目标、技术路线明确、程序规范。事实上,高校组织内部是松散的结合系统。这种松散结合系统存在五个方面的重要特征:① 组织目标不明确,"教师的专业课程民主权能够使他们自由地确定自己的工作目标";② 组织结构不确定,规模越大,复杂程度越高的组织,其权力结构越复杂模糊;③ 组织运用不规则,越是高度专业化,规模较大,有多重目标的院系研究所,其组织内部运作越无序;④ 组织管理不确定,组织对外部信息的把握具有不确定性,组织管理中参与者的流动性强,很难明确每人职责;⑤ 组织决策难计划,"当新的问题出现时,组织将注意力集中对付新问题,而未顾及对原有决策的实施"。这些特征说明,高度专业化的院系研究所建制,使大学中各基层部门间更多地存在着分隔与断裂,组织内部如教学和科研活动在本质上还是由活动主体自作主张④。

高校组织的松散性源于以下几个方面:一是组织成员的习性和组织使命。高等学校以及内部成员从事的是真理、知识的探究和传授工作,这种使命受制于真理本身,无需关注外部标准。久而久之,形成了组织成员和组织所独有的松散性特点。二是高校组织中人们对组织活动参与的随意性。在高校中学生属于流动的群体,教师在参与组织活动过程中有很大的自主性,往往依据于自身的现实

---

① 孙华. 高等教育学概论[M]. 北京:高等教育出版社,2012:15.
② 于东红,杜芃蕊. 论大学组织的内涵、属性及其价值取向[J]. 西安欧亚学院学报,2012(1):5-7.
③ 陈想平. 论大学组织的知识性与科层性[J]. 高教探索,2006(2):62-65.
④ 王乾坤. 大学组织特征及管理模式探析[J]. 武汉理工大学学报,2001(8):78-81.

需要。高等学校组织的松散性程度有助于大学内部院系相对独立进行研究,为学术自由提供了制度保障。但是在现代社会合作占据主导的趋势下,高等学校组织尤其是教师之间合作显得尤为必要。

三、高校组织权力配置的不对称性

尽管高校是一个理性组织,但是在高校内部权利配置上一直存在权力的失衡现象。这种权力的不对称性主要体现在学术权力和行政权力的二元对立。实际上,从大学产生的那天起,就存在学术权力和行政权力的矛盾。学术权力本身追求的是学校的自治,而行政权力则是代表外在的权力对大学进行控制。根据科森的研究,大学管理表现出组织结构上的一种奇特二重性。以大学为代表的高校中存在两种权力结构:一种是科层制为代表的管理结构,另一种是以教师在其权力范围内对学校事务作出决策的结构。学术权力是大学组织中对学术事务进行控制、管理和支配的权力。行政权力实质是以学校行政系统划分和职能分工对学校中事务性工作进行组织和管理的权力。学术权力和行政权力是大学中两种最重要的权力,它们在某种程度上控制着大学组织的发展。在现实中,高等教育系统中权力主要表现出不同类型:学术权力大于行政权力,主要存在于欧美一些国家的大学中;行政权力大于学术权力,主要存在于亚洲许多国家。现代社会发展要求高等学校必须协调好两种权力的关系。学术权力和行政权力价值追求存在差异。学术权力保障学生标准得到贯彻,学术研究得到发展,学术人员学术权力得以保障;行政权力的价值定位则是保障大学组织目标的实现,保证国家或者政府的政策得以落实。尽管学术权力和行政权力的价值追求不同,但都是为了一个共同目标:促进大学的发展。行政权力要履行服务学术职能,学术权力更好地为行政管理服务,二者相得益彰。

四、高校组织的复杂性

高校作为各种专业人员聚集的学术性组织,其管理要比其他组织复杂得多。高校管理复杂性来源于多方面:首先是高校组织目标的多样性和模糊性。现代大学的基本职能是发展科学、培养人和服务社会。发展科学是大学的职能之一,但是发展到什么程度,怎样发展都是人们应该思考的问题。况且知识本身就是无形的,这更增加高校管理目标的模糊性。在人才培养和服务社会方面,人才培养的质量规格是可以确定的,但是由于受到社会的影响,这又会增加不确定性。其次是利益相关的多元性。随着大学的发展,大学所面对的利益群体越来越壮大。从现实层面看,大学的运转与发展要顾及政府、企业、学生、学生家长、教师员工的利益诉求。第三,开放下的封闭性。民主化的浪潮和工业时代知识多表现出的巨大的价值,要求大学要世俗化,要开放。但这并不意味着大学彻底失去封闭性。一方面大学仍然是一种选拔性教育,另一方面大学对社会的要求不是一味迎合,而是有自己自身发展规律。上述所有这些都决定了高校组织的复杂性。

第二节　高等学校的管理体制

高等学校管理体制是关于高等学校管理机构设置、管理权限划分及其隶属关系的总称,涉及高校的权力结构、领导体制及组织形式等问题。[1]

一、高等学校权力结构

在高等学校中存在三种权力,这三种权力是行政权力、学术权力和其他权力。在这三种权力中,学术权力和行政权力占据主导地位。根据学术权力和行政权力的关系,可以将西方国家管理模式分为三种:欧洲大陆模式、美国模式和英国模式。[2]

(一)欧洲大陆模式

它是一种以学术权力为主的管理模式。在校级层次上,校长的权力有限,只提出有关高校的重大问题的建议,由校务委员会一类的机构讨论决定。相反,在基层讲座的教授掌握着包括经费使用、人员安排等大权,中央政府或州政府一般与基层直接发生联系。在学部和学校层次上,主要由教授组成的学部委员会、大学评议会(德国),学部理事会(法国)来行使决策和协调的权力。可以看出,教授和教授群体处于学校的权力中心。该模式的主要优点是体现了教授治校,有利于弘扬高校学术的气氛,调动个人积极性。但组织的过于分散化,必然带来效率问题,对此人们也褒贬不一。

(二)美国模式

与欧洲大陆模式相比,美国高校内由教授执掌的学术权力比较弱。在美国大多数高校特别是研究性大学中,董事会和院校的行政官员的权力地位比较显赫。董事会多由政府官员、企业首脑、社会名流等组成,它负责制定政策,审批设备购置、财政预算、选拔和委任校长等。校长受董事会委托,全权负责学校内部的具体的管理事务,包括确定学校发展目标和重点、建立或调整组织机构、筹

---

[1] 周川.简明高等教育学[M].南京:河海大学出版社,2006:207.
[2] 杨德广,谢安邦.高等教育学[M].北京:高等教育出版社,2009:167-168.

集和分配经费、处理与董事会和外界各种组织的关系,等等。校长一般有一套包括多名副校长在内的助手班子协调管理,学校下属的分校和学院负责人由校长委任,他们必须对校长负责。系作为基本的教学和科研单元,由系主任主持。但系行政机构处于学校组织矩阵结构中的交叉点,系主任既要面向校长、院长负责,又要在决策上与系里所有的教学人员协商。因此,与欧洲大学的讲座制相比,系的权力受到来自上下两方面的牵制,是行政权力和学术权力的混合体。

(三)英国模式

在英国的传统大学中,校务委员会只是形式上的最高权力机构,而在具体的管理上,由校外人士组成的理事会则是实质性的行政权力部门,此外由教授组成的评议会全权负责大学的学术管理。由于校长是荣誉性职位,所以在英国副校长才是大学首席行政和学术领袖。副校长人选是理事会和评议会协商的结果,同时又是作为它们中间的主要联系人,在学部和系的层次上,由地方包括教学和非教学人员组成的学部委员会和系委员会是各自决策机构,与法、德等国家的大学相比,其决策过程更为民主。

二、高等学校的领导体制

领导体制明确规定了学校各种领导力量之间的关系。从国外高校领导体制上看,不同的国家有着不同的领导体制,体现不同的领导文化。

(一)国外的高等学校领导体制[①]

美国高等学校设立董事会。董事会只决定大政方针、选举校长、处理学校财产、人事及与外界的联系。董事会成员以校外人员为主,一般不介入学校的内部行政事务。校长是学校行政管理最高负责人,对外代表学校,对内负责全校工作。

英国市立大学首要的行政领导人是副校长,通常任职到退休为止(校长是终身的荣誉职位)。大学行政管理的最大机构是评议大会,它的权力限于讨论有关大学的事务,发表意见和提名某些委员参与决策机构。大学的主要决策机构是董事会、校务委员会、学术研究评议会和教授会。董事会是最高的管理机构,校务委员会是大学的执行机构,负责大学的财务、任用学术人员、任命副校长并批准评议会拟订的文件。

法国高等学校最高权力机构是大学委员会(理事会),由教授、科研人员、工商界人士以及讲师、助教和服务部门的代表组成,选举产生校长、副校长以及各

---

① 傅国良,肖龙江.新中国高校内部领导体制的演变述评:兼与国外之比较[J].教育发展研究,2006(16):83-86.

级领导人，其职能是：制定本校的规章，研究学校重大工作事项，确定学校的内部结构和外部关系以及预算和经费分配，议定有关学术交流并签署同外国学校的交流协议等。由理事会选出的校长负责执行理事会的决议，实施对学校的日常管理。

德国高等学校的权力机构是校务委员会，决定学校的重大问题和财政预算，推选校长和副校长。由校长、副校长和一名州政府任命的常务秘书组成校长委员会实施对学校的日常管理。

日本国立大学的校长是大学的最高负责人，由文部省任命，依法管理学校的事务。但有关整个大学的重大事务校长必须提交校务会商议。大学校务会的决定实际上就是大学的决定。

苏联的高等学校实行一长制。校长由教育部任命，主持并领导全校工作。校长是校务委员会主席，但由校内外有关各方面的代表组成的校务委员会在学校的组织、干部配备、教学以及科研等方面具有管理职能，而且在教学和科研人员的配备方面的决定是最终性的。

上述国外高等学校内部领导体制表明：第一，许多国家的高校的领导体制一般是委员会制（苏联除外）。委员会的名称不一，美国称董事会，英国、德国为校务委员会，法国为校理事会等。校长一般由其他专门的委员会遴选出来后，成为大学各种委员会的当然成员。有的校长还兼任这些委员会的主席。如德国的大学校长是校务委员会主席，法国的大学校长为校理事会主席等。校长是全校行政和业务管理的总负责人，有较高的行政权威和学术权威。第二，上述国外高等学校内部领导体制在长期的历史发展过程中，表现出一种较强的独立性，高等教育的发展不因政治经济形势的变化而大起大落；第三，国外高等学校内部领导体制，尽管强调以校长为中心实行校长负责制，但并不意味着校长拥有绝对的办学自主权，也要受到很多条件的限制，校长之上一般还有董事会、理事会、校务委员会；第四，国外高等学校历来有教授参与管理的传统。这与我国现阶段高等学校如何正确发挥教授作用类似；第五，国外高等学校内部领导体制，无论是采取委员会制，还是采取一长制，都力图使集体管理与个人负责结合起来，做到既集中智慧，加强集体领导，又使校长能够充分行使职权，负责全校的日常工作。

（二）新中国的高校领导体制[①]

新中国成立以来我国高等学校的领导体制经历多次变迁，形成现在党委领

[①] 郑刚，孔晓东.建国以来我国高等学校内部领导体制的回顾及反思［J］.现代教育科学：高教版，2006（2）：102-105.

导下的校长负责制。

1. 校务委员会制（1949—1950年）

新中国成立后，中央对旧中国的高等教育实行"维持原有学校，逐步加以必要的与可能的改良"的总方针，采取先接管、接收、接办，然后予以改造的方法。各高等学校成立校务委员会（临时管委会），行使管理学校的权力。校务委员会（临时管委会）由思想进步的教职员代表组成，集体负责，民主管理学校。这种临时性、过渡性的领导体制，对稳定高校教学秩序、改造旧教育起到了积极的作用，但也容易产生极端民主和工作无人负责的问题。

2. 校长负责制（1950—1956年）

1950年6月第一次全国高等教育会议通过的《高等学校暂行规程》，首次对我国高校内部管理体制做了较为详细的规定："大学及专门学院采取校（院）长负责制。校长由中央人民政府任命，代表学校。"校长全面领导学校工作，直接向政府负责。学校党的组织实行党组制，它与校行政之间没有领导或指导关系。"校长负责制"明显受到当时苏联高等学校行政首长一长制的影响，是在当时政治环境下的必然选择。新中国成立后，采取"以苏联为师"的政策，全面学习和借鉴苏联经验。高等教育也不例外，无论从国家对高等教育的宏观管理，还是学校的专业设置、课程设置与教材，都直接借鉴苏联的经验。此后我国高等学校内部领导体制的变迁，都是在此基础上围绕着党政职权如何划分而展开的。

3. 党委领导下的校务委员会负责制（1956—1961年）

1956年社会主义改造基本完成后，我国开始探索自己的社会主义发展道路。党的"八大"以后，新修改的党章规定基层党组织对本单位起领导作用，随后高校的内部领导体制开始发生了变化。1958年9月9日，中共中央、国务院发布的《关于教育工作的指示》明确指出："在一切高等学校中，应当实行学校党委领导下的校务委员会负责制。一长制容易脱离党委领导，所以是不妥当的。"党委全面领导学校的政治思想教育、行政管理、教学、行政等工作。采取这种体制的目的是为了加强党在高校的领导，保证党的教育方针得到正确完整的贯彻执行。但由于没有规定校长应有的地位和职权，校务委员会往往形同虚设，行政工作无人负责。这样就出现以党代政、党政不分、党委包揽行政事务等问题，校长职能的发挥受到制约，对高等学校的发展和对教育质量的提高产生了消极影响。

4. 党委领导下的以校长为首的校务委员会负责制（1961—1966年）

1961年9月中共中央颁布的《教育部直属高等学校暂行工作条例（草案）》（简称《高校六十条》）规定：高等学校实行"党委领导下的以校长为首的校务委员会负责制""校长是国家任命的学校行政负责人。对外代表学校，对内主持校务委员会和学校的经常工作""高等学校设立校务委员会,作为学校行政工作的集体领导组织。学校工作中的重大问题,应该由校长提交校务委员会讨论,做出决定,由校长负责组织执行。"同时对学校党委的职权也做出了更加具体的规定:"高等学校的党委会,是中国共产党在高等学校中的基础组织,是学校工作的领导核心,对学校工作实行统一领导。高等学校中,党的领导权力应该集中在学校党委会一级,不应该分散。"《高校六十条》明确规定了中国共产党组织在高等学校中的地位、职责,这实际上为以后我国高等学校内部管理体制的基本结构奠定了基础。它总结和吸取了1958年以来高等学校工作的经验和教训,在处理学校中党的领导和行政领导、集体领导和个人负责关系方面前进了一步,但如何协调好党委、校长、校务委员会之间的关系,却一直是困扰高等学校内部领导体制改革的核心问题。

5. 党的一元化领导下的革命委员会制(1966—1976年)

在"文革"期间,新中国成立以来形成的高等学校管理体制、规章制度被全部否定,学校管理系统全部处于瘫痪状态。中央提出高等学校"实行党的一元化领导,在党委统一领导下充分发挥工宣队的政治作用"。党委包揽一切,高校成为无产阶级专政的工具,学校内部权力关系出现混乱,教学、科研等工作受到干扰,严重影响了高等学校的正常发展。

6. 党委领导下的校长分工负责制(1977—1985年)

粉碎"四人帮"后,教育战线的整顿与恢复工作被摆上重要议程。1978年10月教育部发布的《全国重点高等学校暂行工作条例(试行草案)》指出:"高等学校实行党委领导下的校长分工负责制。学校的教学、科学研究、后勤工作中的重大问题,一定要经过党委讨论。党委做出决定后,由校长负责组织执行。"同时,高校系一级也仿照学校领导体制,"实行党总支领导下的系主任分工负责制"。在学校基层采取这种领导体制,有利于将党委的决议通过系总支对系主任的领导得以贯彻,从而将党对高等学校的管理进一步扩展到高等学校的基层组织。这样,党组织权力就扩大了,行政权力弱化了。正如张斌贤教授所说:"这种现象实际上在很大程度上反映了决策者对'文化大革命'期间踢开党委闹革命的无政府状态的余悸。"但在实际执行中仍然存在着党政不分、党委包揽行政事务的现象。

7. 部分高校试行校长负责制(1985—1989年)

随着政治、经济等各项体制的改革,高等教育体制的改革发生了历史性突破,其主要标志是1985年5月27日颁布的《中共中央关于教育体制改革的决定》。《决定》规定:"学校逐步实行校长负责制……学校中的党组织要从过去那种包揽一切的状态中解脱出来,把自己的精力集中到加强党的建设和加强思想政治工作上来。"《决定》颁布后,在部分高校开始进行校长负责制的试点。1988年4月,当时国家教育委员会在《关于高等学校逐步实行校长负责制的意见》中指出:"高等学校必须按照党政分开的原则,逐步实行校长负责制。"到1989年,全国共有130多所高等学校试行校长负责制的领导体制。"高等学校内部试行校长负责制实际上与当时积极推行的政治体制改革是密切相关的,或者说是政治体制改革的基本倾向和原则在高等学校内部管理体制上的直接反映。"随着1989年的政治风波、东欧剧变、苏联解体等事件的发生,加强党的领导又被提到首要位置。

8. 党委领导下的校长负责制(1989—　)

从1989年至今,我国高等学校的内部领导体制实行的一直是党委领导下的校长负责制。1996年以中共中央名义颁布的《中国共产党普通高等学校基层组织工作条例》,对高等学校内部领导体制做出最为明确和权威的规定。1999年开始实施的《中华人民共和国高等教育法》,更将党委领导下校长负责制以法律的形式确定下来:"国家举办的高等学校实行中国共产党学校基层委员会领导下的校长负责制。中国共产党高等学校基层委员会按照中国共产党章程和有关规定,统一领导学校工作支持校长独立负责地行使职权。"《高等教育法》还对党委和校长的职责、权限做出明确划分。

三、高等学校组织结构形式[①]

高等学校的组织结构主要指高等学校系统内部各组成部分之间的配合关系。高校组织结构可以有不同的维度。从纵向上看,可以分为学校、学院(系)和系(教研室),从横向上可以分为学科结构和管理结构。

就我国高校而言,组织结构有很多种形式,其中最基本的是直线职能制结构、学院制结构和矩阵制结构。[②]

(一)直线职能制结构

直线职能制是目前我国高校普遍采用的组织结构形式(图11-1)。所谓"直线",指高校组织中自上而下的领导形成一条直线指挥链,按命令统一原则对各级组织行使指挥权。以行政组织为例,校长—院长—系主任就是这样一条直线指挥链。所谓"职能",是指集中从事相同或相似工作的人建立起承担某方面管理职能的部门,按专业化原则从事组织的各项职能管理工作,如教务处、科技处、人事处等。直线领导机构和人员在自己的职责范围内有一定的决定权和对

---

① 苏志武,吴远香. 论现代高等学校管理[M]. 北京:教育科学出版社,2003:69-74.
② 程勉中. 高等学校组织结构及其创新路径[J]. 郑州轻工业学院学报,2009(10):74-78.

所属下级的指挥权,并对自己部门的工作负责;而职能机构和人员,则是直线指挥人员的参谋,不能对直接部门发号施令,只能进行业务指导。直线职能制最突出的特征就是高度集权。其优点是可以做到集中统一、分工明确,能迅速、严格地控制协调好学院和部门,为学校整体服务;其缺点是学院和部门自主权过小,积极性不高,各职能部门之间很难沟通和协调,而学校领导的直接指挥又会造成校级管理幅度过宽,大量介入院系和部门的日常管理活动,从而分散了学校最高决策层的力量。

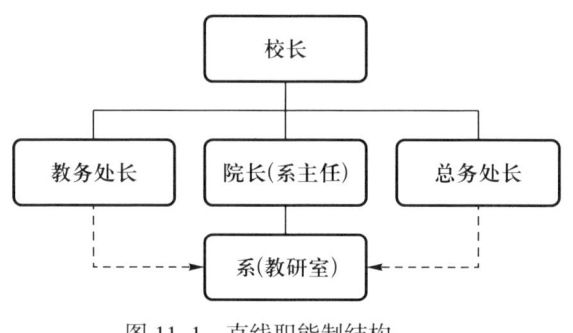

图 11-1 直线职能制结构

(二)学院制结构

学院制结构是一种集权与分权相结合的组织创新形式,它是借鉴企业的事业部制而形成的组织结构。学校将日常管理决策权下放到学院,实行分级管理、分级核算。学校只负责制定和执行战略决策、计算、协调、监督等职能,以解决办学规模大的高校内部管理和决策协调的问题。学院制的优点是能使学校最高决策层摆脱高校的日常管理工作,专心致力于学校的战略决策和长期规划,提高高校管理水平,培养造就管理人才,也有助于发挥学院的积极性和创造性,使高校各个组成部分有机统一,形成具有活力的群落生态效应,有利于扩大办学规模效益,提高资金使用效益。其缺点是如果制度化管理不到位,容易产生本位主义,忽视长远发展目标和高校的整体利益,导致分离倾向。在学校与职能部门的关系、学院内部院级与系级的关系上,如果采取事业部制的形式,则容易造成管理层次和管理成本的增加。针对这些不足,有些高校在学校与职能部门的关系、学院内部院级与系级的关系上仍保留直线职能制结构,力求以集权与分权相结合来提高效率。

(三)矩阵制结构

矩阵结构这一概念是在人们对以工作为中心和以对象为中心的组织结构之优、缺点的争论中产生出来的。其根源可追溯到第二次世界大战中和大战后美国在"曼哈顿工程"和"阿波罗工程"中发展起来的项目管理概念。矩阵制结构即在原有的直线职能制结构基础上再建立一套横向的组织系统,两者结合而形成一个矩阵,它是直线职能制结构与事业部制结构的进一步演变。这种组织结构实际上是组织内部采用的,为了改进直线职能横向联系差、弹性缺乏而形成的一种组织形式。它能加强部门之间、组织之间的协作,把垂直联系与水平联系较好地结合起来,是既讲分工又讲协作的一种组织结构形式。矩阵式的特点是以解决问题为目标,以任务、工作为中心,组织间的信息交流以横向为主、纵向为辅。矩阵结构组织的优势主要表现在两个方面。首先,在处理各种比较复杂、又相互依存的活动时,它有助于各种活动的协调。在矩阵组织中,各专家可以通过经常接触,更好地进行交流,组织灵活,信息的传递比较迅速。其次,矩阵制结构还有利于减少官僚现象,双重权威可以避免组织成员只顾保护本部门利益而忽视组织整体目标的现象发生,因而矩阵结构组织的出现有助于知识的创新。高校的矩阵制结构主要表现为科研矩阵结构,即以科研为中心任务的矩阵结构。正是这些形式多样、设置灵活的科研矩阵结构使研究型高校充满生机,达到较高的水准;它促进了高新技术产业的发展,同时也为高校自身发展提供了有力的经济支撑,从而为高校职能的转换提供了保证。

第三节　高等学校教学管理

教学是高校的核心工作,教学管理是高校教学工作得以实施的保障。概括地说,高校教学管理工作,在研究教学及其管理规律的基础上,既要行使行政管理职能,保证和服务于教学工作;更要行使学术管理职能,规划、设计、组织好教学工作。主要体现在三方面:优化教学资源配置,提高教学效率和效益;建立稳定的教学秩序,保证教学工作稳定正常运行;研究实施和组织教学改革,努力调动师生的教学积极性。[①]

一、教学管理制度

高等学校教学管理制度主要有学年制和学分制。随着高等教育改革的不断深入,学年制向学分制转变已经成为我国高校教学管理制度发展的一种趋势。学年制起源于17世纪,捷克著名的教育家夸美纽斯系统阐述了学年制理论。自20世纪50年代起,我国各个高校普遍采用学年制。学年制整齐划一,便于管

---

① 孙杰,张济荣.高校教学管理创新与探索[M].郑州:河南大学出版社,2003:67-68.

理。但是学年制缺乏弹性,不利于因材施教,容易造成学生时间和精力的浪费。随着我国社会主义市场经济体制的逐步完善,国家进入了一个新的变革时期,价值观由单一性向多元性发展,教育价值观也逐渐从社会本位向个人本位方向转移,因此教学管理模式由学年制向学分制过渡也是历史发展的必然。[①] 当前我国普遍采用的学分制管理模式主要有以下几种。[②]

(一) 学年学分制

学年学分制是把学分制与过去的学年制模式有机结合起来,是学分制与学年制的一种折中形式。它在学年制的大前提下采取学分制管理模式,在实行学分制的情况下仍然规定了学生的学习年限,对学生在每个学年的学习情况采用学分制的标准,与纯粹的学分制比起来只是形似而非神似。

(二) 混合学分制

混合学分制同样是学分制与学年制的交叉混合,但是与学年学分制相比又前进了一步。实行混合学分制的高校一般都是以两年作为分水岭,即在学生入学的前两年实行学年制,后两年实行学分制。另外,有部分高校则采用了课程上的混合学分制,即在必修课方面实行学年制,在选修课方面实行学分制。

(三) 绩点学分制

绩点学分制有两种形式。一是一部分高校在实行绩点学分的时候,在规定各个科目学分的同时又引进绩点的概念来表示学习该门课程的质。将优、良、中、及格、不及格五类标准分别与5、4、3、2、1对应,这样学分表示了学生学习课程的量,绩点的总和表示了学生完成课程的质。从质和量两个方面考查学生的学习情况。另一种形式的区别在于对绩点的理解与规定,一部分高校则是用绩点表示该课程在整个课程体系中所占的权重。这样,利用学分乘以该课程的绩点所得出的总分更能准确地反映该生对此门课程的完成程度。

虽然各个高校在学分制教学管理的模式与方法上不尽相同,但是不难看出目前我国国内各个高校实行的学分制还不是纯粹意义上的学分制,学年制在其中还是占了很大比重。我国的学分制教学管理模式尽管还处在初级阶段,但各个高校都在不断地努力探索与实践。随着我国高等教育的不断发展与完善,学分制必将取得长足的进步,进而使我国的高等教育事业取得更快更好地发展。

二、教学计划制订和行政管理

教学计划是高校人才培养的重要组成部分。教学计划管理主要包括教学计

[①] 贾丽华.高校学分制管理模式探讨[J].高教研究与实践.2011(2):10-14.
[②] 贾丽华.高校学分制管理模式探讨[J].高教研究与实践.2011(2):10-14.

划的制订、运行、监督和评估。其中教学计划制订管理和运行管理是教学计划管理的重要的组成部分。

高校的教学计划一般包括专业培养目标、学制、教育教学周数、课程设置、课时安排等。专业培养目标主要是对专业人才培养质量规格的要求,主要体现在德智体等方面的具体要求。课程设置是教学计划的核心。在课程设置中,需要考虑公共课、专业基础课、专业课程的类型和开设的比例。此外,还要考虑必修和选修课程的比例,从现代高校发展趋势上看,选修课程的比例越来越大,必修课程比例相对减少。教学环节安排主要考虑课程性教学环节和非课程性教学环节。最后,学时和学分安排也是教学计划制订必须要考虑的问题。

教学行政管理也称教务管理,是学校、院、系和基层管理部门根据各个专业的教学计划,运用各种管理手段,通过组织、协调和教学相关各个部门的活动,高效率、高质量地完成教学任务,实现教学目标所进行的各种职能活动。其根本任务是:根据教学计划将各个年级、各个专业的各种门类的课程,通过教材和教师投入,科学有效地组织成为有序、高效率、高质量的教学过程。教学行政管理主要内容包括:常规管理,其中心环节是编排和执行课程表,首要任务是编制校历,最关键的环节是编制开课计划并将任务落实到教师和相关人员。教学行政管理的阶段性工作,阶段性工作主要包括两个方面:一是学生学习管理,包括编制招生计划、分班、修订、印发学习手册和相关考务管理。二是教学过程管理,含编制课程一览表,落实各项工作计划,检查监督教学质量。教学档案管理,包括档案资料管理、教务统计管理和学籍管理。

三、教学质量管理

教学质量管理是学校一切工作的目标,也是各个学校改革的重点。教学质量管理是指对影响教学结果的全部教学因素和过程的管理,主要包括教学检查、课堂教学质量评价、学生成绩管理、教学综合评价等。[1] 加强高校教学质量管理,不仅可以优化高校教育资源配置,更大限度地提高教育资源利用率,而且也是把高校潜在的教学生产力转化为现实的教学生产力的基本手段,实现内涵发展、协调发展、持续发展和快速发展。

(一)教学质量观解读[2]

教学质量观是对教学质量的观念性描述,是人们对教学品质的整体认识和意识,体现为人们对教学质量高低优劣的理解和价值性判断。教学质量观对教

---

[1] 余玲,胡望斌.论高校教学质量管理中的文化管理[J].江苏高教,2010(2):71-73.
[2] 李小庆,王果胜.浅议教学质量观思想变迁[J].北京教育:高教版,2012(3):56-59.

学质量的追求方向有重要的影响,对教学质量的实践取向亦有指导性意义。教学质量观是一面多棱镜,不同的人处在不同的历史时期,站在不同的立场和角度,会秉持不同的教育理念,对教学质量的优劣也会有不同的见解。对教学质量观内涵的不同理解,决定着人们运用不同的方式和手段实现教学质量的价值。

1. 知识质量观

知识质量观背后的理论支撑是"教为中心"的教学思想和行为主义心理学理论。这种教学理论在教学目的上,以知识的获得为本位;在教学的角色地位上,以教师为中心;在教学方式上,以教师的教授和训练为本位;在教学内容上,以学科科目为中心。在该理论支撑下,知识质量观在现实中呈现出如下特征:① 以工具技术理性为价值取向;② 以学科知识点的传授为核心;③ 以鉴定教师的优劣为目的。

2. 能力质量观

20世纪初学习理论和认知主义心理学开始兴起,人们开始把注意力转向学生。"学为中心"的教学理论在教学目的上,以学生认知结构形成为本位;在教学的角色地位上,以学生为中心;在教学过程上,以学生的探究为本位;在教学内容上,以活动为中心。与强调知识的教学质量观相对应,以现代学习理论为背景的能力质量观呈现出不同的教学质量认识特征:① 以学生能力发展为目的;② 以学生的认知能力形成为核心;③ 以教学的过程为着眼点。

3. 现代的教学质量观

知识质量观重视教学过程中"教"的活动,能力质量观则站在"学"的立场上来描述教学品质。这两种质量观背后都有相对成熟的教学理论作为支撑,在孤立的和静止的课堂教学空间内一定程度上为提高教学质量作出了贡献。但在日益强调可持续发展、自主创新和国际化的今天,教学活动时空被大大地延伸和拓展,单纯片面的"教"或"学"都不能满足一个全面发展的人的需要,因此我们必须挣脱片面"教"和"学"的狭隘束缚,将传统的质量观进行糅合,构建一种促进师生共同发展的"以人为本"的现代教学质量观。在建构主义、教育人类学等当代理论的发展背景下,现代的教学质量观强调将教师的主导和学生的主体地位有机结合,学生在教师合理巧妙的情境设定中自主探究、合作学习,在学习共同体的建立中促进师生共同发展。

(二)高校教学质量管理存在的问题与对策[①]

1. 我国高校教学质量存在的问题

我国高校教学质量管理的主要问题表现为:行政化倾向明显、标准性评价

---

① 钱伟,薛二勇. 高校教学质量管理:问题与对策[J]. 教育发展研究,2012(9):66-69.

模糊、工具性方式僵化。

（1）教学质量管理中的行政化倾向明显。我国高校现行的教学质量管理方式，基本上以行政为主导，教学质量管理决策和制度的制订和执行，强调的是权威与服从，教师和学生被动参与，教学管理自主权较少。部分高校在行政主导下，忽视学校的客观条件，盲目地强调数量的增长、规模的扩大，导致教学资源的相对紧缺，致使教学质量下降，最终影响人才培养的质量。高校教学质量主要由上级部门组织专家对高校进行行政检查与评价，教学评估周期长，评估之后缺少有效的监管机制，难以及时准确地发现教学质量问题并做出反馈，导致高校教学质量管理意识的淡漠及政策的松懈，容易造成教学质量的下降。而且，教学质量管理基本采用自上而下的方式，缺乏教师和学生参与的途径与机制，导致教学质量管理的内生力量不足而主要靠外部力量进行控制，势必导致教学管理的无力。此外，我国缺乏参与教学质量管理的专业性中介组织，难以发现教学质量管理内部的专业性问题，使得教学质量管理不得不依附于行政，对于高校的学术自由造成较大的冲击。

（2）教学质量管理中的标准性评价模糊。我国虽然存在教学工作水平评估的基本指标以及相关的主要观测点，为高校教学质量评估的可比性、统一性提供了基本标准框架。不论高校的办学类型、地理位置、历史传统等，均适用于同样的指标，而且其中更多的是静态指标，柔性指标偏少。但实际上，由于指标内涵的模糊不清、专家把握标准的尺度不一、教育教学理念的理解差异，使得看似统一的标准在评价过程中变得模糊，难以准确地诊断教学质量问题。

（3）教学质量管理中的工具性方式僵化。我国多数高校的教学质量管理主要依赖规制措施，激励手段在整个管理系统中处于次要与从属地位，约束手段处于教学质量管理的首要位置，尚未真正地关注教学质量的"内适性"，即教学过程与教育目标之间的契合程度。许多高校教学质量管理仅限于组织人员对任课老师进行听课以及学生对任课老师进行测评，缺乏对学生知识结构形成、学术探究能力、实践操作能力等方面的评价，而"听课"与"测评"又往往成为学校教学、人事管理部门对教师个人年度考核的手段，难以对提高教学质量与人才培养质量产生实质性的促进作用。

2. 新时期高校教学质量管理的对策

针对新时期我国高校教学质量管理存在的问题及面临的挑战，应该采取有效措施，以提高高校教学质量管理水平。

（1）制定系统化的高校教学质量标准。教学质量标准是国家、地区、高校根据教育目的和教学目标，确定的具体明晰的衡量教学效果的标准，具体包括三个层次的标准：第一，国家与地区对高校提出的、适应或者引领社会经济发展的人才培养的基本标准；第二，不同层次、类别、行业类高校人才培养的差异化、个性化、特色化的具体标准;第三,学生及其家长对不同高校培养人才的期望性标准。高校教学质量的国家与地区标准,是国家和地区对高校进行管理、评价、检测、督促的基本要求,是高校培养人才的基本标准,也是高校制订教学计划、选择教学内容、实施教学活动、进行教学评价的基本依据。高校教学质量的学校标准,是不同层次、类型高校人才培养多样性现实、客观的反映,是国家发展战略与地区发展需要的客观要求,也是高校制订教学计划、选择教学内容、实施教学活动、进行教学评价的依据。高校教学质量的个人标准,是学生及其家长对高等教育服务多样性、差异性的基本要求,是学生选择适合自身发展的不同高校的主要标准,也是高校制订教学计划、选择教学内容、实施教学活动、进行教学评价的参照。可见,高校教学质量标准具体可以分为三个层次,即区域层次(国家与地区)、学校层次、个人层次,三个层次标准构成完整的高校教学质量标准体系。由此,应该构建区域层次、学校层次、个人层次三层一体的高校教学质量标准体系,科学地进行学校定位、组织教学活动、进行教学评价。

（2）把教师和学生放在工作中心位置。高校应把教师发展作为学校的核心工作之一,不仅应重视教师的生活需求和工作条件,还要关注教师发展的高层次需求,例如成就感、满足感等。日常教学管理中,高校应充分发挥教师的主观能动性,人性化地关怀教师的成长和发展,做到用事业留住人、用感情留住人；重视教师对教学管理工作的意见和建议,客观公正、实事求是地评价教师的教学业绩和工作质量,营造良好的工作环境。高校教学工作的基本目标是为社会培养合格的专门人才、促进学生的自我发展。教学质量管理更应重视学生的发展情况和成才需求,根据学生自身的发展水平和社会对高素养人才的需求,安排教学顺序、优化课程体系、设计教学环节;在实施教学活动的过程中,依据学生的认知水平、知识准备、接受程度,确定学生的最近发展区,[①]调整、改进教学工作。教学质量管理者应树立服务意识、竞争意识、顾客意识,教学是基础、管理是服务,在教学质量管理中,以教师和学生的需要和要求为标准,以教师和学生的满意度为衡量教学管理工作的主要指标。加强管理部门之间,管理人员、教师和学生之间的交流,加强沟通、研讨和反馈,建立良好的协作关系,实现教学管理为教师和学生服务、为教学服务,体现教学质量管理的动态特征。

（3）有机地结合学术权力与行政管理。高校的教学质量管理涉及学校工作的各方面,既包括教师、学生、管理者、后勤人员等教学主体,也包括教学内容、管

---

① 最近发展区,是为解决发展与教学之间的关系而提出的一个概念。维果茨基认为,教学应考虑学生的两种发展水平:一是个体在独立活动中所能达到的解决问题的水平,即现有水平;二是在他人的指导帮助下所能达到的解决问题的水平。这两种水平,即个体的现有发展水平与即将达到的发展水平之间的差异叫最近发展区。

理办法、质量评价、监测机制、奖惩措施等管理内容。教学质量管理的程序,往往体现出一定的标准性、规范性、有序性,反映出教学质量管理的行政属性。此外,对于高校的教学,显然存在外在的要求,可以称之为社会标准,主要表现为政治、经济、文化等领域对培养人才的社会需求,社会标准作为高校办学的重要方向之一,需要协同发挥行政管理与学术权力,以保证方向的正确,对学科专业结构、课程内容、教材教法进行不断调整,培养社会发展需要的高水平人才。教学质量管理的内容,往往体现出知识本身的自在特性,具体表现为一定的自由性、发展性、探索性,反映出教学质量管理的学术属性。而且,教学的主要内容体现了学科知识发展内在的要求,可以称之为学术标准,主要表现为知识发展的内在逻辑、排序,科学研究的最新发现及其知识价值,学生最近发展区的判别、知识接受能力的程度、知识结构的评价、知识掌握的评估等,需要充分发挥学术权力,利用学术管理的思想、理论和方法进行质量管理。但是,学术权力充分发挥的过程中,也需要一定的行政管理.

（4）建立常规性的教学质量评价机制。首先,应加强教师、教学质量管理人员的培训,让教职工理解、明晰教学质量标准,减少教学质量管理中的信息丢失,以及对教学质量标准的个人化、主观性判断,形成教学活动中的工作标准和内在规范;同时,提高教职工的教学能力和服务水平,采用更好的教学设计传授学科专业知识,为教学质量的提高提供更好的服务支撑。其次,应采用系统视角评价教学涉及的各个环节和因素,综合评价教学效果。高校教学活动是复杂性的系统工程,是内容、主体、客体、环境等多种因素共同作用的结果,由此,应统筹规划、系统设计教学评估的标准、程序等,以系统最优化的方式达成良好的教学效果。根据设定的目标进行系统的规划,有序的组织教学,依照规划标准和环境的变化,通过不断的过程性反馈及时改进、调整教学活动。最后,应实行开放式、全面性的教学质量管理方式。高校人才培养模式的多样性、灵活性、自主性,教师和学生的主体性、能动性等,要求创设更加开放、高效的质量管理系统,形成教师、学生、管理者的工作与学习合力;将教学质量标准分解、细化,转变为教学活动的具体要求,综合利用有限的教学资源,对教学效果进行及时反馈等,进行全面的质量管理,推动教学质量管理的科学化、民主化进程。

第四节 高等教育的结构

通常来说,结构是由各要素的特殊本质共同决定并按照其本身的发展规律逐步形成和发展,反映的是组成系统的各个部分相互结合的方式和比例关系。

高等教育结构是指高等教育系统内部各组成部分之间的联系方式和比例关系。高等教育结构大致可分为宏观结构和微观结构。前者指各种形式、各种层次、各种科类的高等教育相互间的组合关系；后者指高等学校内部诸种要素之间的组合关系。本节所探讨的高等教育结构指的是宏观结构。从不同因素和角度来分析，可分为专业结构、体制结构、布局结构、形式结构、层次结构和科类结构。

一、专业结构

（一）专业和专业结构的概念

专业是指高等教育培养学生的各个专门领域，是根据社会专业分工需要和学科体系的内在逻辑划分的学科门类。高等学校据此制定培养目标，编制教学计划，进行招生、教学、毕业生分配等项工作，学生按此进行学习，形成自己在某一专门领域的专长，为未来职业活动做准备。专业结构指不同专业领域的高等教育的构成状态。

（二）国外专业设置管理的特点

这里以英美为例：

1. 美国专业设置管理的特点

美国专业设置管理的特点，不是政府不管，不是没有审批，不是任由高等学校自主设置，但也不是像我国那样完全由政府部门来审批。以美国加州的公立大学为例，其专业设置审批程序比我国更为复杂、更为严格。第一，新专业申请要经过本校的多重严格审查。各校必须按照各校专业长期发展规划来提出申请，不能随意申请。新专业设置申请必须经过本校院系和校级学术委员会审查，而且审查全面细致。通过学校学术委员会审查后还要经过校长与学校有关部门的审查。第二，新专业申请还要经过总校校长办公室的审查，校外专家审查，总校校长审查。第三，新专业申请要报加州高等教育委员会备案或批准。第四，新专业设置到规定年限后，须按要求进行评估、检查。

其中，总校这个层次很特别，是我国所没有的。加州社区学院系列总校董事会成员包括来自高校系统内外的专业人士，均由州长委任。加州州立大学总校董事会成员包括州长、副州长、州议会众议院议长、公共教育厅长等官员，还包括来自全州各行各业的专家，都由州长任命。加州大学董事会与加州州立大学的董事会类似，只是组成成员稍多，大部分成员任期更长。这样一个总校的管理层次把政府、高校和社会各个行业的意见都统筹起来了。总校这个层次对新专业的审查，在一定程度上类似于一级政府部门的审查。加州高等教育委员会这个层次也比较特别，其16位委员中，包括9位社会大众代表，5位加州教育系统代表,另有2位为学生代表。加州高等教育委员会要审核各校专业发展的长期规划(5~10年),审核公立大学新设立学位专业等,并向州政府和立法机关提出意见和建议。这个层次的审查可以优化加州的高等教育结构,确保加州教育资源运用效率最大化。归纳起来,美国加州公立大学专业设置管理的特点是:高等学校内部有严格的新专业设置审查制度,政府、高校和社会各行业共同审查新专业设置,新专业设置后有严格的监管。

2. 英国专业设置管理的特点

英国高等学校的专业设置管理可以说经历了曲折的发展过程。由于英国大学几百年来享有高度自治的传统,在专业设置及调整、管理上拥有完全的自主权。当大学与科学技术、社会经济发展不适应时,政府不能及时干预和纠正,只有当这些不适应逐步积累成为严重的偏差时,政府才不得不通过设立高级技术学院、多科技术学院等激烈的方式,来加强理工科教育,改善文科与理工科学科结构失衡的局面,以适应经济发展对技术型人才的需求。当然,英国高等教育发展最终保持了高度自治的特性,学科专业设置也属于自治的重要内容而由学校自主决定。英国政府为了避免出现20世纪上半叶那种因学科发展失衡而影响社会经济发展的局面,通过进一步建立和完善高等教育评估体系来加强对高等教育的干预,甚至把评估结果和教育拨款挂钩,这是对高等学校自治传统的一种强力制衡。英国高等教育质量评估促进了大多数高校建立校内评估长效机制,保证了学科专业的发展水平。

二、体制结构

高等教育的体制结构是指宏观上高等学校的办学主体和行政管理的隶属关系。按办学主体的不同以及所有权和经费来源的不同进行划分,目前可分为公立高等院校、民办高等院校和公立民办二元制的高等教育。按行政管理隶属关系,高校可分为教育部直属高校、中央其他部委直属高校、省级政府部门所属高校和中心城市所属高校。

高等教育体制结构体现的是大学和政府之间的基本关系,受国家的政治制度、经济体系的影响并且随着经济和政治体制的改革而发生相应的变化。在计划经济体制时代,高校由中央部委和地方政府分级办学并直接管理,办学与管理呈现出条块分割、资源分散、学科单一、效率低下等弊端,学校缺乏应有的办学自主权,缺乏应有的活力和动力。随着改革的深入发展,国家对高等教育体制结构进行调整,管理重心下移,省、自治区、直辖市人民政府对高等教育的管理权增强,学校面向社会依法办学,自主权逐渐扩大,和地区经济建设联系更加紧密。1995年,国务院颁布的《关于高等教育体制改革若干意见的通知》规定,高等教育的举办者可以是各级政府及有关部门,也可以是企业、事业、具有法人资格的社会团体或公民个人。2002年颁布《中华人民共和国民办教育促进法》,国家对民办教育采取"积极鼓励、大力支持、正确引导、依法管理"的方针。因此,高等教育体制结构在办学主体出现多样化、多元化的趋势,民办高等教育成为我国国民高等教育体系的有机组成部分。如今一个由政府举办为主,社会各界共同参与,国家宏观管理,地方政府统筹,高校面向社会自主办学的新的高等教育结构正在形成。

三、布局结构

布局结构指高等教育单位(高等学校)在地区分布上的构成状态,即高等院校的数量、类型在不同地区分布的比例。高等教育布局结构是高等教育中具有长远性质和全局性质的宏观战略问题,它涉及社会、经济、科学、技术和文化事业等多方面。高等教育的布局是否合理,对于从全局出发,研究制定全国和地区的高等教育发展战略和社会经济发展战略具有重要意义。

我国高校有重点与非重点之分,加上高校的类别多种多样,因而它们的职能面向各不相同。从大的方向主要分为三类:一类面向本省、直辖市、自治区,一类面向大协作区,一类面向全国。高等学校如何在全国范围内合理布局、有机配合,必须从实际出发,综合考虑人口分布及年龄层次状态、全国经济科技文化发展规划、区域经济发展的特色与方向、地区的文化发展水平等因素,实事求是地选择和确立符合地区特点的高等教育结构。目前我国高等教育布局结构逐步形成两种模式。第一种是梯度结构模式,呈现从沿海到内地、从经济发达地区向欠发达地区的梯度层次。第一层次为经济发达和原来高等教育基础较好的省市包括北京、上海、江苏、广东等;第二层次为以下原先高校数目不多,但发展较快的省市,包括浙江、福建、河南、黑龙江等;第三层次主要包括一些边远和经济不发达的地区,如云南、贵州、甘肃、西藏等。第二种是中心城市模式。即重点发展中心城市的高等教育,然后以中心城市带动中小城市和广大农村,从而使高等教育布局更趋合理。这种模式有利于调动中心城市的办学积极性,集中使用教育经费,提高办学效率。

四、形式结构

形式结构又称类型结构,是指高等教育不同的办学方式及其比例关系,即一般高等教育与其他各种类型高等教育之间的比例。前者如全日制高等学校,有定型的组织、经常的设施、固定期限的学业等;后者如电视、广播、函授以及高等教育自学考试教育、网络大学等,它们没有全部被纳入正规制度的级别体系之中。我国高等教育的办学形式在学制上基本可以分为全日制普通高等学校和成人高等学校。前者又可分为大学、独立学院、高等专科学校和短期职业大学。成人高等教育在结构和功能上既能满足社会对多元化高层次人才的需求,又能增加高等教育机会,发挥社会办学力量,这对于提高办学效益和优化高等教育结构都具有积极意义。

五、层次结构

层次结构又称水平结构,是指不同要求和程度的高等教育的构成状态,包括专科教育、本科教育和研究生教育,又称第一级、第二级、第三级高等教育。第三级高等教育即研究生层次还有两个亚层次,包括硕士研究生层次和博士研究生层次。各层次之间具有相对独立性和可传递性。就三个层次的产生顺序来看,是先有本科教育而后又有研究生教育和专科教育,后两者是本科向上或向下的延伸。

六、科类结构

高等教育的科类结构指不同学科领域的高等教育构成状态。一般以高等教育机构所授学位、文凭与证书的科类划分为准。如法国将高等教育学科分为法学、经济学、人文科学、自然科学、医药科学、工程科学、农业科学七大类。在我国,大体可分为理、工、农、医、林、法政、财经、文、师、艺术、体育等更细的科类区分。如果以授予学位的名称来区分,我国高等教育授予哲学、经济学、法学、教育学、文学、理学、工学、农学、医学等学科门类的学位。从 20 世纪 60 年代初到 80 年代初,我国高等学校专业设置的格局虽历经调整,但总的来说专业种类偏多,专业结构不合理。当时,高校专业数一半以上属于工科,专业划分过细,口径太窄,所培养的人才社会适应性差。1985 年《中共中央关于教育体制改革的决定》颁布实施后,我国高等教育科类结构失调的状况有了明显的改善。从 1996 年起,国务院学位委员会又对学科专业进行重大调整,即以科学、规范、拓宽为基本原则,使我国高校学科专业的结构更趋合理化;一级学科坚持按学科体系设置,力求宽窄适度,扩大了 15%;二级学科由原来的 654 种调整到近 380 种,比原先压缩 40%,75.4% 的二级学科范围得到不同程度的拓宽,增大了学科容量。1998 年,高等教育学科专业得到了进一步调整,本科专业数减少到 249 种。2012 年 9 月,教育部进行专业调整,由原来的 635 调整为 506 种。总之,高等教育科类结构应适应社会需求,国家对高等教育的学科建设既有整体增加投入,也有在此基础上对重点优势学科的投入。

> **思考题**

一、名词解释

高等学校管理　高等学校管理体制

二、问答题

1. 简述高等学校的组织特征。

2. 简述西方高等管理模式。

3. 简述我国高校的基本组织结构。

4. 结合实际谈谈我国高等教育质量管理存在的问题及主要对策。

5. 简述高等学校的结构。

第十二章 高等学校的校园文化建设

内容摘要

高校校园文化既是社会文化系统的重要组成部分、建设中国特色社会主义文化的重要内容,也是高校核心竞争力的直接体现和大学发展的动力之源。加强高校校园文化建设对于推进高等教育改革发展、加强和改进大学生思想政治教育、全面提高大学生综合素质,具有十分重要的意义。本章从高校校园文化的基本要义入手,分析了校园文化的特性与功能,指出校园文化培育与建设的意义以及内容与途径。

学习目标

1. 了解高校校园文化的概念及内涵。
2. 了解高校校园文化的精神表现。
3. 掌握高校校园文化的基本特性及功能。
4. 了解高校校园文化培育与建设的意义及基本原则。
5. 掌握高校校园文化建设的内容与途径。

高校校园文化是高校核心竞争力的直接体现,是大学发展的动力之源。优良的高校校园文化,有利于大学生综合素质和能力的提高,有利于提升学校的品位和声誉。因此,如何加强高校校园文化建设是当前高校发展面临的一个崭新的课题。

第一节 高等学校校园文化的内涵

文化泛指人类在社会实践中形成的文明总和,校园文化是社会大文化系统的一个子系统。研究校园文化首先要掌握文化及校园文化的基本内涵。

第十二章 高等学校的校园文化建设

一、文化的含义与分类

（一）文化的基本内涵

文化是一个内涵丰富、外延广泛的概念。在中国古代，"文化"一词就已经出现。按汉字的本义解释，"文"是指人在某种物体上做记号，留下痕迹；"化"的本义则为改易、生成、造化，指事物形态或性质的改变。英语中"文化"是culture，原意含有种植、耕作、居住、动植物培育等语义。当前关于文化的定义已达二百多种，目前普遍认为文化可分为广义与狭义两种。广义文化即人化，着眼于人与自然的区别，涵盖面很广，又被称为"大文化"。它表现的是历史发展过程中人类的物质和精神力量所达到的程度和方式。狭义文化排除了人类社会历史生活中关于物质创造活动及其结果的部分，单指精神创造活动及其结果，因此又被称为"小文化"。狭义的文化特指以社会意识形态为主要内容的观念体系，是宗教、政治、道德、艺术、哲学等意识形态所构成的领域。

（二）文化的分类

文化的分类因其不同视角而呈现出多种多样的分法。"四分法"将文化分为精神文化、制度文化、物质文化与行为文化。

1. 精神文化

精神文化是人类经过长期的社会实践和意识活动而积淀形成的价值观念、审美情趣、思维方式等。精神文化是文化的核心层面，它的重要特点是具有最强的稳固性，是一个民族若干代人积淀而成的心理习惯。这种积淀在人们心中形成了价值观、审美观与方法论的观念定式，以社会心理的方式将各种价值意识浸染到本民族成员的心理与行为之中，进入民族群体的本能与无意识层面，成为一个民族文化主体方面的本质规定性，是各民族之间相互区别的重要标尺。

2. 制度文化

人类在社会实践中建立的各种社会规范构成了制度文化层。在创造物质财富的同时，人类逐渐创造了一个又一个既服务于自己又约束自己的社会规则，创造了处理人与人之间相互关系的规范，表现为各种制度和为了维护制度而建立的各种组织。这一层次属于文化的中层结构，具有较强的稳定性。

3. 物质文化

人类在改造自然环境的实践中积累的技术知识及其作为其体现者的各种器物构成了物质文化层。它是可感知的、具有物质形态的文化事物，构成了全部文化创造的物质基础。它以满足人类最基本的生存需要和长期发展目标为宗旨，直接反映的是人与自然的关系，反映人类对自然界把握、利用、改造的程度，反映生产力的发展水平。物质文化是文化构成中的表层结构，是最不稳定的层次。

4. 行为文化

人类在社会实践尤其是在人际交往中约定俗成的习惯性定势构成的是行为文化层,它以民风民俗形式出现,具有鲜明的地域与民族特色。文化的识别既有物质技术与制度规范标志,又是具体行为、风尚习俗等方面的鲜活体现。民族是行为文化的重要成分,它属于文化的表层结构,更直接表现了文化的承担者的价值观、审美情趣与思维方式。

二、高等学校校园文化的定义及内涵

校园文化作为一种文化现象,其产生发展是与学校的产生发展同步的,学校的发展过程包含着校园文化发展的过程。正像人们对文化有不同的理解一样,对校园文化也有众多不同的界说。概括起来主要有:

1. "第二课堂说""补充说"或"社团说"

这种观点认为,校园文化所包含的内容等同于第二课堂或社团活动,认为学校内课堂教学以外一切的自发或有组织的第二课堂和社团活动,都是校园文化。

2. "体现说"

这种观点认为,校园文化是一所学校的精神传统作风和理想追求的综合体现。繁荣校园文化的目的是要使学生进校后受到良好风气的影响、熏陶和感染,在潜移默化中,使良好的传统和作风变成学生自身内在的素质。

3. "氛围说"

持这种观点的学者认为,校园文化是一种群体文化,它是在校园这个特定范围中的小环境、小气候,是一种氛围。研究校园文化,就是要从人和环境的这种辩证关系入手,探讨人是如何创造环境,环境又是如何影响人的。

4. "社会说"或"亚文化说"

这种观点是以社会学理论来阐释校园文化的。他们认为,校园文化是置身于社会文化大背景中的一种具有自身特色的亚文化形态,在分类上归属于社区文化或亚文化范畴。他们进而认为,校园文化应该是学校社区中生活的每个成员所共同拥有的校园价值观和这些价值观在物质与意识形态上的具体化。

5. "综合说"

此观点认为,校园文化是一所学校在长期发展中逐步形成,为全体成员认同并带有本校特色的价值观念、行为方式、学校风气、校园精神、道德规范、发展目标和思想意识等因素的综合。该观点将校园文化的重点放在成员的精神意识和观念形式上,所指的综合不是校园物质、精神等的综合,而是主体有关内在精神因素的综合。

这些界说分别从不同的角度和侧面揭示了校园文化的基本特性,对我们理解校园文化的内涵有较大的启迪作用。但这些解释都还不够全面,它们的共同点是都抓住了校园文化的某一个方面的特性,而没有对校园文化内涵做出全面概括。此章所述校园文化基于以下定义:校园文化是在学校育人环境中,以学生为主体,以教师为主导,以促进学生成长和提高全员文化素质及审美情操为目标,由全体师生员工在教学、科研、管理、生产、生活、娱乐等各个领域的相互作用中共同创造出来的一切物质的和精神的成果。

三、高等学校校园文化的构成

关于校园文化的具体构成,根据不同的标准可以划分成不同的种类。从校园文化存在的形态可把校园文化分为显性文化和隐性文化;从校园文化的内容构成可以将其划分为政治文化、艺术文化、体育文化、消费文化、科学文化、道德文化等;从校园生活的层次构成又可以将其划分为物质文化、制度文化、行为文化和精神文化四个方面。由于第一种分法比较笼统,第二种比较繁杂,所以本章采取了第三种观点,并对高校校园文化的四个构成方面分别介绍如下。

(一) 物质文化

物质文化反映人与自然的物质转换关系,是"物化的知识力量",包括人类对自然加工时创制的各种器具,是可触知的、具有物质实体的文化事物,即人们的物质生产活动方式和产品的总和。它是构成整个文化的基础,是文化中最活跃的因素。校园物质文化是由校园所处的外部自然环境、校园内部的规划格局以及校园建筑、雕塑、绿化和文化传播工具等各个方面所形成的文化环境。同时,校园物质文化还包含了学校成员对上述诸方面内容的认识态度和审美取向。校园物质文化的发展与学校成员的审美水平、道德认识水平等方面素质的提高是相辅相成的。从某种意义上说,校园的物质文化体现了学校成员的智慧、力量、整体感,体现了物质文明与精神文明的高度发展。整洁、优雅、文明的校园环境会激发人的求知欲望,促使师生积极进取;而脏乱、粗俗的环境则易使人养成不良的行为习惯和道德品质,诱发师生的不满情绪。校园物质环境的内容大致包括校园地理环境、校园建筑布局、校园艺术景点、校园传播设施等方面。

(二) 制度文化

制度文化反映人与社会的行为转化关系,即人与人之间的关系。它由人类在社会实践中组建的各种行为规范、准则以及组织形式所构成,是文化体系中最具有权威性的因素,规定着文化整体的性质。高等学校的制度文化大致包括行政管理制度、教学管理制度、科研管理制度、校园环境管理制度、生活行为管理制度和社会实践管理制度等方面。学校的各种制度,使得学校各级组织的工作以至整个学校成员的活动有了依据,确保了教学、科研和社会实践等各个方面活动的顺利进行。这些制度条文具有规范性、连续性、导向性的文化特征。但是,考虑到学校教育的对象是正在成长中的年轻人,在具体执行制度时,应与社会上的各种制度的法律条文有所不同,为此应注意以下几点:一是制度本身要在发展中不断完善。任何一种制度的基础都是现实,如果现实发生了变化,制度一定要进行相应的调整,旧的制度如果不符合时代发展的要求一定要加以修改。二是灵活地执行制度。制度既要有一定的刚性,否则就没有规矩,但又要有弹性,否则就有可能使制度失去了人性。三是注意制度意识的培养。制度的制定过程一定要在广泛宣传和师生广泛参与的基础上进行,不能是学校领导和行政部门自己闭门造车的结果。四是注意处理好制度建设与教育的关系。制度固然能起到保障的作用,但它不是万能的,教育手段仍是学校工作开展的主要形式。学校工作更多的是依赖教育手段,从这个意义上说,制度管理只是学校工作的辅助手段。

(三)行为文化

行为文化也反映人与社会的行为转化关系,由人类在社会实践中,尤其是在人际交往中以约定俗成的方式构成的行为规范——风俗习惯来体现。从行为的性质来分,有政治行为、道德行为、法律行为、生活行为等;从行为的主体来分,有学生行为、教师行为、干部行为、工人行为。学生行为的特征主要体现为行为的独立性逐步增强、行为的情感化倾向明显、知与行脱节的情况依然存在,这些都需要教师的引导。教师行为主要有"治学"和"教学"两个方面,在这两方面,教师行为表现出高度的教学自主性、较强的治学能力、较高的创造性。良好校园文化的建设有赖于教师行为对学生行为的正确引导,有赖于教育主导作用的发挥,并且教师行为起着主导和引领整个校园文化发展方向的作用。

(四)精神文化

精神文化反映着人与自身的自我意识的关系由人类在社会和意识活动中长期育化出来的价值观念、思维方式、道德情操、审美趣味、宗教情感、民族性格等因素构成,是文化整体的核心部分。校园精神文化是整个社会文化的一部分,受社会和学校物质文化的影响和制约。精神文化是校园文化中的观念形态部分,是校园成员对社会环境的反映和认识;校园环境、校园成员的行为、校园组织制度等都在一定程度上反映了校园精神文化;同时校园精神文化又通过人这个环节,影响着校园文化其他方面的建设。校园精神文化可分为三个方面:一是校园心理氛围。它是由校园成员的个体心理及其相互作用所形成的群体心理,主要表现为意志品质上的持久性和独立性,思维水平上的宽广性、深刻性和严密性。二是校园价值观念。它由高校中人的思想观念系统和价值评判系统两部分构成,在思想观念方面出现了以马列主义为主导取向的多元、宽容的局面,在价值评判方面注重传统文化价值标准与现代人自我实现价值标准的结合。三是校园精神产品。校园精神文化的基础是校园人的心理层面,其内容是校园成员的思想观念,而表现形式则是精神创造活动及产品。校园精神产品是以文字、语言等形式表现出来的,具有精英化、丰富性、专业性等特点。

以上校园物质文化、制度文化、行为文化和精神文化四个方面的相互制约、相互影响,构成了高校校园文化的有机整体。

四、高等学校校园文化的精神表现

(一)追求自由

高校追求自由的文化精神,主要体现在学术上。高校是一种学术机构,以学术为根基,以探究学术为人类服务。作为学术机构,高校遵循着一定的规律与规范,自由地、从心所欲不逾矩地发展着。有别于受一己或集团经济利益驱动的经济市场,这便是高校的自由精神。追求自由的文化精神,意味着在一定限度内要从高校内各种束缚中挣脱出来。学术自由是学者追求真理的先决条件,学术的自由带来学术的繁荣,学者与学子自由地传授与学习人类文明的各种知识,自由地进行理性思考和探讨,在这种开放的环境中积极地进行创造。

(二)崇尚科学

崇尚科学的文化精神是高校校园文化精神的主要特征。从实现国家的富强与繁荣的责任感、使命感出发,崇尚科学的文化精神,既是一个国家文化建设根本性和基础性的任务,也是高校校园文化精神的另一特征。所谓崇尚科学的文化精神,是一种大科学精神,既包括观念层面的文化精神和知识层面的文化精神,又涵盖了人文精神与科学精神。高校从根本上讲是高深学问的象征,它以追求至真、至善、至美的执著精神,探寻着人类修养的至道,所以中国古代大学倡导并遵循着"大学之道,在明明德,在亲民,在止于至善"的宗旨和"格物、致知、诚意、正心、修身、齐家、治国、平天下"的要义。

(三)倡导民主

倡导民主的校园文化精神应具有如下内涵和特点:一是民主主体的新定位,以校长、教师、学生为主体,而不是单独以其中之一作为唯一主题;二是是民主价值的新取向,民主不仅是一种手段,而且是大学发展的重要目标和重要保证;三是民主追求的新走向,致力于社会的进步;四是民主结构的新扩展,高校民主建设从制度到观念再到实践全面推进,有序发展。高校只有具有自己的民主的文化精神,才能造就民主社会的建设者,才能成为知识创新的阵地。

总之,高校校园文化精神可以看作是一种重要的精神财富,是理想社会的支撑。它追求自由、崇尚科学、倡导民主和富于批判,既是高校发展过程中的积淀,也是未来高等教育的追求,它既在发展中延伸,又在延伸中创造。

第二节 高等学校校园文化的特征与功能

一、高等学校校园文化的基本特征

(一)高校校园文化是一种育人的文化

高校以培养全面发展的高级专门人才为其核心价值追求。高等学校是一个培养高级专门人才的社会机构。高等学校的主要职能是通过对人的培养来促进人的全面发展和实现个体的社会化,进而促进社会的发展。高校校园文化是高校各类文化主体在围绕人才培养的各类教育实践活动中创造的精神财富与物质财富的总和。这种文化的核心价值取向必定与高校教育实践的价值取向相同,即指向全面发展的高级专门人才的培养。校园文化为高校人才培养创造了良好的文化环境保障,它通过潜移默化的作用影响着学生的成长。全面发展的高级专门人才的培养,离不开校园文化的支持和保障。在高校的教育实践过程中,校园文化使高校的德育、智育、体育、美育相互渗透、互相交织,在传递丰富的人类文化知识的过程中引导学生树立正确的思想,培养学生的创造精神,使学生成为德、智、体、美全面发展的完善的人,从而实现着高校教育的理想。可以说高校校园文化,包括构成校园文化的各个层面,其核心的价值追求都是为了培养全面发展的高级专门人才。

(二)高校校园文化具有鲜明的多主体特征

"和而不同"体现着高校校园文化的宽容性、平等性、对话性和竞争性。尽管高校整体的组织目标、组织规范和组织行为表现出一致性的特点,都是指向全面发展的人的培养,进而使高校校园文化在总体上呈现出一种相对和谐的状态,但是从高校校园文化的主体构成来看,它具有明显的多主体特征。不论把高校内部的群体划分为教师群体、学生群体、行政人员群体,还是不同的学科群体,他们都具有不同的价值诉求和相异的群体文化特征,并由此带来了高校内部不同文化主体之间在思想观念上的交汇、碰撞,表现为不同文化主体之间存在一定程度的文化冲突。然而,在绝大多数情况下,高校内部不同群体之间的文化冲突与竞争都在平等对话和民主交流的过程中得到了消解,能够形成"和而不同"的校园文化状态。这体现出高校校园文化宽容、平等、民主,同时又不缺乏竞争的特性。

(三)高校校园文化具有以知识为中心的多样性和广泛性

高校校园文化的内容具有以科学文化知识为中心的多样性和广泛性特征。高校最基本的社会职能是通过教学培养人才,高校的一切工作都是围绕教书育人而展开的。高校的教学过程主要是将前人所创造的科学文化知识有效地传递给下一代,科学文化知识是高校教学的核心内容。同时,高校教学过程中也要把富有时代特征的社会思想价值观念、道德规范等各种身心素质内化到每一个学生身上。如果把高校的人才培养过程理解为文化的传递过程,那么科学文化、政治文化、艺术文化、体育文化、消费文化和道德文化都是高校文化传递的重要内容。这些文化也是高校校园文化的组成成分,其中科学文化是高校文化传递的核心内容,其他文化内容,或来自于社会的要求,或来自学生身心素质全面发展的要求,它们共同组成了高校校园文化多样而广泛的内容体系。

(四)高校校园文化具有自身的独特性

对一所具体的高校来说,高校校园文化是一种特色文化,具有自身的独特性。虽然所有的高校在校园文化上具有很多相似的特征,但是对于每一所具体的高校来说,由于历史积淀和自身发展特点的不同,往往会形成不同于其他高校的、独具本校特色的校园文化。可以说,任何一所办学较为成功的高等学校,它的发展历程都是在结合自身办学特点的基础上,形成自己独特的办学风格,并在激烈的办学竞争中独辟蹊径,走出一条具有鲜明特色的发展道路。正是这种鲜明的特性,使高校内部形成一种强大的向心力,形成了独具特色的校园文化。一所高校的成员对其学校发展历史的荣誉感,对其学校组织的归属感,就是对本校校园文化认同的表现。一所高校的校园文化越完善,其校园文化的独特性就越明显,其内部成员的归属感就越强烈。

(五)高校校园文化具有批判超越性

从高校校园文化与社会文化之间的关系来看,高校校园文化具有批判和超越的特征。作为社会文化的一个子系统,高校校园文化是社会文化的重要组成部分,它的形成和发展,不可避免地受到社会文化的影响。高校是社会文化传递的有效场所。高校校园文化的发展在总体方向上是和社会文化一致的,高等教育也往往强调对社会文化的认同。但是,这种认同绝不是简单的全面认同,由于高校师生是知识密集和思想敏锐的群体,特别由于高校师生的批判意识强烈,所以他们一定会用理智的批判对社会文化进行反思,进而有选择地吸收和认同社会文化中的先进因素,实现社会文化与校园文化的交融。另外,文化发展的动力来源于不同文化思想观念之间的碰撞和交流,高校校园文化不仅与社会文化进行着碰撞和交流,而且与国际学术交流过程中引入的其他外来文化也进行着碰撞和交流,这为高校校园文化发展创造了有利条件,使其成为社会中新的思想观念和价值观念的发源地。从这种意义上讲,高校校园文化往往具有超越社会文化发展的特征。

二、高等学校校园文化的基本功能

(一) 教育导向功能

高校校园文化能对大学及其每个成员的价值取向及行为取向起教育导向作用,具体表现在两个方面:一是对大学人个体的思想行为起教育导向作用;二是对大学整体的价值取向和行为起导向作用。这是因为一所高校的校园文化一旦形成,它就建立起了自身系统的价值和规范标准,当高校内部成员在价值和行为取向上与校园文化的系统标准产生悖逆时,高校校园文化会将其纠正并引导到大学办学理念和大学的精神要求上来。校园中互动着的文化环境与精神氛围,蕴含着教育目的,深刻地影响着学生的个体发展,特别影响着学生的价值取向、思想品德的形成以及生活方式的选择。换言之,影响着学生的意识、思维与行动,使校园文化成为一种具有教育导向性的社会文化。

(二) 传承、创新功能

高校校园文化是先进文化的传承中心,这是由高校的基本职能决定的,并且高校在传承文化方面具备得天独厚的优势。高校的基本任务是培养人才和学术研究。培养人才和学术研究的前提是要对前人留传下来的文化进行继承、沉淀、选择、加工和整合。文明是一条绵绵不绝的江河,割裂和孤立其中任何一段都是不可能的。广大教师及学者将自己的所学通过教学活动及其他各种形式传授给学生,特别是将先进的科学文化思想、观念传承给学生,通过这种言传身教,耳濡目染,学生掌握专业知识,同时在身心上也得到健全,从而也完成了先进文化的传承功能。这是现代大学的基本功能。

高校校园文化是先进文化的创新中心。开展科学研究及学术活动是大学的基本职能之一,高等教育传承先进文化的功能是一种动态的,不断创新发展的,高校只有将不断发展和创新的文化传承下来,才能推动社会进步,创新是现代大学的崇高使命。同时,高校是知识渊博的学者聚集地,具有设备先进的实验室和研究中心,这些都使创新成为可能。创新不仅仅是科技水平的创新,同时也应包括理念创新和制度创新等。

(三) 文化辐射功能

高校校园文化是社会先进文化的辐射中心。高校校园文化同城市文化、企业文化等相比,其层次高、品位高。高校不是封闭的象牙塔,而应主动进入社会领域,将其传承创新的先进文化,尤其是理念上、制度上和科技方面的文化传播给社会大众,使社会大众都能受到高校校园文化这种先进文化的熏陶感染,促进社会文明进步,成为社会先进文化的传播中心,从而由社会边缘进入社会的中心。20世纪初美国威斯康星大学提出了培养学生,推动社会发展;进行科学研究,造福人类社会;传播知识于民众,推动经济、社会、文化发展的目标。高校不仅是为社会培养高级人才的地方,而且是社会思想和文化的中心,其文化意识代表了社会的理性价值原则,凝聚了人类崇高的思想和精神,代表了先进文化发展方向,充分地反映了人民的要求和意愿,它所传播和创造的文化、科学知识,不仅能促进高校校园文化建设,也能促进社会文明的进步。

(四)激励和约束功能

高校校园文化具有使高校内部成员从内心产生一种高昂情绪和奋发进取精神的效应。高校校园文化把尊重学生作为中心内容,以知识的传授和人生观、价值观的教育为中心,给大学生多重需要的满足,并能对各种不合理的需要用它的软约束来调节;积极向上的思想观念及行为准则会形成强烈的使命感、持久的驱动力,成为大学生自我激励的一把标尺。这种约束产生于高校的文化氛围、群体行为准则和道德规范。群体意识、社会舆论、共同的习俗和风尚等精神文化内容会造成强大的使个体行为从众化的群体心理压力和动力,使大学生产生心理共鸣,继而达到行为的自我控制。丰富多彩、健康的校园文化,能够满足当代大学生欣赏美、追求美、创造美等多层次、多元化的高层次心理需求,激发学生的创新意识和创新思维,培养学生强烈的好奇心和想象力,锻炼学生的独立处理问题的能力和创新能力。

(五)团结认同功能

高校校园文化的凝聚功能是指当一种价值观被高校教师、学生共同认可后,它就会成为一种黏合力,从各个方面把其成员聚合起来,从而产生一种巨大的内心力和凝聚力。它可以把广大师生员工的思想和力量团结在一起,激发他们为共同的发展目标奋发进取的情感,进而内化为一种积极进取、开拓创新的巨大合力,使学校的每一个成员都能感受和意识到自己在校园文化建设过程中的主体地位,同时在文化素质提高的过程中也是主体,并产生一种强烈的认同感、归属感、责任感和荣誉感。校园文化的团结认同功能是大学发展不可或缺的内在的强大精神动力。

(六)娱乐和调节功能

娱乐功能是校园文化的一项必不可少的功能。长期处在以教学、科研为中心的高校的工作和学习环境中,与比较抽象的知识理论打交道,艰难地攀登科学高峰,很多师生经常处于身心疲惫、精神压力大的状态。丰富的校园文化活动可以活跃师生的生活,调节紧张、单调的工作学习节奏,增添生活的情趣,避免过度紧张,提高工作效率,保证师生的身心健康。此外,娱乐性的校园文化活动同时也可以提高人们的审美能力,提高人的文化素质,寓教于乐是校园文化教育功能的延伸和扩展。

第三节 高等学校校园文化的培育与建设

一、高等学校校园文化与人的全面发展

怎样才能实现人的全面发展,以往的教育理论都没能很好地回答这一问题。因为它们往往把教育过程与教室外的生活隔绝开来,从而学校教育对人的全面发展的作用受到局限。而马克思主义不仅阐明了对人的全面发展的要求,而且指出了其实现的途径是:"人在创造社会物质财富和精神财富的同时,也培养、创造着自己本身,完善自己的能力与才干,扩大自己交往的范围,产生新的需要与满足需要的手段。"这也就是说,人的活动的主要结果应该是人的自身发展。可见,人的全面发展问题的核心就是要以人为主体,充分调动人的自主选择性、自觉塑造性和自发创造性。而校园文化建设的提出,正是体现了这种改造主观世界与客观世界的统一。

高校校园文化能够从以下三个层次来实现人的全面发展:① 文化是主体智慧的外化,表现为科学技术的发展。校园中活跃的学术活动,科技创造,会激发师生智力、能力、创造力与学业的发展。良好学术环境的形成,会对校园生活的主体在思维方式、行为方式和生活方式上都产生积极的影响,并形成一种紧张而有序的工作氛围。② 文化是主体人格的展现,表现为人们对理想人格和自我完善的追求。在教学过程、师生交往、社团活动、日常生活等丰富多彩的校园生活中,通过思想的交流、观念的认同、情感的熏陶、行为的养成等方面,人们在潜移默化中形成了在价值取向和行为规范上的共同趋向和对共同信念的追求。③ 文化是审美意识的开发,表现在人们通过欣赏美、创造美的过程使自己的想象力、创造力得到开发,高尚的情操得到培养。人们会由此而产生一种高层次的精神需求与人格的升华。特别是20岁左右的大学生,正经历着思想多变、情绪波动大的心理成熟期。他们在成长中,一方面积极寻求着与环境的认同,另一方面又有意无意地排斥灌输,不满意总是处于受教育者的地位。校园文化的建设中,他们摆脱了单纯受教育的地位,从而在自觉地实践中完成了社会化而走向成熟。

总之,校园文化对青年一代的成长,特别是实现自我教育与自我塑造,有着狭义的教育活动所不能替代的作用。校园文化是对学校教育活动的完善、调节

和补充。

二、高等学校校园文化建设的原则

（一）坚持先进文化的前进方向

先进文化在本质上是一定社会先进的经济和政治在观念形态上的反映，它直接或潜移默化地影响社会的发展，是人类社会文明进步的结晶。大学是传承文化、研究文化、创造文化、发展文化的重要基地。大学在其发展过程中总是继承和传播具有先进性的各种文化成果，大学不断地创造出的最新文化成果引领着社会文明的进步。因此，大学的本质、特性和使命决定了校园文化建设必须坚持先进文化的前进方向，要使文化建设活动体现出先进性的原则。

校园文化建设要坚持先进文化的前进方向，就要着重做好如下几点：一是要把文化研究作为校园文化建设的重要内容。校园文化建设的一个重要内容就是要认真研究和洞察社会文化发展的总体趋势和动态走向，要以开放的胸怀和宽阔的视野关注和分析国内外文化发展的基本趋向，探索文化发展的基本规律，准确地把握人类先进文化的发展脉络。在高等教育日益国际化的信息时代，校园文化建设必须放眼世界，以更加开放的眼光关注全球文化发展的总体概况，及时洞悉文化全球化的多种变化，从而准确地把握全球文化走向，把握人类先进文化的真正走向。二是要认真研究党和国家关于文化建设的方针政策。校园文化建设必须坚定不移地坚持我们党提出的文化建设方向。有关文化建设的一系列方针政策也是校园文化建设必须坚持和遵循的。比如，校园文化建设必须坚持"百花齐放，百家争鸣""古为今用，洋为中用""推陈出新"；校园文化建设必须坚持弘扬主旋律，以科学的理论武装人，以正确的舆论引导人，以高尚的精神塑造人，以优秀的作品鼓舞人，等等。只有认真贯彻和落实党和国家关于文化建设的大政方针，校园文化建设才能不偏离正确轨道。三是要积极传播先进文化的优秀成果。当代社会发展迅速，日新月异，社会文化建设方面的成果也不断涌现。校园文化建设必须及时掌握文化发展的最新成果，并在校园文化建设中以多种形式积极传播先进文化的建设成果，才能体现出始终坚持先进文化的前进方向。

（二）坚持个性化与遵循文化发展的普遍规律相统一

文化发展具有普通性的发展规律，这是不以人们的意志为转移的。校园文化建设必须遵循经济发展决定文化发展的规律。校园文化建设的内容要紧密结合社会经济发展的现实状况，要及时、敏锐地反映社会经济发展的时代脉搏，使校园文化不至于游离于社会发展之外。校园文化建设要遵循文化发展的继承性和变异性规律。在校园文化建设过程中既要认真继承本学校发展的历史文化传统,又要善于继承和借鉴国内外著名大学的优秀文化传统。同时,在继承的基础上,又要与时俱进,根据时代和社会的发展需要,不断地推动着校园文化的发展,校园文化建设必须遵循文化发展的多样性和融合性规律。多样性是文化的魅力所在,融合性是文化发展的动力源泉。在这个文化多元化的时代,校园文化建设要充分体现出文化的多样化,要从内容和形式上展现出校园文化的丰富多彩。在文化建设的内容上要兼容古今中外一切优秀的文化成果,在形式上要兼备艺术性、时代感、多元化等特点。

校园文化建设要坚持文化发展普遍性规律的原则,这是文化建设的基础和前提。同时,个性化也是校园文化的重要特征,校园文化只有具有独特的个性,才能有竞争优势,才能在校内外产生影响力和辐射力。校园文化建设要坚持个性化原则要求,要认真研究本校的发展历史,继承和弘扬学校优良的文化传统;要根据学校的科学定位和发展目标来设计和规划校园文化建设;建设一批高水平的特色学科与专业,营造以特色学科为主体的学术文化氛围;培育名师,为校园文化建设提供人力资源保证;将学校所处的地域文化融入校园文化建设,打造具有地域特色的校园文化。

(三)坚持独立性与承担社会责任相统一

大学是学术性社会组织,独立性是现代大学的传统禀赋。这种独立性主要表现为大学能够相对自主地处理自身发展的内部事务,独立承担自身行为的法律责任。这种独立性是大学保证学术本色、实现学术繁荣的必然要求,是大学履行社会职能、完善社会角色的客观需要。缺乏独立性的大学只能是政治的"传声筒"和社会的"应声虫",不可能建立完善自身的生命机制,不可能得到健康、持续的发展。但是,大学的独立性是相对的,它不可能孤立于社会之外,它要担负起发展人类文明、促进社会进步的重大使命和责任。现代大学的社会责任主要体现在人才培养、科学研究和服务社会等方面。大学的性质和使命决定了校园文化建设必须坚持独立性与承担社会责任相统一的原则。在当今时代,要正确处理大学适应服务社会与批判、引领社会之间的矛盾,就必须尽快建立现代大学制度,这样才能保证大学坚持独立性与承担社会责任相统一。

(四)坚持科学精神与人文精神相统一

高校是高素质人才培养和科学研究的基地。高校通过进行科学教育和人文教育来实现人才培养和科学研究等社会功能。科学教育和人文教育的长期实践促成了大学里科学精神和人文精神的生长和昌盛,它们成为大学精神内涵的重要组成部分。科学精神是人们在科学活动中所形成的意识和态度,是科学工作者应有的意志、信念、气质、品质、责任感、使命感的总和,它建立在科学思想和科学观基础之上,是对科学的产生和发展规律及其对科学活动主体要求的一种升华,是促进科学活动的精神动力。理性精神、求实精神、探索精神、协作精神、宽容精神、献身精神等都是科学精神的具体体现。人文精神是蕴涵在人文社会科学中的、对人类生存的意义和价值的关怀,是一种以人为对象、以人为中心的思想,主要包括人的信念、理想、人格和道德等。科学精神与人文精神是大学精神的精髓,也是校园文化的精髓。坚持科学精神与人文精神相统一是校园文化建设必须遵循的一个重要原则。

(五)坚持系统化规划与阶段性建设相结合

校园文化建设是一项长期、可持续的系统工程,它不是一蹴而就的短期行为,需要一代代师生的辛勤努力和长期积累。建设有竞争力的校园文化,既需要科学的定位、长远的设想和系统的规划,也需要有步骤、分阶段的精心实施。校园文化建设只有坚持系统化规划与阶段性建设相结合的原则,才能既看到近期效应又实现长远目标。

校园文化涉及学校物质文化、精神文化、行为文化、制度文化等方面,对师生的成长、发展具有潜移默化的影响,对学校的生存、发展具有深远的意义。校园文化是一所大学长期办学经验的抽象概括和总结,是学校文化传统代代传承和积淀的结晶,是学校的历史底蕴所在。校园文化是大学实现健康、持续发展的基础和前提。因此,校园文化建设是学校的一项基础性、前瞻性和战略性的工作。校园文化建设进行系统规划是有目标指向和选择的,校园文化要体现特色性目标、创新性目标、超前性目标、先进性目标、科学性目标、开放性目标,只有体现这些目标指向的校园文化才是有竞争力和生命力的。

校园文化的形成是一个漫长的过程,是需要长期培育和积淀的。校园文化是一个动态概念,它虽具有相对的稳定性,但其本质是不断发展变化的。校园文化的动态性决定了校园文化建设是一个连续展开的过程,是阶段性推进的过程,在大学发展的不同阶段会有不同的文化发展成果。校园文化建设既应确立长远的战略规划,也应确立阶段性的发展目标,这样才能保证在阶段性推进文化建设的基础上促进校园文化的持续、健康地发展。校园文化建设要坚持阶段性原则,一是要根据校园文化建设的长远规划制定近期的阶段性目标,有计划、有目的地精心实施各项任务和目标。例如,有的大学根据本校的学科优势,有计划、分阶段地推出精品课程,成为文化建设的阶段性成果。二是在文化建设的各个阶段要及时总结经验,修正不足,有针对性地改进校园文化建设工作出现的问题和矛盾,不断完善校园文化建设的长远规划和思路。三是要参照校园文化建设的总体目标来审视阶段性建设取得的成果,看它是否符合校园文化的总体要求,要善于巩固和宣传校园文化建设的阶段性成果,以此来不断夯实校园文化建设的基础。校园文化建设是一个长期工程,只有坚持阶段性推进,才能一步步稳打稳扎,以阶段性的成果铸就校园文化的系统工程。

三、高等学校校园文化建设的内容与途径

(一)校园文化建设的内容

1. 精神文化的建设

高校精神文化是大学的核心文化,它是校园文化主体长期实践的积淀,是高度成熟并为高校成员一致认同观念层次的文化。它是教师与学生赋予高校的一种精神祈望与价值建构,是高校发展的理念、信念、追求和动力。精神文化体现了大学的凝聚力、创造力和生命力,具有价值导向、精神陶冶、规范约束、社会辐射等重要作用。大学精神一经形成会体现出它对内能创设一个积极健康、奋发向上,影响校内成员价值观念、人格塑造、思维方式、道德情操、礼仪规范的大学氛围;对外它表现为高校的价值观和理想追求,精神风貌以及学校的个性和魅力所在。精神文化虽无制度文化、环境文化那种直观可视的特点,然而由于它已经浸透和附着在校内各种文化载体及行为主体身上,从而使人无时不切实感受到它的存在,以及它透射出来的独特的文化感染力、凝聚力和震撼力。

大学的精神和理念主要表现为科学精神与人文精神。科学精神是求真,人文精神是求善。"科学为人文奠基,人文为科学导向",二者相融方为"合理求真",才是校园文化与大学精神的真谛所在。大学精神文化还体现在校风、校训上,所谓校训是一个大学对其文化传统、文化精神的理性抽象和认同;所谓校风是一个大学对其传统、精神、校训的文化自觉和习惯。校风、校训是大学的文化名片。

2. 制度文化的建设

制度是校园文化建设的支撑与保障,其创设要体现以人为本的原则。制度文化的建设主要是指校内管理体制、运行机制、组织机构、规章制度的建设,等等。高校内部的制度建设受社会政治、经济、文化的影响,受政府和法律的制约,受投资主体的干预。所以,高校在进行制度建设时必须充分考虑并恰当处理这些外部关系。

西方大学制度文化的理念是"大学自治""学术自由""教授治校",这对于我国高校的制度建设具有重要的借鉴意义,但不能照搬,必须考虑我们的制度环境。"大学自治",在我国的现实意义是扩大办学自主权。"学术自由",是大学生命力和创造力的根源,要随观念改革和办学实践的进行,对其作出制度化的厘定。至于"教授治校",曾任北大校长的蒋梦麟先生有一个观点,他认为正确的说法应该是"校长治校,教授治学,学生求学,职员治事"。

3. 物质文化的建设

现代高校的物质文化建设,一是要体现"以人为本"的教育理念,使各种设施都表现出对人的关怀与尊重;二是要显示学校的定位特点,研究型大学与以教育为主的大学,因其使命的不同而彰显出建筑功能上的差异;三是要考虑教学模式,实行完全学分制的学校由于学生学习、生活时空的变化,必然对校园建设提出新的要求;四是要有标志性的建筑物,代表学校的个性形象和文化特征。

校园文化建设要体现教化功能,在做规划时应让教育专家与建筑规划专家对话,使教育理念与建筑理念统一于规划之中。在建筑物的设计上,学校设施应体现学科特点,生活设施除做到安全、舒适、方便外,要注意与文化活动、体育活动设施合理搭配。校园环境要做到建设与园林绿化布局相宜,人文景观与自然生态交融,营造浓郁的文化氛围。

校园文化建设更多是大学自己的事情,因此,高校校长必须对校园文化的改善和建设负有更大的责任。一是校长必须注意精神文化、制度文化及物质文化的有机结合,使它们彼此之间相互强化相互促进,使文化影响的效果达至最大;二是必须注重高校共性文化与个性文化的结合,在坚持校园文化共性的基础上,应该善于发现并积极培育能反映大学独有精神和文化特征的、富有生机活力的大学个性文化。

(二)校园文化建设的途径

1. 必须贯彻党的基本路线和教育方针,保证高校校园文化的建设和发展方向

校园文化建设是对学生进行思想与政治、文化与科技、道德情操与审美情趣等方面的教育的重要途径,应该把贯彻党的基本路线和教育方针放在首位。在我国经济体制改革和社会政治、科技、文化体制改革不断深化的形势下,高校校园文化建设应紧密围绕经济建设这个中心,努力培养能主动适应经济建设与社会发展需求的新型人才。为此,校园文化应走出纯娱乐性或纯学术性的圈子,向全方位、深层次方向发展,积极引导学生开展学术训练、科技制作、公关礼仪培训、市场营销模拟、谈判技艺掌握、外语沙龙等方面的校园文化活动。尤其要大力开展以能力培养为目的的活动,把社会的需求化为校园文化主体的内在要求和主动适应。

在我国高校中,当代西方资本主义政治、思想、文化观念对青年大学生的影响依然是一个令人十分关注的问题。为此,一定要在坚持四项基本原则的前提下,防止西方不良思潮对大学生的影响。同时,开展校园文化活动,也要警惕"左"的思潮的干扰。我国校园文化发展经历了一条十分坎坷的道路,其中很大因素是由于"左"的东西干扰太多。"文革"中,"以阶级斗争为纲"扭曲了一部

分青年人的心灵,那时校园文化动辄被"打倒""炮轰"之类的标语口号所遮盖。校园文化活动被限定在政治领域,连娱乐活动也要冠以时髦的政治标签方可开展。这种现象甚至在"文革"以后的很多年中也时有发生,不能不引起我们的深思。因此,校园文化建设一定要充分考虑到学生的主体意识和创造意识,采取积极引导而不是盲目压制、自主而不是强加的态度和办法来进行构建。对于校园文化建设活动中出现一些错误的倾向,我们也应该积极发挥校园主流文化的引导作用,纠正其偏向,切忌戴帽子、打棍子,否则将会挫伤校园文化建设的参与者和创造者的积极性,校园文化发展也会失去勃勃生机。

2. 齐抓共管,建立合理的组织体系和制度保障

高校校园文化并不是可以依靠高校一个部门或几个部门的力量就可以建设好的。高校校园文化的建设主体包括高校的所有成员,不论是管理干部还是普通的教师、学生,都应该认识到高校校园文化建设的重要意义,并积极投身于高校校园文化建设的实践。目前,我国高校校园文化管理与建设的组织机构大致有两类:一是以高校各级党组织、团组织、学生处为核心的校园文化建设的指导性机构;二是以教工社团、学生社团为主体的,直接参与校园文化建设的群众性社团组织。其实,不仅仅是这些组织机构,在高校校园文化建设的过程中,高校中的任何一个部门或个人都应该担当一定的责任。

为了保证校园文化建设的有力有序开展,必须有合理的组织体系作为保障。为此,首先要健全和完善与高校校园文化建设相对应的各级组织机构,纵向上从校级领导部门到各院系再到各班级,横向上党、政、工、团各部门都要积极参与,形成互通互联、组织结构完备有序的组织形式。其次,建立和完善校园文化建设的制度规范体系,一方面要明确各类组织机构的责任、权利和义务,协调好不同组织机构之间的关系,充分调动各个部门的积极性;另一方面,要做好校园文化建设的短中长期规划,并且利用一定的奖惩机制来提高校园文化建设的积极性。再次,建立和培养一支包括教工和学生在内的校园文化建设的骨干队伍,发挥全校师生员工的力量,充分发挥领导者的领导作用、老师的主导作用、学生的主体作用、服务员工的服务作用,共同投身到校园文化建设实践中。

3. 充分发挥社会心理效应,促进良好的校风形成

良好校风是校园文化的重要组成部分。一种精神氛围的形成,就是形成良好的社会心理效应。社会心理效应对青年人的成长有着极重要的影响,心理状态直接影响着创造性思维的进行,对于人才的成长、精神产品的创造有着密切的关联。活跃、自由的学术空气,严谨、紧张的学业竞争,坦诚、热烈的教学研讨,和谐、有序的学术合作,都需要并且在产生着心理效应。

但是目前高等学校校风、学风不好,从校园文化角度看大多是由于高校社会

心理效应处于"非良性循环"状态。这就需要在形成校风中应用社会文化的研究成果,来促进师生之间、学生之间进行正常的思想、情感的交流,形成激励人们进取,团结合作的氛围。继承和发扬优良的学风校风,有以下几种社会心理效应是应当注意研究和利用的:

(1)目标期望心理效应。个人对目标的不懈追求,是人生的动力。团体不断明确共同的奋斗目标,会使成员产生进取心,减少无所事事的人事纠纷,从而把注意力吸引到期望目标,促使个人发挥潜能。如果善于把大的目标分解为小目标、阶段目标,每一个小的成功,都会成为一种激励,使人们的心理状态进入奋发向上的良性循环。组织以其正确的目标,使其成员具有共同的理想与追求,会形成凝聚力也会增强向心力。

(2)领导行为示范效应。对全校来说领导干部和教师应有效地发挥榜样示范作用,对学生来说教师的形象、修养往往成为学生模仿的榜样。领导的以身作则,教师的为人师表,能够产生一种示范效应,对形成一种行为风尚起到有力的推进作用。

(3)情感补偿效应。精神氛围是渗透了情感因素的心理环境。好的心理环境中,必然充满了人情味。每个成员在情感上互相沟通,易于相互理解。以个体间的感应,使某种积极、向上的情绪渲染整个环境,引起群体的共鸣,达到鼓舞士气的激励作用和以情动人的教育作用。处于成长过程中的青年大学生,特别渴望关心理解,除了晓之以理,更要动之以情。

(4)公平心理效应。组织应尽可能地为每个成员提供实现目标的均等机会,尽管个人的条件能力、水平不同,在竞争中只要公平,赏罚分明,便会产生积极作用。而不运用公平效应,就会产生消极作用。

(5)从众心理效应。人的社会性,使他具有从众的心理机制。人们往往通过观察、对照别人来决定自己的行为,来感觉自己的价值,通过反馈整体的价值取向来调整自己的价值取向。校园文化通过这种心理机制控制人、影响人,形成一种校风。从众心理的积极意义在于它使人能实现社会化,而消极意义在于一旦某种风气形成后,要扭转它就得有勇气来战胜从众心理。

4. 加大投入,注重物质文化环境的营造

在文化环境的构建中,物质文化是精神文化的基础和保障,而精神文化又对物质文化起着导向作用。没有投入就没有产出,校园文化建设要顺利进行,校园文化要迅速发展,没有足够的投入是不行的。这种投入不仅包括物质、技术、金钱,也包含师生员工及领导的时间和精力。从当前情况看,虽然这些投入较之以前有较大幅度的增加,但相对于当前校园文化建设的需求仍显不足。尤其是高校扩招以后,学校的餐饮、住宿等后勤设施严重不足,校园文化建设更是跟不上。

虽然党中央和教育主管部门及时积极推行高校后勤社会化改革,在一定程度上缓解了这些矛盾,但校园环境的整治设备的添置等校园物质文化的建设,以及校园文化建设问题仍然无法有效解决,由此形成的一些尖锐矛盾,已经成为摆在校园文化发展道路上的一条鸿沟大壑。只有想办法把这沟壑填平,高校校园文化建设才能正常进行,校园文化才能顺利发展。

5. 开展学生社团活动,丰富校园生活

高校学生社团组织具有较强的影响力和广泛的群众基础。丰富多彩的社团活动,为广大同学课余活动和发展个人爱好提供了多种场所,吸引了不同年级、不同专业、不同学科和不同层次的学生。社团活动除参加成员外,其影响往往还扩展到社团之外。

学生社团作为一种非正式群体组织形式,大都具有组织结构松散和活动方式灵活多样的特点。就活动方式而言,社团活动可以定期举行,也可不定期。不少是通过沙龙活动组织学生交流思想,探讨问题,也有通过举办讲座展览、竞赛活动,帮助学生开阔视野,启迪心灵。

高校社团的"兴奋点",往往同社会上所关注的一些"热点"相联系。这种情况反映了大学生对社会生活的关心和青年人兴趣广泛、关注社会的特点。因此,通过社团活动可以形成大学生共同的认识和价值追求。社团活动还培养了学生主动学习的能力,巩固了课堂知识。高校的学术研究型社团不仅起到了巩固课堂学习效果,加深加宽知识面的作用,而且是培养学生各方面能力的必要途径。学术研究型社团应有专业老师指导,有自己的研究方向,一般采用系列讲座、专题报告、专题讨论、学术研究等形式开展活动。通过这些活动,满足了大学生希望在同学之间进行学术交流、各学科之间相互渗透的愿望。

社团活动能培养大学生自我管理的能力,社团活动还培养了大学生民主精神和协作意识。在社团内部,社团成员之间是一种平等的同志式关系。大学生在社团活动时,可以公开地阐明自己的观点,平等地交换意见,有较浓厚的民主气氛。但对大学生社团组织要切实加强管理,总的原则是积极支持,热心扶植适时引导。

总之,积极鼓励、引导大学生参与社会实践活动和创建良好的校园文化环境,是高等学校的两项重要工作。看起来,大学生社会实践和高等学校校园文化建设是两种不同的活动。前者的参与主体主要是在校大学生,活动指向大学生与社会之间的关系互动,活动的发生地往往延伸到高校校园之外;后者的参与主体包括高等学校里的所有主体即大学生和教职员工等,活动指向高校物质环境、制度环境、精神理念环境之间的协调,或高校内部各主体之间的关系互动,活动的发生地主要是在高校校园之内。但是,从高校承担的人才培养的任务来说,这两种活动目的都是为了学生各方面素质的提高和全面发展,这两种活动都是高校在课堂教学之外实施素质教育的重要途径。而且,从实践的层面看,两者也有诸多的交叉部分,在一定意义上可以说,高等学校的实践活动是其校园文化形成的根源,没有丰富多样的实践活动做载体,良好的校园文化根本无法产生。所以,两者之间是有密切的内在联系的。

高校积极开展大学生实践活动的重要意义在于,通过实践活动,既可以促进学生专业能力素质的提高,又可以促进学生各项身心素质的发展,更好地实现学生个体社会化,使大学生在毕业走向社会时能够更加容易地融入社会环境,达到活动育人的目的。高校创建良好的校园文化环境的重要意义在于,既可以为高等学校的教育教学创设良好的秩序环境,又可以通过开展丰富多彩的校园文化活动促进学生身心素质的发展,达到环境育人的目的。所以,每一所高校都应该充分重视和利用社会实践活动和良好校园文化环境,来实现高校的教育目标,培养德、智、体全面发展的社会主义建设者和接班人。

思考题

一、名词解释

文化　高校校园文化

二、问答题

1. 简述校园文化的定义及内涵。
2. 简述校园文化的精神表现。
3. 简述校园文化的基本特征。
4. 简述校园文化的基本功能。
5. 简述校园文化建设的原则。
6. 简述校园文化培育与建设的基本内容与途径。

参 考 文 献

[1] 南京师范大学.教育学[M].北京:人民教育出版社,1984.
[2] 潘懋元,王伟廉.高等教育学[M].福州:福建教育出版社,1995.
[3] 潘懋元.新编高等教育学[M].北京:北京师范大学出版社,1996.
[4] 谢安邦.高等教育学[M].北京:高等教育出版社,1999.
[5] 王伟廉.高等教育学[M].第3版.福州:福建教育出版社,2013.
[6] 罗纳德·巴尼特.高等教育理念[M].北京:北京大学出版社,2019.
[7] 薛天祥.高等教育学[M].桂林:广西师范大学出版社,2001.
[8] 谢安邦.比较高等教育[M].桂林:广西师范大学出版社,2002.
[9] 杨德广.高等教育学概论[M].上海:华东师范大学出版社,2002.
[10] 胡建华,等.高等教育新论[M].南京:江苏教育出版社,1995.
[11] 金耀基.大学之理念[M].北京:三联书店,2001.
[12] 张楚延.高等教育学导论[M].北京:人民教育出版社,2010.
[13] 潘懋元.多学科观点的高等教育研究[M].上海:上海教育出版社,2001.
[14] 李文长,等.高等教育科学发展研究[M].北京:光明日报出版社,2000.
[15] 张应强.文化视野中的高等教育[M].南京:南京师范大学出版社,1999.
[16] 张应强.高等教育现代化的反思与建构[M].哈尔滨:黑龙江教育出版社,2000.
[17] 郝克明,汪永铨.中国高等教育结构研究[M].北京:人民教育出版社,1987.
[18] 齐亮祖,刘敬发.高等教育结构学[M].哈尔滨:黑龙江教育出版社,1986.
[19] 李才栋,等.中国教育制度管理史[M].南昌:江西教育出版社,1996.
[20] 方惠坚,范德清.中国高等教育的改革与发展[M].北京:清华大学出版社,2001.
[21] 王建军,薛卫东.中国教育管理史教程[M].广州:广东高等教育出版社,2003.
[22] 帅相志.市场经济与中国高等教育体制改革[M].济南:山东人民出版社,2005.
[23] 于富增.国际高等教育发展与改革比较[M].北京:北京师范大学出版社,1999.
[24] 陈叶坪.大学生健康教育[M].武汉:华中科技大学出版社,2005.
[25] 华红琴,等.人生发展心理学[M].上海:上海大学出版社,2000.

[26] 王爱红.大学生心理与健康[M].北京:北京医科大学,中国协和医科大学联合出版社,1998.

[27] 王建华.重估高等教育改革[M].南京:南京师范大学出版社,2018.

[28] 阿什比.科技发达时代的大学教育[M].滕大春,滕大生,译.北京:人民教育出版社,1983.

[29] 冒荣,刘义恒.高等学校管理学[M].南京:南京大学出版社,1997.

[30] 王保华.高等学校设置理论与实践[M].武汉:华中师范大学出版社,2000.

[31] 金一鸣.中国教育类别与结构的研究[M].上海:上海教育出版社,1999.

[32] 郝克明.中国高等教育结构研究[M].北京:人民教育出版社,1987.

[33] 施良方.课程理论:课程的基础、原理与问题[M].北京:教育科学出版社,1996.

[34] 陈漠开.高等教育评价新论[M].长春:吉林教育出版社,1988.

[35] 胡莉芳.高等教育课程的主要问题[M].北京:中国人民大学出版社有限公司,2018.

[36] 伯顿 克拉克.高等教育新论:多学科的研究[M].王承绪,译.杭州:浙江教育出版社,1988.

[37] 伯顿 克拉克.学术权力:七国高等教育管理体制比较[M].王承绪,等,译.杭州:浙江教育出版社,1989.

[38] 陈洪捷.德国古典大学观及其对中国大学的影响[M].北京:北京大学出版社,2002.

[39] 贺国庆.德国和美国大学发达史[M].北京:人民教育出版社,1998.

[40] 肖健彬.高等教育向美国学习什么[M].广州:广东高等教育出版社,2018.

郑重声明

高等教育出版社依法对本书享有专有出版权。任何未经许可的复制、销售行为均违反《中华人民共和国著作权法》，其行为人将承担相应的民事责任和行政责任；构成犯罪的，将被依法追究刑事责任。为了维护市场秩序，保护读者的合法权益，避免读者误用盗版书造成不良后果，我社将配合行政执法部门和司法机关对违法犯罪的单位和个人进行严厉打击。社会各界人士如发现上述侵权行为，希望及时举报，我社将奖励举报有功人员。

反盗版举报电话　（010）58581999　58582371
反盗版举报邮箱　dd@hep.com.cn
通信地址　北京市西城区德外大街4号　高等教育出版社法律事务部
邮政编码　100120

读者意见反馈

为收集读者对教材的意见建议，进一步完善教材编写并做好服务工作，读者可将对本教材的意见建议通过如下渠道反馈至我社。

咨询电话　400-810-0598
反馈邮箱　gjdzfwb@pub.hep.cn
通信地址　北京市朝阳区惠新东街4号富盛大厦1座
　　　　　高等教育出版社总编辑办公室
邮政编码　100029